销售精英到卓越管理

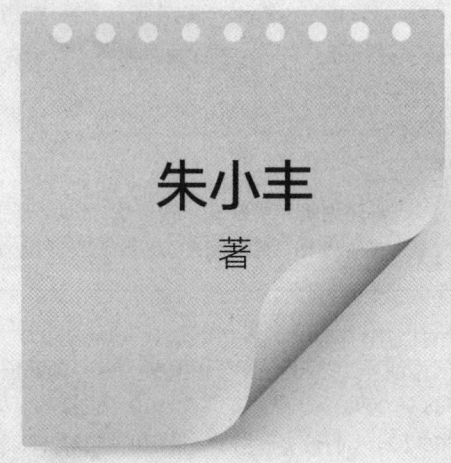

朱小丰

著

中国财富出版社有限公司

图书在版编目（CIP）数据

销售精英到卓越管理／朱小丰著． -- 北京：中国财富出版社有限公司，2025.5. -- ISBN 978-7-5047-8421-6

Ⅰ.F713

中国国家版本馆 CIP 数据核字第 202502T665 号

策划编辑	蔡　莹	责任编辑	贾紫轩　蔡莹	版权编辑	武　玥
责任印制	尚立业	责任校对	孙丽丽	责任发行	杨恩磊

出版发行	中国财富出版社有限公司		
社　　址	北京市丰台区南四环西路 188 号 5 区 20 楼	邮政编码	100070
电　　话	010-52227588 转 2098（发行部）	010-52227588 转 321（总编室）	
	010-52227566（24 小时读者服务）	010-52227588 转 305（质检部）	
网　　址	http://www.cfpress.com.cn	排　版	宝蕾元
经　　销	新华书店	印　刷	宝蕾元仁浩（天津）印刷有限公司
书　　号	ISBN 978-7-5047-8421-6/F·3803		
开　　本	710mm×1000mm　1/16	版　次	2025 年 6 月第 1 版
印　　张	17.5	印　次	2025 年 6 月第 1 次印刷
字　　数	296 千字	定　价	58.00 元

版权所有·侵权必究·印装差错·负责调换

内容摘要

随着市场竞争日益激烈，无论是企业还是个人，对销售与管理能力的提升需求愈发迫切。当前市面上相关书籍多侧重理论，缺乏与实战经验的深度融合。本书作者凭借近10年在百度、珍岛集团、齐家网等知名企业的销售与管理经验，将实践中总结的策略、方法和真实案例融入书中，旨在为读者提供兼具理论高度和实践操作性的指导读物。

全书分为上篇和下篇两部分，上篇是销售精英实战指南，主要从销售职业、电话销售、客户拜访、微信营销、销售工具、逼单技巧等方面讲起。下篇为卓越管理实战指导，主要从管理者必修课、销售团队搭建、沟通管理、管理抓手与工作重点、团队激励、文化建设、管理工具的使用、新理论与案例介绍等方面讲起，满足了不同层次读者在营销与管理各环节的学习需求。

推荐序

在当前变幻莫测、竞争激烈的商业环境中，销售与管理构成了企业成功的核心要素。要想在市场中脱颖而出，企业必须拥有一支能够应对激烈竞争的销售团队，并实施高效的管理策略。然而，能够将理论与实践有效结合，并取得显著成效的个体实属罕见。朱小丰便是这少数杰出人士之一。

朱小丰在齐家网担任营销总监，负责全国电销中心以及部分直营分公司的销售与管理工作，我切实感受到，他对销售与管理的热情与执着。他从百度的一名普通实习生起步，9个月的时间晋升团队经理，并最终在珍岛集团、齐家网等知名企业担任高级管理职位。他始终脚踏实地，稳步前行，凭借自身不懈努力，在销售与管理的道路上取得了令人瞩目的成就。

本书阐述的技巧与方法，是朱小丰在销售与管理领域奋斗多年的经验结晶，是他职业生涯的真实写照。书中的每一个观点都凝聚了他的智慧与深思，每一个案例都蕴含了他的心血与努力。

本书最突出的特点在于其高度的实用性和操作性。书中所介绍的策略与方法经过多次实践，验证了其有效性，避免了空洞的理论与乏味的说教。本书如一位挚友，在你迷茫时指引方向，在你面临挑战时提供支持与鼓励。

无论你是初入职场的新手，还是在该领域拥有丰富经验的资深人士，本书都能为您提供新的启示，从而有宝贵的收获。本书也将助您持续提升自我，实现职业抱负，在销售与管理的道路上行稳致远。

真诚希望本书能成为销售与管理从业者的良师益友，助力大家在职业生涯中不断成长。

齐家网总裁 邱振毅
2025 年 5 月

大咖推荐语

齐家网副总裁　李松：本书以朴实且真诚的语言，毫无保留地分享了朱小丰在销售与管理领域的亲身经历和深刻见解。书中提出的策略和方法，不仅针对性强，而且极具实用性。无论是希望提高销售业绩的专业人士，还是致力于构建高效团队的管理者，都能从这本书中获得宝贵的指导和启发。我诚挚地向所有从事销售与管理工作的同人推荐这本书。

前喔趣科技销售 VP　提金鸣：企业成长中不同时期面临的挑战各不相同，根基稳固不是一蹴而就的。销售团队运营与管理是企业从弱至强的关键。朱小丰以自身的丰富经历为蓝本，结合大量实际案例，尤其以各条件因素的影响为参考，实现真实场景呈现。对于每一位提升自我的销售人员和管理者来说，是一本极具实用价值的工具书。希望本书能助力大家在销售管理方面取得佳绩！

上海市杨浦科创促进会会长、复旦大学校友会常务理事　夏立城：朱小丰在销售与管理领域展现出卓越的专业能力与敬业精神，令人钦佩。这本书凝聚了他多年的工作经验精华，内容贴合实际，兼具理论高度与实践深度。销售人员可从中汲取实用高效的技巧，管理者则能掌握有效的团队管理方法。相信这本书必将成为销售人员在销售与管理路上的良师益友，助力大家不断成长。

上海智喵好学科技有限公司创始人、复旦 EMBA 智慧零售协会 AI 专委会顾问　闻彬（大白老师）：在当今瞬息万变、竞争激烈的商业环境中，销售与管理能力已然成为企业和个人立足市场的关键所在。朱小丰在这两个领域都有着深厚的积累与独特的见解。他的这本书，以自身的丰富经历为蓝本，巧妙地结合了大量实际案例，将销售与管理的经验和技巧深入浅出地呈现在读者面前。对于每一位渴望提升自我的销售人员和管理者来说，这无疑是一本极具实用价值的工具书，值得您静下心来，认真阅读并深入学习。

创客匠人营销副总　张清峰：2015 年 11 月，我和朱小丰在百度相识，那会儿他还是个大四实习生，转眼已近十年。本书是朱小丰多年销售和管理经验的结晶。他以自己的亲身经历和深刻见解，为大家揭示了从销售精英到卓越管理者的转变之路。这本书不仅为我们提供了实用的方法和技巧，更重要的是，它传递了一种追求卓越、不断进取的精神。

分众传媒产品总监　宋敬伟：真正的销售艺术，是用实战沉淀出可复制的成功法则。作为朱小丰曾经的业务伙伴，我见证了他将一线经验淬炼为体系化方法论的全过程。这本书没有空泛理论，只有他从实习生到管理者多年征途的血汗结晶：从在百度带倒数团队逆袭夺冠，到齐家网营销总监，每个案例都浸透着实战智慧。无论您是冲锋在前的销售，还是运筹帷幄的团队领袖，都能在这本书里找到突破瓶颈的密钥。

原恒丰银行董事、副行长，高级经济师，中国供应链金融 50 人论坛专家委员　孙才厚：在竞争激烈的销售与管理领域，朱小丰凭借扎实的专业知识和丰富的实战经验，取得了令人瞩目的成绩。他撰写的这本书，没有枯燥的理论，全是实战干货。从一线销售技巧，到团队管理策略，都分析得十分透彻。您无论是刚入行的新人，还是经验丰富的管理者，都能从这本书中获得启发，实现自我提升。

自　序

2015年11月，我以一个大四实习生的身份加入百度公司，至今有近十年的时间。从一线销售人员到数百人团队的管理者，我亲身经历了销售人员成长的每一个重要节点，深知这条路上充满着艰难险阻。

回首过去，在销售和管理岗位上，我不断摸索、实践，总结出了一套行之有效的销售技巧和管理策略。我将过往的经验凝聚成文，编写成本书。衷心希望这本书能成为读者在销售与管理领域探索时的得力指南，思维困顿时指引方向的罗盘，工作推进遇到瓶颈、方法匮乏时的坚实后盾。书中提供的可行策略，助力大家在销售与管理的道路上迈出坚定有力的步伐，不断突破自我，向着更高的目标垂直攀登。

不同于那些仅限于理论探讨的书籍，本书所撰写的内容经过实践检验，是行之有效的策略和方法，每一部分都富含实战精华。它凝聚了我在销售与管理领域长达十年的心血。

如果您是一线销售人员，您将会从本书中学到完善的销售思路、丰富的销售技巧、创新的客户打法和怎样保持良好的心态，这些应用到工作中，您将事半功倍。

如果您是基层管理者，您将会知道教练角色的重要性，能够下沉到一线团队，总结经验，提炼方法，为团队赋能，协助销售人员签单。

如果您是中层管理者，您将学会定目标、追过程、拿结果，以过程、技能、状态作为抓手，牵引团队业绩目标的达成。眼里有人，心里有爱，手里有尺，构建一支高效、协作、有战斗力的团队。

如果您是高层管理者，您将学会搭班子、定战略、做导演。能够选拔合适的人才、培养团队能力、构建高效协作的团队结构，为战略落地贡献力量。能够有效组织和管理团队资源，制订并执行项目计划，掌控项目进度，确保团队高效运作，实现既定目标。

所有的逆袭，都是有备而来；所有的光芒，都需要时间才能被看到；所有的幸运，都是努力埋下的伏笔。每一场奔赴都会经百川浩荡，但终见繁花遍地。借用一句话：你永远不要追求成功，你应该追求卓越，当你追求卓越的时候，成功便会如约而至。感谢时代赋予我们机遇和磨砺，在奋斗中成长，在困难中成熟；在拼搏中蜕变，在挫折中练达；在耕耘中收获，在磨砺中坚强。在这个不平静的时代，我们要努力变得不平凡。

来沪十年，奋斗十年，追梦十年。谨以此书，献给所有"风雨兼程，日夜前行"的销售同行们。愿我们胸藏丘壑，不怵风雨，笃志前行，凭微末造就卓绝；愿我们怀勇、蕴智、持韧、敢为，善驭风口，纵艰必赢；愿我们心存希冀，目有繁星，追光而遇，沐光而行；愿我们历经千帆，归来仍是逐梦少年。

最后，感谢曾经跟我一起奋斗过的伙伴与领导们。感谢齐家网总裁邱振毅邱总作推荐序。感谢齐家网副总裁李松李总，上海市杨浦科创促进会会长、复旦大学校友会常务理事夏立城夏总，原恒丰银行董事、副行长，高级经济师，中国供应链金融50人论坛专家委员孙才厚孙总的大力推荐，感谢中国财富出版社编辑老师的约稿，感谢所有支持我的朋友。

由于自身水平有限，书中难免有疏漏之处，还请读者朋友们不吝指正。

朱小丰
2025年5月

目 录

上篇　销售精英实战指南 1

第一章　销售职业 3

第二章　电话销售 8

第三章　客户拜访 26

第四章　微信营销 51

第五章　销售工具 66

第六章　逼单技巧 82

第七章　售后维护 102

下篇　卓越管理实战指导 111

第八章　管理者必修课 113

第九章　销售团队搭建 126

第十章　沟通管理 154

第十一章　管理抓手与工作重点 160

第十二章　团队激励 171

第十三章　文化建设 188

第十四章　管理工具的使用 202

第十五章　新理论与案例介绍 218

附录：一些实用工具表 254

PART 1

上篇

销售精英实战指南

第一章 销售职业

1.1 销售职业选择

依据不同的客户类型，销售职业可分为面向企业级（TO B）销售、消费者级（TO C）销售以及政府级（TO G）销售；按照客户体量和类型不同，又可分为电话营销销售、区域客户销售以及大客户 KA 销售。以下是对这些不同销售职业的详细分析。

1.1.1 基于客户类型的销售分类

企业级销售（TO B）

特征：针对企业，围绕企业运营、生产或管理需求提供产品与服务，要求能够深入理解客户需求，并依据具体业务场景制订解决方案。

职责：客户线索收集、客户触达、需求挖掘、行业分析、客情关系维护、销售策略制订以及实现销售业绩目标等。

优势：稳定的客户群体、高复购率、较高的客单价、决策过程理性且一旦信任后忠诚度高。

消费者级销售（TO C）

特征：针对个体消费者提供产品或服务，例如快速消费品、电子产品等。通常依赖分销渠道和促销活动吸引消费者。

职责：了解消费者需求、提供产品咨询并促成交易。

挑战：市场竞争激烈、消费者需求复杂多变、建立信任难度高、渠道碎片化、售后服务和口碑管理难。

政府级销售（TO G）

特征：面向政府机构或公共部门，为政府运营或公共服务需求提供产品及服务。要求熟悉政府采购流程、政策以及政府需求与预算情况。

职责：开发与维护目标市场客户、收集需求信息、制订销售策略。

机会：政府项目通常具有稳定性和长期性，能够为销售带来持续的商业机会。

1.1.2 基于作业模式的销售分类

电话营销销售

特点：借助电话、网络等远程沟通方式联系潜在客户，介绍产品或服务以促成交易。

职责：包含电话咨询潜在目标客户、把控订单进度、有效维护客户关系等。

优势：能节省时间与成本，快速触及大量潜在客户。

挑战：因无法面对面交流，信任建立周期长，适合谈 SMB（Small and Medium Business，中小型企业）客户。

区域客户销售

特点：负责特定区域内的客户开发与维护，需定期拜访客户，了解其需求并提供个性化方案。

职责：涵盖客户管理维护、业务跟进、收集市场信息与客户反馈、建立客户关系档案等。

优势：可构筑更紧密的客户关系，提升客户满意度与忠诚度。

挑战：要求销售人员具备较强的市场开拓与客户服务能力。

大客户 KA 销售

特点：着重与关键客户（如大型企业、连锁超市等）建立并维护长期合作关系，这类客户对产品质量、价格、服务等要求较高。

职责：负责品牌客户的行业研究和打法沉淀，具有销售和中台运营的认知和能力，对外形成行业影响力，对内能够整合资源，与产品部门合力不断迭代商业产品。

优势：能带来稳定业务量与较高利润率。

挑战：需要销售人员具备较高的专业素养、谈判能力以及良好的团队协作与沟通能力。

销售职业的选择，要依据个人兴趣、能力、经验以及市场需求来确定。不同类型销售各有特点与挑战，只要具备充足的专业知识与沟通能力，便能取得成功。

1.2 销售能力要求

销售人员的六个核心能力，具体见表1-1。

表1-1　　　　　　　　销售人员的六个核心能力

核心能力	具体描述
出色的沟通技巧	精英销售需掌握精湛的沟通技巧，既能清晰精准地传达自身观点，又能积极倾听客户需求与关注点，与不同背景、性格的人有效建立联系
坚定的目标追求	精英销售会设定清晰目标，并全力以赴，能明确短、长期销售目标，且细化为具体行动计划
深厚的产品认知	深入了解产品或服务对销售成功极为关键，精英销售人员对所售产品了如指掌，可准确回应客户疑问，提供专业咨询与解决方案
敏锐的客户需求捕捉力	善于观察并理解客户的微妙反应与需求是销售取胜的关键，具备敏锐洞察力的销售人员能捕捉客户的购买意愿，及时调整策略，提供个性化解决方案
良好的应变能力	销售中常遇突发情况与挑战，顶尖销售人员可灵活应对，面对客户反对意见、竞争对手压力、市场波动等，都能迅速调整策略，找到办法，保持积极心态
全身心的服务精神	提供优质客户服务是构建长久客户关系的基础，精英的销售人员深知客户满意度的重要性，关注客户体验，及时回应疑问与反馈，提供超期望的售后服务

1.3 销售职业发展

销售人员的职业发展路径通常可以分为两大方向：横向发展与纵向发展。每种方向都有其特点和成长路径。

1.3.1　横向发展：资深销售人员

定义与特点

横向发展意味着销售人员决定在销售领域持续深耕，不断深化专业技能、积累经验，进而成长为资深销售人员。他们一心专注于提升个人销售能力，凭借持续学习与实践，逐步成为所处领域的行家里手。

成长路径

销售人员的职业进阶之路是循序渐进的，每个阶段的跨越都离不开不断的实践与沉淀、对市场动态的精准捕捉以及持续的能力储备。在深耕销售领域的历程中，从业者通过不断磨砺与突破，既提升了自身职业价值又为企业业绩增长与市场开拓注入源源不断的发展动能。

初级阶段：销售新手通过基础培训和实际操作来积累经验，从而掌握基本的销售技能和产品知识。

中级阶段：随着经验的逐步积累，开始独立开发客户，应对复杂的销售场景，并持续创造销售业绩。

高级阶段：拥有坚实的客户基础，有能力独立完成重要订单，并继续为公司创造业绩。

专家阶段：成为行业领军者，不仅能为公司提供销售建议，还能参与新产品的开发和市场战略的制订。

专注提升个人销售能力，可针对市场变化迅速做出反应，精准捕捉销售机会。能积累众多客户资源，为公司业务来源提供稳定的支撑。在专业领域收获较高声誉，对个人职业品牌的塑造大有裨益。

1.3.2　纵向发展：晋升主管、经理、总监、总经理

定义与特征

纵向发展是指销售人员通过不断强化自身的管理能力，逐步晋升至更高层次的管理职位，例如销售主管、销售经理、销售总监，甚至总经理等。在此过程中，销售人员的关注点从个人销售业绩转向团队整体表现以及公司的战略目标等。

职业发展道路

这条纵向晋升路径充满挑战与机遇，每个阶段都需要销售人员在夯实业务根基的同时，持续锤炼战略思维、团队管理与跨部门协作能力。从基层执行者逐步成长为企业掌舵者，不仅是个人职业价值的跃升，更是通过统筹全局资源、优化管理效能，为企业构建竞争优势的关键进阶。

初级阶段：销售人员在积累销售经验和客户资源的同时，学习团队管理的基本知识。

中级阶段：晋升为主管或经理，负责团队日常管理和培训赋能，致力于提高团队的整体销售能力。

高级阶段：晋升销售总监，负责制订销售策略和计划，协调各部门的资源，以确保实现销售目标。

最高阶段：晋升为总经理，负责公司的运营和整体管理，制订公司战略，促进公司的可持续发展。

精英销售注重自上而下的发展，可以提高管理能力，掌握团队管理的关键技能，帮助公司培养出更优秀的销售人员。他们可以参与公司的战略决策，并为公司的发展提供有价值的建议和想法。与此同时，他们可以获得更高的职位和福利，以最大化他们的个人职业价值。

第二章 电话销售

2.1 电话销售概述

电话销售，作为一种通过电话方式直接与客户沟通并促成交易的销售形式，其职业及模式的演变对销售领域带来了革命性的变化。以下是对电话销售职业的起源、在中国的实践探索，以及它对销售模式所带来的深远影响的全新阐述。

2.1.1 电话销售职业的萌芽与成长

电话销售的起源可追溯至20世纪的美国，当时，随着目录邮购业务的兴起，人们开始通过电话进行远程商品交易。这一创新性的销售模式迅速崭露头角，并随着通信技术的飞速发展逐步在全球范围内普及开来。

在中国，电话销售的引入和发展经历了从台湾到大陆的逐步渗透过程。20世纪80年代末，台湾地区的银行率先将电话销售应用于信用卡推广，开启了电话销售在华人社会的先河。而大陆地区电销的真正起步，则得益于20世纪90年代末呼叫中心产业的蓬勃发展。1998年，美国戴尔公司在厦门设立的电话销售中心，标志着电话销售正式在中国大陆落地生根。

2.1.2 电话销售在中国的实践与发展

进入21世纪，电话销售在中国迎来了前所未有的发展机遇。电信、IT、保险等多个行业纷纷加入电话销售大军，通过建立大规模的呼叫中心，利用电话销售模式进行市场拓展。特别是保险行业，在友邦保险等企业的推动下，电话销售迅速在上海等一线城市站稳脚跟，并逐渐向全国范围辐射。

与此同时，电话销售也在电信行业中展现出强大的生命力。电信企业不仅利用电话销售进行新客户开发，还通过电话销售维护老客户忠诚度，提高客户满意度。随着电话销售行业的不断发展，越来越多的专业电话销售公司和团队应运而生，为市场提供了更加专业化、高效化的电话销售服务。

2.1.3 电话销售模式对销售业态的重构与促进

电话销售模式兴起，对销售行业影响深远。

其一，电话销售对销售效率有显著提升。销售人员不必与客户面对面交流，通过电话就能快速了解客户需求，及时给出解决方案。这样，销售周期会缩短，成交率也会提高。

其二，电话销售模式在降低销售成本方面具有显著优势。与传统的面对面销售模式相比，电话销售不需要在客户访问活动中投入大量的人力、物力和时间成本。销售人员可以简单地通过电话与客户联系，直接降低销售成本，进而提高了公司的财务业绩和盈利能力。

其三，电话销售模式进一步拓宽了销售渠道。电话营销平台打破了地理和时间的界限，使销售人员能够随时随地与客户沟通。这一功能为零售行业开辟了新的市场空间和发展机会。

其四，电话销售模式非常重视收集和分析客户需求和反馈。销售人员通过电话与客户进行深入沟通，准确地捕捉客户的真实需求和反馈，然后根据这些信息不断调整销售策略和沟通技巧。这种以客户为中心的销售理念极大地推动了销售行业的持续创新和进步。

电话销售作为一种重要的销售模式，对销售领域的专业形式和运作方式的发展有着深远的影响。它不仅提高了销售效率，降低了销售成本，拓宽了销售渠道，提高了客户满意度，促进了销售行业的创新和进步，为销售行业的未来发展注入了新的活力和动力。

2.2 找线索渠道

不论是哪一类销售，找客户线索都是最重要的，以齐家网（中国家装垂直平台第一股）的业务开发为例，销售找线索的渠道可分为以下几种：

第一类：竞对平台找线索

例如：土巴兔、保障网、保驾护航、装修之家、屯粮积草、信用家、装酷网、无忧无虑、装信通等。

第二类：本地生活平台

例如：美团、大众点评、口碑、58同城等。

第三类：地图平台

例如：百度地图、高德地图、腾讯地图等。

第四类：短视频平台

例如：抖音、快手、小红书、西瓜视频、好看视频、今日头条、哔哩哔哩等。

第五类：付费线索查询系统

例如：珍岛臻寻客、微盟销氪、探迹等。

第六类：工商查询系统

例如：天眼查、爱企查、企查查、企信宝等。

第七类：搜索引擎

例如：百度、360等。

第八类：转介绍

例如：朋友转介绍、客户转介绍、广告公司转介绍、同行转介绍等。

2.3 电话前的准备

电话销售流程中，找到客户线索是第一步，在正式电话外呼出去之前，需要电话销售人员做好以下几点准备，事半功倍。

2.3.1 了解客户的背景信息

知彼知己，百战不殆，不打无准备之仗。电话销售人员应该提前通过各种渠道、以各种方式做好客户的"背景调查"，比如了解客户公司的法人姓名、注册地址、股权结构、注册资金、实缴资本、工商风险、工商年报等，通过查询客户的官网、微信公众号、官方抖音号，来了解客户的主营产品、公司架构以及目前的媒体矩阵与获客渠道等，通过CRM或者意向客户表来查看客户的购买记录、兴趣爱好、上次沟通的内容，确保每次通话都有延续性，让客户感觉到我们是重视他们的。

2.3.2 设定明确的通话目标

打电话之前，要先问一下自己这一通电话的目的是什么，是为了绕开前台，找到 KP（Key Person，关键人）号码？是为了告知客户目前有什么优惠促销活动？是为了给客户节日问候？是为了了解客户的现状，进一步了解客户的需求？是为了解答客户的疑虑？是为了逼单？沟通的目的一定是为了目标而展开，这样既节约客户时间，也会沟通顺畅。

2.3.3 调整状态，塑造声音

打电话前，首先要调整好状态，电话销售里，客户是看不见销售人员的，客户对于销售人员、公司以及产品的感知，都来自销售人员的声音，所以要专注于对声音的塑造。同样的一句话，同一个人，状态好的时候和状态差的时候说出来的感觉是不一样的，客户的感知也是不一样的，同理，同样的一句话，不同的人在不同的场景中说出来，效果也是不一样的。

声音的塑造对于传递信息、建立信任、解决客户问题以及促成交易至关重要。语速和音量要适中，语调应抑扬顿挫，避免单调，咬字发音清晰，避免一边打电话一边吃东西、喝饮料、抽烟等。

其次是心态。电销销售里，被客户拒绝是常态，每一次拒绝都会成为下一次沟通和成交的垫脚石。关于心态准备，这里有四点建议：

（1）正视拒绝，接受常态；

（2）调整心态，保持自信；

（3）积极应对，保持韧性；

（4）提升技能，增强实力。

2.3.4 提前准备好应对方案

凡事预则立，不预则废。做任何事情，事前沙盘，事后复盘，销售人员都应该养成这个习惯。沙盘上推演不出来的胜利，实战中也不可能打出来，计算器上计算不出来的利润，市场上也不可能挣出来。画蓝图、横分解、纵分步、配资源、里程碑，像一面面"照妖镜"让计划中所有不可行的地方显露无遗。电话销售里的沙盘推演，提前预判客户可能提出的问题，罗列出来，制订好应对的话术和策略，通过模拟场景演练，比如请同事领导客串客户，让他们提问，并不断反馈，在演练的过程中提升自己。

2.4 开场白

2.4.1 开场白举例

自我介绍：喂，您好！我是×××公司的销售经理朱××，您可以叫我朱经理。

确认对方身份是否是 KP：请问您这边是×××公司的市场部总监×总吗？

确认对方时间的可行性：想耽误您 3 分钟的时间。

介绍打电话的目的：跟您沟通一下关于×××的问题。

引起兴趣：这边有个新楼盘刚开盘，比市场价低 10%，您最近打算买房子吗？

2.4.2 开场白的注意点

简洁明了：开场白要简洁明了，避免冗长和复杂的表述。

不卑不亢：使用礼貌、尊敬的语言，表达对客户的尊重，从而初步建立友好关系。

有亮点和吸引点：能够有一个"钩子"吸引住客户。

2.4.3 开场的方法介绍

方法一：直截了当开场

例如：王总，我是××公司的销售经理朱××。我了解到您公司目前对×××这一块比较关注，今天特意打电话过来是想向您介绍一下我们新推出来的解决方案，方便占用您 2 分钟的时间了解一下吗？

方法二：同类借故开场

例如：王总，您好！我是××公司的销售经理朱××。首先非常感谢您能接听我的电话。不知道您是否听说过或了解过我们行业内的××品牌/公司？

方法三：他人引荐开场

例如：王总，您好！我是××公司的销售经理朱××。不知道您最近是否收到过××公司××总的推荐或介绍？

方法四：实际案例开场

例如：王总，您好！我是××公司的销售经理朱××。根据我们的调查，使用我们产品的客户，在第三季度平均业绩增长了 25%，您现在方便的话，我给您详细介绍一下。

方法五：客户求教开场

例如：王总，您好！我是××公司的销售经理朱××。在整理行业资讯时，注意到您的公司最近面临一些新的挑战/问题，比如（具体问题，如"如何降低获客成本""提升生产效率""优化供应链管理"等）。不知道您在这个方面有哪些疑问想要咨询？

方法六：利益驱动法开场

例如：王总，您好，有一种方法，在不增加额外投入的情况下，可以帮助您营收和利润提升 50% 以上，目前您的同行×××公司已经在使用了，效果非常不错，我想耽误您 2 分钟时间，给您详细地介绍一下。

方法七：感谢法开场

例如：王总，您好！我是××公司的销售经理朱××。感谢您接听电话，给我这次沟通机会。不知您现在是否方便，我想跟您深入聊聊我们公司的产品与服务，盼能助力您的企业发展。要是您有疑问、需求或者建议，也请随时告知我，我定会全力为您答疑解惑、提供帮助。

方法八：赠送礼品开场

例如：您好！我是××公司的销售经理朱××。您的收件地址是在××城市××区××路××号吧？顺丰快递咱们那边能正常接收吧？是这样的，我们公司成立/上市××周年之际，特对新老客户有一个答谢活动，可以参与抽奖，奖品有华为手机、华为平板电脑、小度智能音箱等，一旦中奖，立马邮寄。

2.5 挖掘需求

在电话销售场景中，客户的需求既包含那些显而易见的显性需求，也存

13

在着不易察觉的隐性需求。销售人员需要灵活运用开放式提问和封闭式提问的技巧，深入探寻客户的真实需求，如此才能为客户量身定制出切实可行的解决方案，满足客户的实际需求。

2.5.1 开放式提问

开放式提问指所提出的问题并无固定答案，其特点在于能够让客户可以畅所欲言地表达想法。开放式提问的核心目的是引导客户详细阐述自身观点、抒发内心感受或者分享相关经历。

以下是开放式提问的示例：

示例一：王总，您公司现阶段的获客渠道主要都有哪些呀？

示例二：王总，对于我司新推出的这款产品，您有着怎样的看法呢？

示例三：王总，关于交付标准这一方面，您内心有着什么样的期待呢？

2.5.2 封闭式提问

封闭式提问的问题有明确答案。答案往往是"是"或者"否"，也可能是某个具体数字、既定事实之类的。这种提问大多是为了得到特定信息或者确认某些事实的。

以下是一些封闭式提问的示例：

示例一：王总，若采用我司产品，能够助力贵司迅速占据并拓展市场份额，您是否会考虑与我们合作？

示例二：王总，您周六还是周日有时间，方便的话我们见一下面，我把产品和解决方案现场给您演示一下。

示例三：王总，您之前了解过抖音信息流吗？

2.5.3 SPIN法则概念

SPIN法则，也叫顾问式销售，是Situational，Problem，Implication，Need-payoff的英文首字母缩写，是由著名销售大师尼尔·雷克汉姆提出的一个理论。通过一系列有逻辑的提问，挖掘客户的潜在需求，使其认识到购买产品能带来的价值，从而快速推进销售进展。

Situational——摸遍全身（现状是怎样的）

Problem——撕开伤口（存在什么问题）

Implication——撒一把盐（为什么这个问题必须解决）

Need-payoff——解决问题（您的目标是什么，我是如何来达成您的目标的）

S（背景问题）：找出客户现有的背景事实

主要是了解客户的现有状况，这类问题对客户来说压力较小，可以理解为推销前的寒暄问候，旨在打破沉默，进入交流状态。

示例一：贵公司销售团队大概有多少人？

示例二：您的工厂年产能是多少？

示例三：您主要的竞争对手有哪些？

示例四：您公司每年的广告预算有多少？

P（探究问题）：引导顾客说出隐藏的需求

发现和理解客户可能存在的问题、困惑和不满，一针见血地提出来。

示例一：您公司目前在获客上遇到了哪些困难？

示例二：疫情之后的竞争压力主要自哪些方面？

示例三：您公司在管理中遇到了哪些挑战？

I（暗示问题）：放大客户需求的迫切程度

采用一系列极具启发性的提问策略，深刻地向客户表明，如果相关问题继续得不到解决，将导致一系列严重的后果、副作用和负面影响，从而突出了迅速解决问题的极端紧迫性。

示例一：如果这些问题持续很长一段时间，您预计对您的业务或团队发展有什么具体影响？

示例二：您是否担心这些问题会影响您的客户满意度，降低您在市场上的竞争力？

示例三：如果这些问题没有得到解决，您认为未来会有什么更大的挑战？

N（收益问题）：揭示产品的价值和重要性

通过巧妙提问，探寻客户对解决问题的益处及潜在优势的看法。展开这种讨论，就表明交流在向实际行动和交易阶段稳步发展。

示例一：您想为提到的问题寻找解决方案吗？

示例二：您觉得哪些解决方案既能符合您的需求，又可提高您的业务运作效率？

示例三：如果我们的产品或服务可以帮助您克服这些问题，并推动业务的显著增长，您是否准备进一步探索合作的可能性？

2.5.4 SPIN法则案例

表2-1、表2-2列举了两种SPIN法则的运用案例。

表2-1　　　　　　　　中医养生馆里的健康顾问

SPIN	话术
S（背景问题）	健康顾问：早上好，您似乎看起来有点累。目前，白领工人普遍面临着巨大的工作压力。 顾客：是的，现在社会和市场上的竞争都很激烈。 健康顾问：您最近睡得怎么样？（背景问题） 顾客：我工作内容太多了，白天很忙，晚上做梦都在忙工作。
P（探究问题）	健康顾问：睡眠不好会影响日常工作吗？（探究问题） 顾客：当然影响了，我觉得我最近工作不轻松，我的压力很大，工作效率不高，经常犯错。 健康顾问：是的，工作效率低是一个方面。随着时间的推移，这可能会导致健康状况不佳，对吧？ 顾客：嘿，我现在感觉就不太健康。
I（暗示问题）	健康顾问：作为像您这样的成功人士，您的事业和家庭都离不开您。一旦您生病了，影响可能会很大，对吧？（暗示问题） 顾客：是的，真的需要调理一下了。
N（收益问题）	健康顾问：现在有一种中医药健康调节方法被许多成功人士使用。您想体验一下吗？（收益问题） 顾客：太好了，我可以试试。

表2-2　　　　　　　　搜索引擎广告销售

SPIN	话术
S（背景问题）	销售：您好，您企业目前主要的客户来源是通过哪些渠道？（背景问题） 客户：主要还是雇业务员去跑业务。 销售：您公司有多少名业务员？人力成本挺高的吧？ 客户：10人左右，每个月固定人力成本15万+。

续 表

SPIN	话术
P（探究问题）	销售：市场萎缩，您公司年营收只有 500 万元，而光业务员的人力成本 1 年就有 180 万元，您有考虑过降本增效，来抵御经济下行、市场萎缩所带来的影响吗？（探究问题） 客户：是的，我也觉得人力成本太高了，但是没有业务员我的获客渠道就断了，没有订单了，这让我很为难。
I（暗示问题）	销售：您这样规模的企业，业务人员这么多，人力成本这么高，且获客来源全部靠业务人员，您有没有想过，如果业绩前 3 名的骨干销售突然离职，且带着老客户跑了，您的公司还怎么运作？（暗示问题） 客户：是的，这就是我的困境，现在砍掉业务员的话，订单立马会减少；不砍掉业务员的话，利润又持续上不来。
N（收益问题）	销售：不用担心，选择我司的搜索引擎广告，客户可以通过关键词搜索触达您的网页，然后感兴趣的业务员就会电话联系您，您只需要开通一个搜索推广账户，预算一部分金额就可以开启推广了，能随时随地接订单。（收益问题） 客户：那太好了，我可以尝试一下。

2.6 产品介绍

在电话销售里，产品介绍是极为关键的步骤，那么究竟该如何有效地进行产品介绍呢？以下是几个具有代表性的理论以及经过实践检验的具体案例。

2.6.1 USP 理论概念

20 世纪 50 年代初美国人 Rosser Reeves 提出 USP 理论，建议向客户阐述一个"独特的销售主张"（Unique Selling Proposition），简称 USP 理论。其核心思想是强调产品具有独特的主张和卖点，这个主张和卖点是竞争对手无法提供的。USP 直接影响到产品生产、设计、销售全链条的营销策略。就好像人一样，每个人身上都一定有一种独有的优秀品质，而销售人员要做的，就是找到并且放大它。

应用：在产品介绍时，突出产品的独特功能、优势或益处，使消费者认为购买该产品能获得与众不同的价值。

2.6.2　USP 理论案例

案例一：江小白

江小白从 2011 年初次亮相到现在，凭借独特的文案在酒类市场中占有一席之位，其文案中的文艺风因切合年轻人的心理需求而引起共鸣，使品牌迅速获得知名度和好感度，进而在市场上颇受欢迎。其独有的卖点（销售主张）有：

卖点一：江小白喝的不仅是酒，还喝出了精神共鸣。

卖点二：独特的设计和文艺包装。

卖点三：独有的文化标签。

案例二：新潮传媒

在梯媒行业，分众传媒一直是龙头企业，分众传媒主打的是写字楼框架海报媒体还有梯外 LCD 媒体，其 slogan 是"引爆主流投分众"。新潮传媒作为后起之秀，首创梯内智能屏，定位为社区媒体，其 slogan 是"电梯广告投新潮，全家老小都看到"。其创始人张继学一直认为学分众者生，像分众者死。差异化经营，他们过去卖手工不可选点位的广告，我们未来就卖数字化可标签筛选的广告，他们定位是商务楼宇，我们定位就是社区，社区是一座金矿，在发达国家，社区消费能占到 70%，未来中国也是这样。除此以外，新潮传媒还认为任何行业都有双巨头，新潮的存在，让梯媒生态变得更健康，让广告主有了更多的选择空间，新潮要为客户节约 70%的社区梯媒投放成本。通过 USP 独特的销售主张，新潮传媒迅速占领市场，稳居中国梯媒第二、社区梯媒第一的位置。

案例三：齐家网

我的团队里有个销售人员，入职时间也不短了，之前每天打 400 个电话，通时 90 分钟，每天添加 5 个客户微信，周六还经常自己主动去公司加班，非常努力，这个状态一直持续到 2024 年 6 月，但 7 月的时候，我突然发现，他打电话好像没有之前那么有激情了，电话量明显下来了，通话声音也明显小了很多，我立马找到了他的主管和经理，了解了一下他最近的情况。主管和经理表示，他觉得自己这么努力了，但是回报却少得可怜，于是开始怀疑自己的能力，以及这份工作到底是否适合自己。了解这个情况后，我喊上了这个销售，带着他的主管和经理一起帮他分析问题，最终发现，他在打造个人

IP，梳理公司和产品的独特卖点这一块做得不够好。针对这些问题，我们的解决方案如下：

关于打造个人 IP

结合他的个人情况，我给该销售编辑了一段个人履历，要求销售每次加完客户微信之后，都要把这段话发过去：

姓名：××

职位：区域招商经理

毕业院校：上海某大学

过往履历：

2018 年 3 月加入齐家网

2018 年 4 月获得齐家网装修平台事业部"最佳新人奖"

2018 年 5 月、6 月、7 月、8 月连续 4 个月获得部门销冠

2019 年部门年度销冠

2020 年年度销冠，其中 3 次获得部门季度冠军，8 次获得月度冠军

2021 年晋升区域招商经理

2022 年获得 Top team 荣誉

2023 年培养出 5 名 Top sale

2024 年获得公司三星级内训师认证

2024 年齐家网装修研究院首席产品专家

联系电话：××××××××

工作邮箱：×××××@×××.com

联系地址：上海市××路××号

关于公司和产品独特卖点的梳理

公司维度独特卖点

卖点一：互联网家装平台上市公司。

卖点二：成立于 2007 年，于 2018 年 7 月 12 日上市（1739.HK）。

卖点三：规模庞大、市场占有率领先、综合竞争力强、品牌知名度和用户满意度高。

产品维度独特卖点

卖点一：目前齐家网业务覆盖全国 353 座城市，其中 59 个直营落地城

市，共计合作装企 14000+家，涵盖大中小型企业，与业之峰装饰、T6 国际设计、靓家居、东易日盛、金螳螂等达成长期战略合作伙伴。

卖点二：业主主动报名，意向度高，客服筛选精准装修业主，智能匹配，系统全自动派单。

卖点三：网单经营解决方案。像素级设计营销节点，匹配节点提升解决方案，帮助装企全面提升签约转化，提升组织能力。

在帮他梳理了这些独特卖点之后，在接下来的 3 个月里，他经常在电话和微信里跟客户阐述这些，说服客户有了抓手，业绩不断地进步，尤其是 10 月份，打破了他入职以来的业绩纪录。

2.6.3 FABE 法则概念

FABE 法则，F 代表特性（Features），A 代表优势（Advantages），B 代表利益（Benefits），E 代表证据（Evidence）。通过这四个步骤，帮助销售人员清晰、有逻辑地向客户展示产品，从而有效引导客户做出购买决策，具体见表 2-3。

表 2-3　　　　　　　　　　FABE 法则概念

FABE	阶段	内容
F（特性）	是什么	产品、服务公司本身所具有的特征
A（优势）	能做什么	产品或服务跟竞对相比的优势
B（利益）	能带来什么好处	产品或服务能给客户带来的具体价值
E（证据）	怎么证明您说的	满足客户利益的证据

2.6.4 FABE 法则案例

表 2-4、表 2-5、表 2-6 列举了 3 种 FABE 法则的运用案例。

表 2-4　　　　　　　　　　××专用汽车

FABE	内容
F（特性）	底盘用优质的钢材，重量多少，底盘结构采用××设计，底盘是由××工厂特制……

续表

FABE	内容
A（优势）	底盘结实厚重，结实耐磨，故障率低
B（利益）	因为底盘结实厚重，所以能应付各种复杂地形和恶劣环境；因为故障率低，所以后期的维修费用就低很多
E（证据）	底盘制造采用军工技术，军用坦克装甲车一样的技术标准。这款专用车畅销全球15个国家和地区。8年无重大故障投诉。以其稳定性见长，受到海内外客户的好评

表2-5　和尚卖梳子

FABE	内容
F（特性）	因为这把梳子被高僧开过光
A（优势）	不仅可以梳头，还能保平安
B（利益）	它不仅能够带走霉运，还能带来智慧
E（证据）	您看，来祈福的客户，不仅为自己买还为亲友带

表2-6　卖羊绒大衣

FABE	内容
F（特性）	这件大衣是羊绒的
A（优势）	穿起来保暖性更好
B（利益）	在室外穿个打底就好，不用再穿好几件了
E（证据）	最近一周已经卖掉25件了（拿出下单记录）

2.7　异议处理

2.7.1　LSCPA法则概念

应对客户异议时，有个很实用的LSCPA法则，值得深入研究。以下是这一法则的具体内涵：

L：倾听（Listen）——认真听客户表达的观点，经细致沟通与观察，精准找出客户反对意见的真正根源。只有准确了解客户的真实想法，才能有针对性地解决问题。

S：**分担**（Share）——即站在客户的立场去思考问题，深切体会客户的状况与感受，从而与客户形成情感共鸣。要让客户真真切切地感觉到您在关注他们的问题，而不是站在对立的一面。

C：**澄清**（Clarify）——当客户存在担忧时，需运用简洁明了的话语，依据实际状况与相关数据，向客户作出妥善的解释说明。如此逐步消除客户内心的疑惑，使客户对问题形成更为客观、全面的认知。

P：**陈述**（Present）——在成功解决客户的异议之后，依据客户需求和实际状况，给出可行、有效的建议或者解决方案。这些建议必须具有针对性、可操作性，真正能够帮助客户解决问题。

A：**请求**（Ask）——在给客户提出合理建议或解决方案时，需即刻询问客户对该建议的想法与意见，力求获得客户最终的认可与同意。此步骤有利于确保双方达成共识，促使问题顺利解决。

通过熟练运用 LSCPA 法则，我们能够更加高效、妥善地处理客户的异议，提升客户满意度，并为公司的可持续发展奠定坚实的基础。

2.7.2 LSCPA 法则案例

表 2-7、表 2-8 列举了两种 LSCPA 法则的应用案例。

表 2-7　　　　　　　　　客户觉得年轻无须买保险

LSCPA	话术
L（倾听）	您这么年轻，刚好是事业的上升期，家庭的顶梁柱。
S（分担）	陈先生，其实很多客户包括我自己没做保险之前，都跟您有同样的想法和认知，觉得还年轻不需要买保险，您有这样的想法我非常理解。
C（澄清）	此外，您不考虑保险还有其他原因吗？陈先生，正是因为您还年轻，我才希望您尽快开始计划。 首先，由于您年轻，您支付的保费相对较低； 其次，如果您年纪大了，身体不好，保险公司不能接受您的保险。所以越年轻投保越好！
P（陈述）	既然您认可我的观点，为什么现在不做呢？您可以立即享受这项保障计划。
A（请求）	请问每年的权益保障清单是寄到单位还是家里呢？

表 2-8　　　　　　　　　搜索引擎公司销售推销搜索广告

LSCPA	话术
L（倾听）	张总您好，我是××公司的销售代表。想问问您，对于搜索广告这块，您目前具体有着怎样的想法，或者存在哪些疑虑呢？
S（分担）	我特别理解您对广告投放效果的担忧，也明白您很关注预算的合理分配，毕竟好多企业刚开始接触搜索广告时，都会有类似的顾虑。不过，我可以很负责任地跟您讲，××搜索广告配备了精准的投放机制以及经过优化的算法，凭借这些优势，能保证您的广告精准地展示给潜在的目标客户，进而有效提升广告的转化率和回报率呢！
C（澄清）	为了能更契合您的实际需求，我还想跟您再确认一下。您是不是期望广告可以覆盖特定的地域、特定的时间段，又或者是特定的用户群体？另外，关于广告的预算以及投放周期，您有没有具体的规划安排呢？
P（陈述）	我这边依据您的需求和预算情况，已经为您量身定制了一个专属的搜索广告方案。我们的优化算法会实时监测广告效果，并且依照数据反馈及时做出相应调整，以此来保障广告的转化率和回报率达到最优状态。除此之外，我们还能提供全方位的投放数据分析服务，方便您更清晰地了解广告效果，进而更好地优化营销策略。
A（请求）	张总，不知这个方案是否契合您的需求？要是您心中存有任何疑问，或者有相关的建议，还请您随时跟我讲一讲。倘若您对这个方案挺感兴趣的话，那咱们可以接着进一步探讨具体的合作细节，像预算分配、投放周期这些方面的内容都可以详细聊聊。

2.8　促单

在销售领域，有这样两句话值得大家深入思考和铭记。第一句：销售成交的历程，实则是一个持续且深入地与客户构建信任关系的过程。第二句：销售成交的过程，本质上是不断发现并切实解决客户问题的过程。

在着手推动订单成交之前，我们务必要明确，自己与客户之间已成功建立起了基础的信任纽带。同时，客户所面临的问题也已得到了较为妥善的处理，趋近于完全解决的状态。只有当这两个关键条件得以满足时，再运用一系列行之有效的方法和技巧，去促成订单的最终成交，才会更具成效。

关于促成客户成交的方法丰富多样，例如直接询问法，它简洁明了，能够直截了当地了解客户的决策意向;假设成交法,通过假定客户已经决定购买,引导客户进入成交的思维模式;二选一成交法,为客户提供两个具有吸引力的选项,无论客户选择哪一个,都能推动交易的达成;促销刺激法,借助限时优惠、赠品等促销手段,激发客户的购买欲望。在实际销售场景中,需要根据客户的具体性格特点、需求偏好、购买能力以及所处的购买阶段等多方面因素,灵活且恰当地选择最为合适的促单方法,从而提高成交的成功率,实现销售目标。

2.9 电话销售就是谈恋爱

电话销售和谈恋爱的底层逻辑是一致的。谈恋爱的时候,需要真诚地对待对方,敏锐捕捉对方的喜好和需求,耐心倾听心声,展示自身的优点,才能收获甜蜜爱情。做电话销售也是这个道理,了解客户需求,倾听客户想法,展示产品的优势,才能赢得客户信任,从而促成合作,收获业绩。

以前看到过一个段子:"不要问我在吗?我说在,您找我借钱怎么办?我说不在,您请我吃饭怎么办?所以,不要问我在吗,您直接说找我什么事情,我好决定我在不在。"其实跟进客户和谈恋爱也是这个逻辑,不要没话找话说,更不要低价值展示自己,应该学会快速吸引客户/恋人的一些技巧和方法。

表2-9、表2-10分别展示了普通同学与优秀同学的电话销售流程,大家可以对比然后思考:普通同学和优秀同学电话销售之间的差别在哪里,普通同学和优秀同学谈恋爱的差别在哪里。

表2-9　　　　　普通销售的电话销售流程类比谈恋爱

流程与内容	费时	结果	类比谈恋爱
喂!	浪费1秒	别人没有耐心听您说	在吗?
您是××装修公司王总吗?	浪费5秒	客户姓什么根本不重要	您是王阿姨介绍的陈娟吗?
您现在方便接电话吗?	浪费3秒	方便不方便接电话取决于您是谁,干什么的	您现在方便微信聊天吗?

续　表

流程与内容	费时	结果	类比谈恋爱
我是齐家网的小朱！	浪费3秒	没有人愿意跟小朱小孙小刘打交道	我是王阿姨的侄子朱××。
您现在需要网单吗？	浪费3秒	没有人喜欢被推销	咱俩处个对象可以吗？

电话销售结果是被挂，甚至挨骂，只是取决于您再说第几句被挂而已；谈恋爱结果是女孩子压根儿就不回复您消息。

表2-10　　　　优秀销售的电话销售流程类比谈恋爱

流程	内容	类比谈恋爱
问好	李总，您好！	您好，陈娟！
秀肌肉	我是齐家网区域招商负责人，齐家网装修研究院首席产品专家，拥有10年平台运营经验的朱××。服务过1000+装修公司，帮助600+装修公司实现营收增长。	我是王姨的大侄子，我叫朱××，目前在上海工作，从事互联网行业已经10年了，2021年的时候在上海买了房子，平时我喜欢运动，尤其是跑步，我还创立了上海睿健跑步协会，并且担任会长，如果您也喜欢跑步的话，我可以带您一起跑！
下钩子	2025年春节之前，我们齐家网针对新入驻的商家有一个免费赠单活动，每家装企可以赠送10—20个订单，只要您有营业执照、对公账户，合法经营即可。名额只有50个，先到先得。	下个月，上海有一个3km短跑活动，需要2人一组组队才行，我正缺个队友，要不您也来试试？刚好终点上海东方体育中心那边才开了一家正宗的火锅店，上个月我带领团队获得了冠军，公司奖励了一张500元的消费券，走，我们跑完步一起吃！
指引行动	我现在加您微信，您通过一下，我把活动海报发给您看一下，您明天上午10点在公司吧？我刚好顺路过去跟您介绍一下这个活动。	来吧，微信加一下好友，微博、小红书、抖音，咱们也互相关注一下。

第三章 客户拜访

3.1 拜访前准备

知己知彼，百战不殆。这一古老的智慧箴言强调了充分了解自身与对手、做好充足准备对于取得胜利的重要性。在销售领域亦是如此，想要成功搞定客户，切不可贸然行动，打无准备之仗。事实上，在拜访客户之前，我们必须进行全面且深入的准备工作，唯有如此，在真正与客户会面时，才能从容不迫、游刃有余地应对各种情况，发挥出最佳水平。而拜访前的准备工作，需从多个关键方面入手，精心规划、细致筹备，为成功获取客户奠定坚实基础。相关准备的具体细节详见表3-1。

表 3-1　　　　　　　　　拜访客户前需做的准备

相关准备	相关内容	具体细节
客户资料准备	深入了解客户	收集客户基本信息，如公司规模、注册资金、实缴资本、业务范围、行业地位等 了解客户需求、痛点 分析客户购买历史、偏好以及决策流程
	明确拜访目的	明确拜访目的，如建立关系、展示产品、解决疑虑等 制订具体的拜访议程，确保拜访过程高效有序
销售工具与资料准备	个人介绍	个人的海报、学历学位、身份证、行业地位、取得的成绩、个人奋斗的故事
	公司介绍	公司介绍PPT、公司宣传视频、公司使命远景价值观、创业的故事
	产品资料	产品介绍PPT、相关网页、APP、小程序等
	演示工具	笔记本电脑、平板电脑、手机

续 表

相关准备	相关内容	具体细节
销售工具与资料准备	合同与协议	主合同、附件页、补充协议
	合作案例	客户的转化情况、已签约合同、已付款截图、客户证言及与公司合作的相关视频
	表扬信/感谢信	每人准备10张
	竞对情况	提前准备好客户竞对情况分析、公司竞对情况分析
	活动海报	当月的活动海报（例如"双11"促销海报）
	营业执照	公司营业执照复印件
	对公账户	公司对公收款账号及二维码
个人形象与礼仪准备	着装得体	男士着装为衬衫西服，女士可选职业化连衣裙
	工牌	佩戴工牌
	名片	纸质或电子名片
	头发礼仪	男士：前不遮眉、侧不盖耳、后不及领 女士：短发、盘发、披肩发，梳理整齐
	面部礼仪	男士：脸部清爽，每天刮胡须 女士：宜淡妆，忌浓妆艳抹
团队协作与分工	明确分工	进行明确的分工，如产品演示、客户沟通、记录要点等环节由谁负责，谁主谈，谁副谈
	团队协作	团队成员相互支持、协作，共同推动拜访进程，共同应对客户的问题和需求
心理准备与应对策略	保持积极心态	相信相信的力量，因为相信所以看见
	准备应对策略	针对可能出现的客户拒绝、疑虑等问题，提前准备应对策略和话术 保持冷静、耐心，用专业的知识和真诚的态度来解答客户的问题
其他准备事项	约访单信息确认	①公司名称 ②负责人姓名 ③负责人电话 ④拜访时间 ⑤拜访地址 ⑥客户有意向

续 表

相关准备	相关内容	具体细节
其他准备事项	谈单思路是否明确	需要提前和主管经理沟通客户性格，客户互联网情况，怎么谈，哪里还不够清楚，可能存在阻碍，什么环节进行杀单等问题。面谈的逻辑步骤，需要在本子上画出来
	是否模拟演练过	正式面谈客户之前，精心设计谈判思路与节奏，自己要模拟面谈2—3遍，熟悉谈判的每一个环节，把客户可能问到的问题提前想好怎么回答
	给客户准备的礼物	一杯咖啡、一杯奶茶、一份家乡特产、一份印有公司logo的笔记本、数据线等
	拜访路线规划	规划好时间和路线，先去哪个区域，接着去哪个区域，制订路线的目的是节省时间，提升拜访效率

3.2 拜访目标与计划

3.2.1 拜访效率低的原因

好多销售人员都是为了拜访而拜访，因为公司每天、每周、每月有过程考核，要求在规定时间内，拜访多少个客户。销售人员只为应付考核，通常拜访效率很低，主要原因有以下三点：

①没有目标感，没有设立目标的意识；
②不知如何设立拜访目标；
③对完成拜访目标缺乏信心。

3.2.2 拜访的目标

所以，做任何事情，都要带着目标和目的去做，此次拜访这位客户的目标是什么呢？拜访的目的通常有以下几种：

①收集决策人的电话号，混个熟脸；
②向客户介绍产品，让客户了解公司，了解公司产品；
③了解客户真正的需求以及经营情况；
④邀请客户来公司参观考察；

⑤沟通需求以及提供解决方案；
⑥推进合作达成；
⑦加深客户关系；
⑧解决客户遇到的某个实际问题；
⑨维护客户关系。

3.2.3 拜访计划表

在明确了拜访目标之后，接下来是根据具体的拜访对象和预期目标，精心制订一份详尽的拜访计划。表3-2是笔者基于多年实战经验所提炼的要点，旨在为大家提供一个参考框架。

表 3-2　　　　　　　　　　客户拜访计划

项目	描述
日程安排	
形式	
对象	
陪访人员与角色分工	
路线规划	
拟交流话题和内容	
需准备的资料	
客户可能的问题和异议	
应对方案	

3.2.4 拜访中的反面案例

拜访客户的目标与计划有多重要，我想跟大家分享一个自己过去在互联网公司做销售的亲身案例，作为反面教材。

在一次非常重要的客户高层拜访中，我负责陪同公司副总拜访一家知名制造型企业的CEO。按照约定，双方要在上午10点到指定的会议室碰面。在这之前，我自认为已经准备得非常到位了，然而世事难料，我对会议地点附近的交通状况预估出现了重大疏忽。

那天，我自己开车去接副总一起前往会议地点，之所以这么做，一是体现对领导的重视，二是可以在路上跟领导多请教一些工作方法，三是为了拜访前再交流一下信息。由于忽略了上午时段是通勤高峰期，再加上那天选择的路线在修路，原本4车道，变成了双向2车道。等赶到会议室的时候，整整迟到了9分钟，客户的多位高层已经就座了，空气中弥漫着尴尬的气氛，我也明显地能从客户的脸上感受到他们的不满。由于我方的迟到，整个会谈略显仓促，副总对此次会谈结果非常不满。事后，我也受到了上级的批评，写了一份详细的反思报告。

吃一堑，长一智。因此，在后来的工作中，对于非常重要的客户拜访，我强烈要求自己团队里的销售人员提前路演几遍，把重要细节的方方面面考虑周全，不要犯低级错误，不然好不容易约见到客户，最后却因为自己的疏忽，致使业务黄了。

3.3 拜访中过程与管控

3.3.1 八个标准动作

在销售拜访等业务活动中，严格遵循标准化的作业流程是至关重要的。标准化作业流程具有极高的价值，一方面，它能够实现快速复制，让团队成员可以直接借鉴使用，迅速上手开展工作；另一方面，也为日后的复盘工作提供了便利，让销售人员能够依据既定标准，清晰、准确地分析拜访过程中的优点与不足，从而不断改进和提升业务水平。

具体而言，在拜访过程中，存在着八个关键的标准动作，这些动作构成了标准化作业流程的核心内容，对于提升拜访效果、达成业务目标起着决定性的作用，详见表3-3。

表3-3　　　　　销售拜访的八个关键的标准动作

流程	标准动作	具体内容
标准动作一	开场问候	①想好如何介绍自己更能够让客户感兴趣 ②要对客户的接待表示感谢 ③要找一些点对客户进行赞扬

续 表

流程	标准动作	具体内容
标准动作二	收集客户的需求	通过沟通交流获取以下信息： ①经营状态 ②需求点 ③疑虑点
标准动作三	产品与服务的介绍	①公司的名称及概况 ②公司跟其他公司区别在哪里 ③能提供什么产品 ④产品跟别的公司的产品有什么不同 ⑤可以给客户解决哪些问题，带来哪些价值
标准动作四	竞争对手的分析	①竞品的优势与不足 ②我方的优势与不足 ③客观评价我方与竞对，与客户建立信任
标准动作五	解答疑虑	①价格问题 ②产品效果问题 ③交付及售后问题
标准动作六	确定合作细节	①签约时间 ②签约合同条款 ③付款方式及付款时间 ④验收标准 ⑤补充条款
标准动作七	转介绍	①主动要转介绍 ②如客户提出转介绍，刚好借此跟客户拉近关系，下次可以通过给客户送份小礼物等方式维系关系 ③可以体现出对自己公司和产品足够的自信
标准动作八	再次表示感谢	①对客户的接见以及提供此次的合作机会表示感谢 ②离开客户公司之后，给客户发一条短信或者是微信，对此次接待以及提供的合作机会再次表示感谢，同时也向对方表态，一定会提供更加优质的产品及服务

3.3.2 拜访中的过程管控——开场

无论是新客户还是老客户，见面开场寒暄一下是很有必要的，这有助于双方拉近彼此距离，增强彼此信任，放松双方心情。

很多经验不够丰富的销售人员，不知道该如何跟客户快速开启连接，不管客户什么级别、不管关系深浅、不管客户什么性格，上来就直奔主题，这很容易引起客户的警觉，觉得销售人员是在强行推销，如此着急，是不是有什么套路。

进行开场的必要性主要有两点。

第一是推销自己，在推销产品服务或解决方案之前，重要的是先赢得客户的接纳与信赖。开场预热，是为了拉近与客户的距离，让客户对自己产生好感。

第二是人情世故。"世事洞明皆学问，人情练达即文章"的道理深入人心。

以下是一套常用的首次拜访客户的开场寒暄方法，可供销售人员参考。

首先主动伸手跟客户握手，感谢客户接受你的拜访，并寒暄、赞美；

接着进行公司介绍和自己个人介绍（尽量突出独特性，给客户留下印象）；

然后介绍来访的目的（突出公司和个人能给客户带来的价值，引起对方兴趣）；

最后转向探听需求（以提问结束，以便引导客户开口讲话）。具体话术见表3-4。

表 3-4　　　　　　　　　拜访的开场流程及内容

开场流程	内容
问候	王总，您好！
感谢客户	非常荣幸能跟您见面，感谢您在百忙之中抽出时间能给我一个面谈的机会。
赞美	王总，您今天的气色真好，一看就是坚持运动，您平时这么忙，还能保持如此状态，真是让人钦佩！

续 表

开场流程	内容
提及与客户相似企业	这是我的名片，我叫×××，在互联网广告领域深耕10年，有幸为众多知名企业如A、B、C等提供过创意营销服务。
适当停顿	王总，您以前听说过我们公司吗？
公司介绍	我司是中国领先的互联网广告解决方案提供商，专注于大数据驱动的精准营销，成功帮助众多品牌取得成功。我们的核心竞争力是能够使用AI技术深入分析用户行为，定制推送广告内容和最大化投资回报率。特别是我们的新智能广告平台，可以优化实时交付策略，有效提高品牌曝光度和用户转化率。
介绍拜访目的	我今天来这里是为了和您讨论如何结合贵公司的特点，通过我们的平台创造更有影响力的广告活动，并共同促进品牌价值的飞跃。
开放式提问鼓励分享	王总，贵公司目前使用的主要广告渠道和策略是什么？

3.3.3 拜访中的过程管控——执行拜访计划

在拜访过程的管控中，拜访计划的严格执行是至关重要的。在实际执行拜访的过程中，需要高度关注并妥善处理以下几个关键问题，以确保拜访能够顺利并取得预期效果。

关键一：具备敏锐的洞察力和灵活的应变能力，能够在拜访执行过程中快速有效地处理各种突发事件和意外情况。因为在实际的拜访场景中，任何时候都可能出现不可预见的因素，这就要求销售人员保持冷静，根据具体情况及时调整策略和行动，以维持拜访的正常秩序和良好氛围。

关键二：当遇到自己不知道如何回复的问题，或者某些事项需要请示领导才能做出决策时，一定要当场进行详细、准确地记录。如此行事，既能防止重要信息被遗忘，又可在之后与领导汇报或者再次答复客户时，有理有据、条理清晰，彰显出专业且负责的态度。

关键三：在整个拜访计划执行过程中，要持续不断地对拜访目标的达成情况进行检视。定期回顾、评估，可以及时察觉目标执行过程中的偏差、问题，然后采取相应举措加以调整、纠正。这有助于让拜访活动始终朝着既定目标进行，提升拜访效率与成功率。

3.3.4 拜访中的过程管控——收场

在销售工作中，不少销售人员都清楚拜访开场有多关键，可往往容易忽略拜访收场这个重要环节。

其实，巧妙又恰当的收场作用不容小觑。

首先，这是表达感激的机会，诚挚感谢客户给予的时间和关注。其次，全面且有条理地总结本次拜访，就能梳理出双方交流的重点内容，巩固沟通成果。此外，获得客户的认同与承诺，可进一步明确双方合作意向或下一步行动方向。最后，成功获取客户承诺，如顺利预约好下次拜访的具体时间、确定好拜访核心话题等，为后续跟进与合作筑牢坚实基础。

实用案例

王总，很开心能跟您有这次愉快又高效的交流。此次拜访，我们就两个关键方面——［具体方面1］和［具体方面2］，进行了坦诚且深入的交流。双方积极探讨后，达成三点重要共识：第一，［共识内容1］；第二，［共识内容2］；第三，［共识内容3］。我衷心感谢您在忙碌中抽出时间热情接待我。关于此次洽谈的合作内容，我会按照计划，于下周五下班前给您发送详细答复。我很期待能与您合作，共创好成绩。再次诚挚地感谢您！

3.4 拜访后复盘与记录

3.4.1 拜访后复盘与记录的重要性

在销售工作中，对于销售人员来说，拜访结束后的迅速记录意识是相当重要的。俗话说，"好记性不如烂笔头"，这质朴的俗语道理深刻，且已被无数实践所证明。

拜访结束后，销售人员应该及时把此次拜访得到的有关客户单位及其个人的关键信息记下来。这些信息就像珍贵的宝藏，持续充实、完善客户资料库，为日后的客户开发工作提供有价值的参照与切实可行的指引。

在我个人销售生涯的早期，每次拜访完客户，首先做的不是急忙赶往下一个会面地点，而是走进客户办公楼里少有人涉足的楼梯间。在那个安静的角落，我常坐在台阶上，迅速翻开随身携带的记事本，尽可能详细地记录拜访的情况。进程中的全部重要信息，如客户的兴趣偏好、业务需求，交流过程中的关键决策点，全部记录。记录完后，我会反复思考，在脑海里再次回顾整个拜访过程，保证重要细节无一遗漏。事实表明，精心整理记录的这些信息，对后续工作作用巨大，有力支撑了我深化客户关系、推动大型项目成功落地。

重点客户拜访结束后，所有参与人员要马上召开正式的复盘会议。会议上，大家从多个方面对此次拜访进行深入讨论和细致分析。集思广益，让团队成员发挥智慧与经验，共同探讨推动项目发展的方法，寻找新的突破点与机会。

至于日常的客户拜访，销售人员可以趁着中午休息或者晚上闲暇之时进行自我复盘。在这个过程中，要仔细审视自己拜访规划与执行过程中的每个细节。可以尝试通过情景再现，在脑海里重新演绎整个拜访经过，深入剖析其中成功的经验与失败的教训。那些经实践证明行之有效的做法，应继续坚持并不断发扬。而对于发现的不足，要及时识别并尽快改进。

人都不是完美的，就像金子也没有十足的成色。只有敢于正视自己的不足并且接纳它，自我认知才能提升，能力才会进步。每一位销售人员都在追求持续成长与进步，这也是在激烈市场竞争中立足、取得成功的正道。

3.4.2 拜访复盘表

在销售活动中，拜访复盘对于推动销售工作进阶、提升业绩而言，是非常关键的举措。就像精准的手术刀，深入分析销售细节，可以清楚地知道，在谈单流程里，哪些环节对签单具有高效的推动作用，哪些环节存在漏洞，阻碍成交。细致梳理、深入剖析谈单的各个环节，如此一来，既能总结成功经验，还能将其转化为可复用的策略，以供后续拜访使用。既能及时察觉问题，又能制订改进方案，从而提高销售能力与素养。

表3-5是经过精心设计的拜访复盘表，包含拜访准备、开场寒暄、个人介绍、需求挖掘、公司与产品介绍、异议处理、逼单、突发事件应对，还有成交经验总结、未成交原因复盘等关键步骤。希望它能成为销售人员自我提升、业务优化的得力助手，推动大家在销售之路上不断取得突破，收获优异成绩。

表 3-5　　　　　　　　　　拜访复盘表

谈单流程	执行内容	值得肯定之处	有待完善之处
拜访准备			
开场寒暄			
个人介绍			
需求挖掘			
公司与产品介绍			
异议处理			
逼单			
突发事件应对			
成交经验总结			
未成交原因复盘			

3.5　需要注意的细节

在销售拜访过程中，诸多细节都可能对拜访结果产生重大影响，稍不留意就可能功亏一篑，而关注并处理好这些细节，往往能为拜访增添成功的砝码。以下这几个方面的细节，尤其值得我们重视并妥善应对。

拜访人数：如果你是一名销售老手，经验丰富，有独当一面的能力，可以一个人独自前去拜访。如果技能还不够熟练，或者对方有好几个 KP 要一起见你，你很担心自己应付不来，可以邀请自己的上级主管或者有经验的同事陪同，两人互相配合，一个负责主谈，一个负责副谈，互相补充。一般不建议 3 个及 3 个以上人员去。

重视前台：不要轻视拜访公司的前台人员，如果得罪了对方，可能此次拜访很难拿到你想要的成果，如果能给对方不错的第一印象进而继续沟通的话，对方也许能够告诉你很多你从其他渠道了解不到的信息，比如老板一般几点到公司，几点下班，性格是什么样子，喜欢什么，讨厌什么，跟老板见面要注意什么等很多关键信息。

先去一趟洗手间：一是轻装上阵，有助于稳定情绪；二是通过洗手间的卫生状况，大概了解该公司的内部管理水平；三是在找洗手间的过程中可以大概看到该公司的全貌，内部环境、员工面貌都能了解一二。

固定座位：客户安排你坐哪里，你就坐哪个位置，建议不要乱动，因为不同的位置有不同的寓意，也能反映出客户对你的态度。

不要交头接耳：在多人拜访过程中，千万不要当着客户的面交头接耳小声说话。这样的行为很容易惹得对方不舒服，并且还会生出猜疑之心。

根据时间来谈话：正式商谈之前，最好先问一下对方接下来的时间安排，这样才能知道会有多少交流时间。根据时间安排，可以调整自己的谈话内容。如果时间很紧迫，许多可讲可不讲的话就不必说了。

重视老板的陪同人员：有的老板在接待时会带个陪同人员在身边，这位陪同人员在公司的地位自然不一般，一定要小心对待。在现场沟通中，至少保持有三分之一的时间要与陪同人员沟通。若是出现陪同人员主动抢话或是提些难题的，那说明这位陪同人员已经很不高兴了。

留意直接进来的人：一般来说，在公司里，有权不敲门就直接进入老板办公室的，要么是老板的亲属，要么是股东或高层骨干。在这类人进门后，往往会直接找老板沟通什么事情，这时，销售人员要主动站起来，拿张名片出来，安静等待，在双方沟通结束后再行交换。

只拿一张名片出来：在拿出名片时，标准动作是从自己口袋拿出一张双手递上。不要先拿出名片夹，再从厚厚的一堆名片中抽出一张来，这样会让对方感觉您准备了很多名片，打算四处散发。交换名片后，一定要当场看，并轻声念出名片上的名字，然后迅速地装起来。直接扔在桌子上，或是无意中把对方的名片拿起来把玩都是大忌讳。更重要的是，如果把对方的名片放在桌子上，告辞时忘记拿走的概率高达八成。

3.6 面谈的相关技巧

3.6.1 寻找话题的八种方式举例

表、搭配："王总，一看您的手表就知道您一定很有品位，请问这是哪一款？"

乡土、老家："听您口音是东北人吧？我曾在哈尔滨理工大学就读，那是2012年……"

气候、季节："这几天气温骤降，好多人都感冒发烧了，王总您出门注意保暖。"

家庭、子女："听说您儿子毕业于复旦大学，真是优秀，您一定很为他骄傲吧？"

饮食、习惯："万达广场三楼新开了一家正宗川菜馆，周末有空一起去尝尝吧。"

办公、布置："您公司办公区的布置简约而不简单，是您的设计吗？"

兴趣、爱好："您坚持跑步10年，有什么秘诀吗？"

行业动态："最近行业政策变化，对您公司有何影响？我们有些应对策略，或许可以交流一下。"

3.6.2 判断客户类型

RFM模型三要素：最近一次消费（Recency）、消费频率（Frequency）、消费金额（Monetary）。综合这三个维度，可以用于判断客户价值，也可以用作重点客户衡量的一个工具。

根据三个维度，可以将客户分为8类，见表3-6。

表3-6　　　　　　根据RFM模型进行客户分类

类型	R	F	M
重要价值客户	高	高	高
重要发展客户	高	低	高
一般价值客户	高	高	低
一般发展客户	高	低	低
重要保持客户	低	高	高
重要挽留客户	低	低	高
一般保持客户	低	高	低
一般挽留客户	低	低	低

借助RFM模型对客户进行分类，企业能清晰地看到不同价值的客户群体。对于那些重要价值客户，他们是企业的"金名片"，企业必须全力以赴重点维护，不断巩固合作关系。重要发展客户和重要保持客户潜力无限，企

要善于挖掘，推动他们消费升级，实现价值跃升。而各类挽留客户，企业需制订个性化策略，将他们稳定留存。

合理运用RFM模型，就如同为企业装上了"智慧大脑"，能优化资源配置，极大提升客户关系管理效率。如此一来，企业便能在市场浪潮中更好地满足客户需求，成功实现业绩的持续增长，开启蓬勃发展的新篇章。

3.6.3 相关部门层级

企业运营和决策时，组织架构合理设置、各部门协同配合相当重要。客户的决策链路通常紧密依循公司的组织架构来进行。完善的组织架构常有多个层级，各层级在决策中角色独特、不可或缺，都起着关键作用。表3-7详细阐述了在客户决策链路里，依照公司组织架构划分出的六个层级以及它们的相关作用。

表3-7　　　　　　　　　公司不同层级部门的作用

部门层级	相关作用
决策层	决策
管理层	不一定直接使用该产品，但是管理这个部门
技术部门	负责评估可行性，负责维护、选择型号等
财务部门	负责资金审批
使用部门	直接使用产品的部门，负责部门效率提升与结果达成

3.6.4 客户组织决策团队

在客户组织的决策团队中，不同角色对于公司的产品、服务或解决方案往往持有不同的立场和态度。这些立场和态度不仅反映了他们各自的利益诉求和价值取向，也对销售人员与客户的合作关系以及业务的推进产生着重要影响。深入了解这些不同角色的立场和特征，有助于销售人员更好地制订应对策略，加强沟通与合作，从而提升客户满意度和业务成功率。表3-8是根据客户组织决策团队中不同角色对公司产品/服务/解决方案的意见，所划分的五类人群及其对应的五类立场和特征。

表 3-8　　　　　　　　客户组织决策团队

角色	立场	特征
力挺者	坚定的顶级支持者，会积极主动地为我方提供关键信息和情报，助力我方做出更有利的决策。在与客户的沟通和合作中，他们会不遗余力地为我方发声，推动合作顺利进行	时刻关注我方的动态，在关键时刻能够给予有力的支持和帮助
支持者	明确表态支持我方，其支持的态度往往带有一定的感性因素，可能是基于对我方品牌的认可、对产品或服务的良好体验，或是与我方人员建立了良好的个人关系	偏感性，在决策过程中会倾向于我方，为我方的方案或产品说好话，积极营造有利于我方的氛围
中立者	中立者遵循公事公办的准则，客观公正地看待我方的产品、服务或者解决方案。他们不易受情感因素左右，会依据实际状况与相关标准去判断、做决策	要做到客观公正，决策时就得综合考量各方面因素，理性分析、评价我方的优势与不足，从而为决策给出客观的参照
对立者	明确表示不支持我方。其反对态度或许是出于个人喜好，或许是青睐其他竞争方案，抑或是对我方存在一些误解。他们的立场常带有感性的成分，理性分析不足	偏于感性之人，在决策时会质疑、反对我方方案或产品，这或许会影响其他决策者的态度与决策结果
顽固者	坚决抵制我方，甚至可能向竞争对手通风报信，从而损害我方利益。他们坚决反对，靠常规的沟通、说服很难改变	在决策时全力阻碍我方方案或产品推进，还可能用不正当手段维护竞对利益

3.7 大客户销售及拜访

3.7.1 找到大客户

　　大客户是指市场中既有的以及潜在的，业务范围覆盖全国或特定区域的客户群体。这类客户往往具有较大的业务规模和市场影响力，是企业重点关注和争取的对象。

大客户合作流程

洞察客户，确立目标：深入了解大客户的业务需求、市场定位、发展战略等，精准把握其痛点与期望，据此确立清晰、可行的合作目标。

搭建桥梁，建立联系：通过合适的渠道与方式，主动与大客户取得联系，开启沟通对话，为后续合作奠定基础。

循序渐进，获取信任：在与大客户的持续沟通交流中，展现专业能力、诚信态度和服务意识，逐步赢得客户的信任与认可。

价值输出，满足需求：依据客户的实际需求，提供定制化的产品、服务或解决方案，为客户创造切实的价值，增强客户的合作意愿。

凭借实力，赢得合作：凭借前期积累的信任与价值输出，与大客户达成合作协议，正式开启合作。

规范流程，确保回款：按照合作协议的约定，及时、规范地推进业务流程，确保款项按时、足额收回，保障企业的资金流转与经营效益。

优质服务，促进复购：在合作过程中，持续提供优质的服务，关注客户反馈，不断优化合作体验，促进大客户的重复购买与长期合作。

3.7.2 为什么要找大客户

二八法则：无论是全国市场还是区域市场，80%的收益都来自只占其客户总数20%的大客户，而数量众多的中小客户所带来的零散收入却只占其总营收的20%。

头部原则：从行业客户角度看，每个行业中都有一些领军企业或者有潜力的快速发展的企业，这些企业的需求占了该行业整体需求的绝大部分。

抗风险性强：TOP客户的自身组织体系、决策架构相对复杂，覆盖地理区域广，业务种类丰富，需求是一个整体性的、稳定性和持续性规划。能够帮助企业稳定业务来源和业绩，促进企业快速发展壮大。

头部效应：通过实施大客户导向的经营战略，强化行业的口碑效应，产生带动腰部、尾部客户跟进的效果。

3.7.3 如何找到大客户

在商业活动中，找到大客户对于企业的发展至关重要。以下以广告行业为例，介绍三种行之有效地寻找广告大客户的方法，涵盖人脉、线上、线下三个维度，助力企业精准定位优质客户资源。

方法一：人脉收集法

行业权威人士：积极主动地与业内知名的行业专家建立联系，通过虚心请教、深入交流，不仅能获取宝贵的行业经验，还可借助专家的人脉网络，拓展自己的客户资源。

行业组织平台：充分利用行业协会、商会等组织搭建的平台，踊跃参与各类活动。在活动中与同行、上下游相关从业者进行广泛交流，发现潜在的合作机会。

客户关系拓展：深度挖掘现有客户的价值，从他们的社交圈中寻找新的线索。通过提供优质服务，赢得现有客户的信任，使其愿意为您推荐新的客户资源。

方法二：线上收集法

专业报告研读：认真研读专业的行业报告，从中梳理出关键人物、头部企业以及新兴企业的信息，分析其发展趋势和业务需求，为寻找大客户提供方向。

行业公众号互动：关注行业内优质的微信公众号，及时获取最新的行业动态和资讯。积极与公众号运营者以及活跃读者互动，建立良好的线上关系，从中发现潜在的大客户。

融资信息洞察：在专业的融资信息网站上，密切关注企业的融资动态，查找获得融资的企业及其关联方。这些企业往往具有较高的发展潜力和市场价值，是大客户的潜在来源。

主流媒体关注：留意主流媒体平台（如头条、抖音、微信朋友圈等）上的广告，深入挖掘广告背后的企业信息和相关人员线索。通过分析广告内容和投放策略，判断企业的实力和市场定位，筛选出可能的大客户。

方法三：线下收集法

行业展会交流：积极参加各类行业展会，在展会现场与参展商、参观者进行面对面交流，了解他们的业务需求和合作意向。通过建立良好的第一印象，为后续的合作打下基础。

行业峰会沟通：踊跃参与行业峰会，与演讲嘉宾、参会者进行深入沟通。

在交流过程中，展示自身的专业能力和企业优势，吸引潜在的大客户的关注，拓展人脉资源。

3.7.4 大客户的识别与筛选

断真伪：对大客户池的基础洞察信息进行严格验真，涵盖客户的基本信息、业务范围、市场地位等多个维度，确保每一项信息都真实可靠、准确无误，为后续的分析与决策提供坚实基础。

断实力：对于传统型企业，重点考察其营收状况，包括营收规模、增长率、利润水平等，以此评估企业的经营实力和市场竞争力。对于融资驱动型企业，则着重关注其融资热度以及增长速度，如融资金额、融资轮次、估值变化等，判断企业的发展潜力和市场吸引力。

断动机：深入剖析企业的管理模式，判断其是家族式企业还是现代型管理企业。同时，分析企业业务的营利性，是否属于高利润业务范畴。进一步探究客户是否涉足地产、金融等高利润领域，以及其年龄、进取心等个人因素，从而洞察客户的合作动机和潜在需求。

断策略：全面了解客户是否与竞品公司有过合作经历，以及当前面临的竞争压力状况。分析竞品的优势和劣势，以及客户选择竞品的原因，为制订针对性的合作策略提供参考，以在竞争中脱颖而出。

断时机：敏锐捕捉客户的痛点，当客户的痛点明显且亟待解决，同时面临较大的竞争压力，或者其同行已与我司展开合作时，往往是最佳的合作时机。及时把握这些时机，能够提高合作的成功率和效果。

断关系：仔细评估竞争对手与客户之间的关系紧密程度，判断是否存在短期内难以突破的障碍。了解客户对竞争对手的满意度、合作历史以及信任程度等，以便制订有效的关系维护和拓展策略，逐步建立和深化与客户的合作关系。

3.7.5 TOP 客户过程动作推进和成单技巧

成交往往离不开四个核心要素：需求、足够的信任、合理的解决方案以及相应的购买能力。当销售人员成功取得决策者的充分信任后，订单的达成便只是时间问题。以下是关于信任建立与销售过程中的一些重要点。

1. 信任累积的过程,小 YES 换大 YES

信任并非凭空而来,它源于众多小事随时间的沉淀与积累。每一个细微的互动,都可能成为信任大厦的基石。对待目标客户交付的每一项任务,都应全力以赴、认真对待。因为在整个过程中,客户始终在默默观察着您,任何细节都可能影响他们对您的评价。每次拜访都应具有价值,能够为客户带来加分。若一次拜访无法为客户提供新的信息、帮助或价值提升,那么还不如不进行这次拜访。

2. 功夫在事外,切莫执着订单

销售的本质,并非单纯地推销产品,而是推销自己。客户在选择产品时,往往也在选择与之合作的人。因此,在销售过程中,销售人员需拓宽视野,从朋友的角度出发,真诚地为客户提供多方面的建议与帮助,而不仅仅局限于产品本身。许多优秀的销售人员在跟进客户时,甚至不会急于提及所销售的产品,而是通过不断展示自身价值,赢得客户的认可与信任。

3. 人会帮助的,只有自己

物以类聚,人以群分。人与人之间相处的关键,在于找到彼此的共通之处。这种共通点可以是兴趣爱好、价值观、人生经历等。面对决策者时,我们应尽可能全面地了解对方的信息和性格特点,努力寻找与对方能够契合的共通点,以此建立更紧密的联系。

4. 重视承诺的力量

信任的建立是一个缓慢且脆弱的过程,需要悉心呵护。因此,务必重视对客户做出的每一个承诺。一旦有一个承诺未能兑现,就可能导致客户的信任瞬间崩塌,之前所付出的努力也可能付诸东流。

3.7.6 区分"需求"和"要求"

在商业与社交场景中,精准分辨"需求"和"要求",是不可或缺的。这两个概念形似而神异,但有着本质区别。"要求"一般是可直接表述,甚至能用数字量化或有明确参照的愿望,属外在表现,且在特定情境下可被类似条件替代。"需求"则更为深刻,是内心深处的渴望,作为行为的底层逻辑,虽难以精确量化,却可通过细致描述展现,是解决核心问题的必要因素。表3-9 从含义、特征、实例三方面对二者详作对比。

表 3-9 "要求"和"需求"的区别

对比项目	要求	需求
含义	能够直接提出、具有明确指向性的愿望，这些愿望往往可以用具体的数据、指标量化，或者能找到清晰的参照标准，它是外在的一种诉求呈现	体现为一种深层次的内在需要，是人们内心深处索取、求索的根本所在，属于驱动行为的底层逻辑
特征	具备相对较强的可量化属性，在不同情境下，这种诉求可以被其他类似的条件或期望替代	难以做到完全精确量化，但可以通过细致描述来呈现。它是个体或群体必须得到满足的根本诉求，对行为有着关键的引导作用
实例	在采购场景中，"我要求您们给出市场上最低的价格"，"我打算先支付10%的款项，试试效果，要是效果好，我会马上补齐尾款"	以一家餐饮企业为例，其需求可能是通过提升菜品质量和服务水平，解决顾客复购率低的问题，从而在竞争激烈的市场中站稳脚跟，实现盈利增长

3.7.7 提炼客户痛点

1. 行业痛点

于市场竞争格局中，洞悉赛道的品类发展、竞争态势与政策导向，对企业发展意义重大。品类发展涵盖市场规模增长、技术创新及消费者需求变化，左右行业走向。竞争格局聚焦参与者地位、份额分布与竞争策略。政策导向无论是扶持鼓励还是规范限制，都在宏观层面决定行业发展，是企业制订战略的关键考量因素。

2. 企业痛点

精准的赛道定位是企业立足市场的根基。明确自身行业站位，有利于集中资源、发挥优势、应对竞争。企业增长目标关乎生存发展，涉及销售额提升、市场份额扩大、产品服务多元化等维度。而企业公关目标的实现，对塑造形象、提升品牌知名度、美誉度、维护利益相关者关系等方面不可或缺。

3. 个人痛点

职场中，个人面临诸多挑战。寻觅有价值且可信赖的外部伙伴，能获得新思路、资源与支持，助力职业发展。解决职业规划迷茫、技能提升瓶颈、人际关系处理等问题，是实现职业目标的关键。整合人脉、信息、资金等外部资源，可拓宽职业发展空间。获取真诚专业的建议，帮助个人明智决策，实现价值最大化。

3.7.8 邀约陌生客户四种方法

通过短信/微信/邮寄/电子邮箱等方式陌生约见的相关思路：
（1）有个客户高度认可的朋友推荐你们认识；
（2）就客户关心和其企业需要的主题，寄一本适合他们的书；
（3）进行消费者调研或者市场调研报告，得出结论，手写一封信；
（4）我赞同您的其他观点，但是我针对您的某个意见不完全认同，我想和您约见聊一下。

3.7.9 促成交易的10个标准动作

为了更好地促成交易，达成合作共赢的目标，一套系统且行之有效的标准动作显得尤为重要。这些标准动作不仅能够规范销售流程，提高工作效率，还能精准把握客户需求，增强客户信任，从而有效推动交易的达成。表3-10详细介绍了促成交易的10个标准动作及其背后的目的，希望能给销售人员提供有益的参考和指导。

表3-10　　　　　促成交易的10个标准动作

序号	标准动作	动作目的
1	成立项目组	清晰明确团队成员的分工，确保各项工作有序开展，实现团队成员之间的高效协调与行动一致，为后续工作的推进奠定坚实组织基础
2	拜访客户	面对面与客户交流沟通，深入挖掘客户的实际需求、痛点以及期望，为制订针对性的解决方案提供准确依据
3	提供合作案例	通过展示以往成功的合作案例，向客户传递自身的实力和专业能力，增强客户对合作的信心，同时激发客户的合作欲望，刺激其做出成交决策

续　表

序号	标准动作	动作目的
4	约关键人吃饭	将与客户的客情关系从严肃的办公室环境转移到轻松的餐桌氛围中，有助于拉近彼此距离，增进情感交流，为进一步的合作沟通创造良好氛围
5	送花	以送花这种温馨的方式，将原本单纯的公务沟通转化为私人交情的建立与深化，使双方形成立场同盟，在情感和利益上达成更紧密的联系
6	发展一个"小蜜蜂"	培养一个在客户内部能够提供信息的关键人物，借助其力量获取清晰、全面的客户信息，如组织架构、决策流程等，绘制出详细的客户地图，为后续工作提供有力支持
7	提案，形成成交障碍清单	在提案过程中，敏锐捕捉客户的反馈和疑虑，梳理出成交过程中可能存在的障碍，关键在于精准找到问题，并针对这些问题制订切实可行的解决方案
8	总结痛点，请市场策划部解决	对客户的痛点进行系统总结，充分发挥市场策划部的专业优势，提供定制化的解决方案，向客户证明自身所具备的创新价值和解决问题的能力
9	安排高层陪访、商务谈判	安排企业高层参与陪访和商务谈判，建立起多点位的沟通结构，展现对客户的重视程度，同时从更高层面保障谈判的顺利进行，提高成交的成功率
10	合作签约执行	在成功签约后，对客户的预期进行有效管理，确保合作按照约定顺利执行，维护良好的客户关系，为后续的长期合作奠定基础

3.7.10 "发展小蜜蜂"的重要性

在大客户业务推进过程中，"小蜜蜂"角色的作用意义重大，具体如下：

信息提供者： 信息提供者至关重要，因为他可以帮助您弄清订单的真实情况，帮助您见到核心决策人，规避潜在风险。

影响者： 重视影响者作用，因为他们说不定就会成为您的阻力或者助力。

竞争对手： 知己知彼，百战不殆，了解竞争对手优势与劣势，对制订客户跟进方案有很强的战略意义。

决策者：千万不要将时间浪费在非核心决策经理人的身上，拿下订单只有一个方式，即说服决策者。

3.7.11 兵对兵，将对将的原则

在商务谈判中，合理的人员层级匹配往往能够极大地提升沟通效率与合作成功率。"兵对兵，将对将"这一原则，强调了在商务互动中，双方应根据不同的层级关系，安排相应级别的人员进行对接，以实现精准沟通、有效决策。通过构建高层互动对称模型，能够更好地针对不同层级客户的需求和问题，提供专业且合适的解决方案。表 3-11 详细介绍了这一模型中各层级的对应关系以及其定向解决的问题。

表 3-11　　　　"兵对兵，将对将"互动对称模型

层级	对应客户层级	定向解决问题
销售	二层 KP	定点清除客户二层 KP 异议，达成共识
主管/经理	一层 KP	首席谈判官、展开重量级商务谈判
总监/总经理	决策者	高层合意互动及战略问题解决

3.8 学会问客户五个问题

提问是挖掘客户需求、建立信任的关键。掌握向客户提问几个关键问题的技巧，能帮大家在销售过程中抢占先机，提高成交率。在齐家网，我要求自己的团队伙伴必须问客户以下五个问题：

问题一：当下在获取客户时，您觉得最突出的难题是什么？

掌握这些痛点，齐家网招商顾问便能凭借平台流量与精准营销工具，给出适配方案。

问题二：采购装修材料时，您最看重哪点？价格、质量还是供货稳定性？

材料关乎成本与质量，若关注价格，齐家网有整合供应链，能提供性价比高的方案；若注重质量和供货稳定，平台严格筛选供应商，保障材料品质与供应。

问题三：当初是什么原因选择了装修这个赛道？您做企业过程中有什么特别难忘的事情吗？

问这类问题，可以增进与客户的关系，深入了解客户需求，获取市场和行业信息，从而发掘合作机会。

问题四：未来 1—3 年，您对公司业务扩张和市场布局有何规划？

知晓客户公司规划，齐家网就能结合自身品牌影响力、全国市场资源和业务拓展服务，助力客户从区域走向全国。

问题五：回顾之前与其他平台合作，最让您不满意的是哪些方面？

了解这些痛点，齐家网便能凸显在服务、资源匹配和费用结构上的优势，为客户打造更优质的合作体验。

3.9 学会向客户讲五个故事

会讲故事的人能赢得全世界，这话一点不假，因为人类天生就喜欢听故事。顶级的销售都是讲故事高手，故事的力量在于它能引发共情，这是销售中的关键。

在齐家网，我要求自己的团队伙伴在和装修公司沟通时，学会讲以下五个故事：

故事一：流量破局

曾经有一家毫不起眼的小型装修公司，在入驻齐家网前，每月客户咨询量屈指可数，业务开展举步维艰。加入齐家网后，平台海量精准流量让其店铺曝光直线上升。首月就收获 20 多个意向客户咨询，成功签约 5 单，半年内业务量激增 3 倍，成功打开市场。

故事二：品牌飞跃

某家中型装修公司在当地小有名气，但知名度有限。与齐家网合作后，参与平台组织的家居博览会、装修知识讲座等线上线下活动，品牌形象大幅提升。短短一年，当地市场知名度提高 50%，吸引众多高端客户，客单价上涨，成功跻身当地一线品牌。

故事三：成本优化

一家老牌装修公司过去自拓客户，营销成本高且客户质量不稳定。与齐家网合作后，凭借平台精准匹配的用户，获客成本降低25%；凭借供应链整合，材料采购成本降低15%。综合下来，整体运营成本降20%，利润空间显著扩大。

故事四：客户留存

一家装修公司因客户服务不佳，客户流失严重。加入齐家网后，借助平台的客户关系管理工具和售后服务培训优化流程。客户满意度从60%提升至85%，老客户转介绍率提高30%，实现业务良性循环。

故事五：行业引领

在竞争激烈的家装市场，某头部装修公司与齐家网合作引入齐家保产品后，行业影响力大幅提升。齐家保提供资金托管服务，款项按施工进度分阶段支付，还包含先行赔付机制，让客户装修更安心。该公司凭借这一优势，吸引了大量对装修品质和资金安全存疑的客户。当地市场份额从20%一路飙升至35%，一跃成为行业标杆，引领行业服务升级潮流。

第四章　微信营销

4.1　微信六件套

在广告行业里，有这么一句话："客户在哪里，广告就要投放到哪里。"现如今，微信是目前最重要的社交工具之一。想要取得好的业绩，做好微信营销，是当下所有销售人员的必修课之一。想要做好微信营销，首先要设置好微信六件套，见表4-1。

表4-1　微信六件套

六件套	重要性	相关建议
头像	头像即形象	建议用真实、高清的个人商务证件照片
名字	名字也是品牌	公司名称+职务+姓名
背景图	黄金广告位	建议放公司宣传图或自己获得的荣誉证书、工牌工号等
个性签名	相当于品牌的Slogan	对品牌或者个人的补充说明
个人状态	微信8.0版本的状态，可以放视频，也可以放图片	状态可以每天换一个不同的图片或者视频
视频号	视频号上面可以做一个非常详细的介绍	分享签约案例、公司政策及个人生活，打造个人IP

4.2　微信验证话术

微信是触达客户的重要工具和方法之一，有的销售一天加了30个客户的微信，能通过20个，而有的销售通过的只有两三个，原因在于验证话术没写好。以广告公司开发装修行业客户为例，我给大家介绍 10 种微信验证话术。

微信验证话术公式：我是谁+为什么加您（目的）+钩子（免费抽奖/体验新品/赠送服务）

4.2.1 直接表明来意

我是××公司朱××，我可以把最近 1 个月咨询市区整装的业主订单推给您。

4.2.2 以客带客，打消顾虑

李总，上海×××装修公司是我们××公司的老客户，听他们老板徐总提起过您，希望有机会与您合作。

4.2.3 表明双方来自共同圈层

您好李总，我是××省建筑装饰装修协会的战略合作伙伴××公司，听刘会长提起过您，方便通过一下，我的客户有需求可以找您。

4.2.4 "伪装"成客户

××县××小区 120 平毛坯整装能做吗？年前可以量房吗？年底装修有优惠吗？

4.2.5 以曾经接触为名，提升验证通过率

例如：李总您好，我是之前与您在装修展会交流过的××公司的小陈，麻烦您通过一下。

4.2.6 表达好感与认可

您好，我是×××，看到您有关数字化时代下装修公司降本增效的见解我深受启发，想找您学习交流。

4.2.7 新客体验

您好，我是××公司的朱××，新年将至，我司针对新合作的装企，有免费赠单和优惠补贴活动。

4.2.8 "伪装"成熟人

验证信息直接写来自手机通讯录。

4.2.9 行业报告

陈总，我是××公司的朱××，我一直服务装修行业，想发一份装修行业分析报告给您，希望对您有帮助，您通过一下。

4.2.10 价格磨刀石

陈总，我知道您微信里已经有很多个我的同行了，您把我留在您微信里，我不仅不会骚扰您，还可以告诉您底价，作为您和我司其他竞对平台砍价的磨刀石。

添加客户微信，是开启合作大门的首把钥匙，也是迈向签约的关键第一步。在与客户沟通的过程中，精准捕捉对客户切实有利的核心价值点，以此为基础精心设计验证话术，至关重要。比如，从帮助客户节省成本、提升效率、规避风险等角度出发，用真诚且专业的语言，传递产品或服务的优势，有效降低客户的戒备心理，弱化营销痕迹，让沟通更显自然与亲和。

4.3 客户标签设置

电话沟通过或者拜访过的客户，甚至已经成交的客户，都要加微信，便于互相了解，随时联系。为了提升客户转化与服务效率，不同类型的客户，不同根据阶段的客户，需要设置不同的客户标签。以下给大家介绍几种分类的方法：

1. 按照合作周期分类

一类客户：短时间之内快速成交的客户；

二类客户：短时间之内不会成交，但是感觉这个客户可以继续沟通，需要长期跟进；

三类客户：曾询过价，但是由于预算，很难成交的客户。

2. 按照推进进度

A 类：谈好价格，达成共识，待付款；

B 类：了解产品，有预算，也有疑虑，在考虑中；

C 类：电话里沟通过，加了微信，对产品顾虑太多；

D 类：电话里沟通过，加了微信，但是不怎么回信息；

E 类：已合作的客户。

3. 按照客户性格

A 类：犹豫不决型；

B 类：牢骚抱怨型；

C 类：傲慢挑剔型；

D 类：斤斤计较型；

E 类：委婉拒绝型；

F 类：自我炫耀型；

G 类：沉着老练型；

H 类：善于比较型；

I 类：等下次型。

4.4 三个核心、四个维度、六个时间

在商业活动中，成交的达成并非偶然，而是信任与需求的完美融合。信任是客户对产品、服务以及提供者的认可，需求则是客户产生购买行为的内在驱动力，二者缺一不可。而打造优质的朋友圈，对于促进成交起着关键作用，其核心目的在于明确人设定位，并持续进行价值输出。在朋友圈文案输出方面，需要精准把握客户心理，善于寻找客户的痛点，通过对痛点的剖析引起客户的关注；同时，创造买点，让客户对产品或服务产生期待和向往；巧妙"挠"到客户的痒点，激发客户的兴趣和购买欲望。而发朋友圈的终极目标，就是建立客户的信任，让客户感受到您的可靠与专业，同时刺激客户的需求，使其产生购买的冲动。

4.4.1 三个核心

为了让朋友圈更具吸引力和影响力，其排版有三个核心要点：

（1）图片吸睛：选用高级且极具吸引力的图片，能够瞬间抓住客户的眼

球，在海量信息中脱颖而出，吸引客户进一步了解内容。

（2）**文字吸心**：文案撰写要直击客户内心，用真诚、有感染力的文字打动客户，让客户产生共鸣，从而增强客户的认同感。

（3）**布局吸睛**：精心设计朋友圈的布局，使内容呈现错落有致、条理清晰，让客户在浏览时能够自然流畅地看下去，一条条朋友圈停不下来，增加客户的停留时间和阅读深度。

4.4.2 四个维度

朋友圈的内容应该具备四个维度，以展现一个全面、立体且富有吸引力的形象：

（1）**生活圈**：分享真实的生活点滴，赋予朋友圈温度，让客户感受到您的真实和亲切，拉近与客户的距离。

（2）**专业圈**：展示具有说服力的专业知识和技能，体现您的专业性和权威性，让客户对您产生信任，相信您能够为他们提供有价值的产品或服务。

（3）**认知圈**：通过分享您的认知和见解，筛选出与您同频的人，吸引那些认同您的价值观和理念的客户，从而建立起更加紧密的联系。

（4）**价值圈**：传递有价值的信息和观点，与客户产生共鸣，让客户在您的朋友圈中找到价值和启发，从而建立起深度的链接。

4.4.3 六个时间

选择合适的时间发送朋友圈也至关重要，以下六个时间段是较为理想的发圈时间：

7：00—9：00　人们通常在这个时间段起床、准备开始新的一天，此时发送朋友圈能够在第一时间吸引客户的注意力，开启美好的一天。

10：00—12：00　这个时间段是人们工作间隙的休息时间，有一定的闲暇时间浏览社交媒体，适时的朋友圈内容可以为他们带来放松和启发。

12：30—13：00　午休时间，人们在休息和用餐的同时，会习惯性地刷朋友圈，此时的内容更容易被关注和阅读。

15：00—17：00　工作中的人们在这个时间段可能会感到疲惫和乏味，有趣、有价值的朋友圈内容可以为他们带来新鲜感和动力。

19：00—20：30　下班后的时间，人们开始放松和享受生活，此时的朋友圈内容可以成为他们休闲娱乐的一部分，增加互动和交流。

21：00—23：00　晚上入睡前的时间，人们通常会躺在床上浏览手机，这个时候发送的朋友圈内容如果能够吸引客户，就有更多的时间和机会被客户阅读和思考。

4.5　朋友圈发布内容

在社交媒体时代，朋友圈已成为展示个人与企业形象、建立信任关系、促进业务发展的重要平台。精心设计和发布朋友圈内容，能够有效提升个人影响力，增强客户对自己及所在公司的信任与认可。合理规划朋友圈发布内容，使其涵盖工作、生活、公司团队动态以及行业产品动态等多个方面，有助于全面展示个人和企业的综合形象。表4-2从不同内容属性出发，详细介绍了适合在朋友圈发布的内容及其所展现的价值，助力销售人员打造更具吸引力和影响力的朋友圈。

表4-2　　　　　　　适合在朋友圈发布的内容

内容属性	内容特点	展现的价值
工作相关	分享个人荣誉和成就	展示业务水平和专业水平
	分享客户证言	金杯银杯不如客户的口碑
	分享合作客户成功案例	证明有能力帮助客户摆脱当下的经营困境
	分享客户写的感谢信或表扬信	证明服务过的客户都很认可，能给客户带来价值
	分享领导的积极评价	证明自己的工作能力及在团队里的地位
	发权威背书资料	展示权威性
生活相关	分享积极的正能量内容	传递自己积极向上的人生态度
	展示才艺	让客户眼前一亮，找到更多的话题跟客户沟通

续 表

内容属性	内容特点	展现的价值
生活相关	记录正向的生活感受	展示真实、有趣、有价值的生活状态，展示有温度、有思想、有趣的灵魂
	分享有深度有质量的文章	一定程度上代表您对事情的看法和个人认知水平
	分享有趣的生活小事	让客户共享您的生活乐趣
	分享幽默搞笑的段子	展示自己的幽默风趣与智慧
	分享自己对当下热点事件的看法	展示自己独立思考的成果
	分享自己旅行的照片	展示生活的丰富性
	分享自己做饭的照片	展示自己热爱生活的一面
	分享自己孝敬父母长辈的一面	一个孝敬的人很容易获得客户的信任
公司与团队动态	分享公司和团队最新利好的动态	及时展示公司的良好经营状况，给客户传递安全感，增强客户对公司的信心
	分享公司和团队获奖情况	有力彰显公司的强大实力，提升公司在客户心中的地位，增强客户的信赖感
	分享公司和团队大事件	突出公司的活跃度和发展态势，为客户带来新鲜感，保持客户对公司的关注
	分享公司和团队风采	生动展示公司独特的团队文化，营造亲切的氛围，拉近公司与客户之间的距离
行业与产品动态	分享行业分析报告	帮助客户及时了解行业的发展趋势和市场动态，为客户的决策提供有价值的参考

续 表

内容属性	内容特点	展现的价值
行业与产品动态	分享行业大佬的文章	快速传递行业的最新消息和前沿观点，使客户能够紧跟行业步伐，提升客户对自己的专业性认可
	分享有利于客户的行业消息	积极为客户传递利好信息，让客户感受到关怀，提升客户的满意度和忠诚度
	分享新产品上线的消息	清晰地展示公司产品的更新迭代速度，体现公司的创新能力和发展潜力，增强客户对公司产品的信心

4.6 朋友圈案例鉴赏

发朋友圈，是为了让客户感受到我们是一个专业、有血有肉、积极乐观、正能量且有趣的人，图4-1至图4-6是几个可以参考的朋友圈案例。

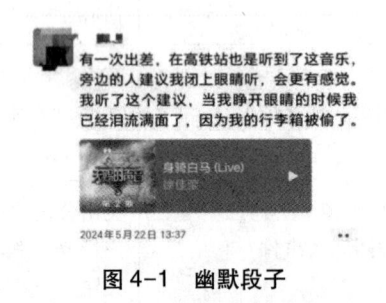

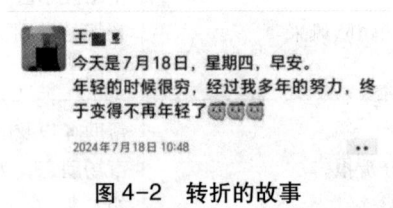

图4-1 幽默段子

图4-2 转折的故事

第四章　微信营销

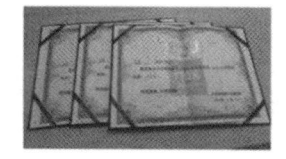

图 4-3　获得的荣誉

图 4-4　行业履历

图 4-5　客户送的锦旗

59

4.7 客户不回信息的解法

4.7.1 微信触达客户的十个技巧

方法一：给客户发个小红包

目的：吸引客户

建议："量体裁衣"

案例一：王总，从朋友圈了解到今天是您生日，发个小红包祝您生日快乐！

案例二：王总，今天是冲单日，我拿了冠军，很开心，给您发个红包，分享一下我的开心，祝您生意越来越好！

案例三：王总，今天是中秋节，祝您节日快乐！

案例四：王总，看您朋友圈，您儿子好可爱，我发个小红包，您代我给他买一盒娃哈哈！

方法二：发搞笑的段子、笑话、转折故事

目的：打造一个风趣幽默的 IP 人设

建议：质量、内容、频率因人而异

段子一：我之所以选择南京大学不选择北京大学是有原因的，第一，南京大学离我家比较近，我不想离家太远；第二，我不喜欢北京的天气，南京天气比北京好；第三，南京大学的保安工资比北京大学每月要高 300 元钱。

段子二：阿里巴巴 5 年，腾讯 3 年，百度 2 年，在 BAT 已经待了 10 年了，最近我打算离职了，毕竟保安做久了，人没什么激情了。

段子三：2023 年年底，给自己 2024 年定的目标是财源滚滚，半年过去了，已经实现了四分之三，实现了圆滚滚。

方法三：假装发错消息

目的：打开话匣子

建议：发能给自己加分的

案例一：直接把对公账户发过去，刘总，10 万块钱您付一下，付款好了之后您把付款凭证发一下给我，我安排财务查款。

案例二：刘总，您的资质啥时候能发给我？我们的赠单活动马上就要结束了！

案例三：刘总，恭喜您，这个月累计已经签约 15 个单子了！

案例四：刘总，您设计师大赛的作品什么时候提交给我？

方法四：以赠送单子为由通知客户

目的：索要资质办理入驻

建议：打持久战

案例：王总，7 月 12 日是我们公司上市六周年，为了回馈新老客户，我们公司每天有 20 个赠送客户免费试单的名额，您抓紧把营业执照、对公账户等资质发给我，我帮您走入驻申请。

方法五：用本地其他订单询问客户意向

目的：用订单吸引

建议：订单质量要好

案例：

位置：江西省宜春市丰城市孙渡街道某小区

量房时间：2024-07-31 16：00

房型：四房

面积（平方米）：132

这个单子能接吗，王总？

方法六：以赠单吸引客户

目的：抛个鱼饵钓客户

建议：客户回复后，赠单细节要跟客户讲清楚

案例：需要赠单的客户，请回复 1。

方法七：充分背调后，指出客户的问题，制造焦虑

目的：挖痛点

建议：客观地指出问题

案例一：王总，我看一下您公司的官网，TDK 设置得不是很合理，我建议是这样的……

案例二：王总，我看您抖音最近一年发了 57 条作品，其中 55 条是跟装

修相关的，粉丝一共才 51 个，您肯定是希望通过抖音获客的吧？

方法八：通过天气表达关心

目的：问候提醒客户

建议：接地气

案例一：我看了一下宜春今天和接下来一周的天气（顺便把天气预报的截图发过去），最高温度 38 度，还是比较热的，出门的话，一定注意防暑，陈经理。

案例二：我看了一下上海明天的天气，有暴雨，王总，您明天出门记得带伞！

方法九：为客户做服务

目的：增加客情，引起客户重视

建议：做客户需要的服务

案例一：王总，看到您公司在招聘网站上招聘行政和销售人员，我昨晚加班给您公司做了一张招聘海报，便于公司进行转发宣传。

案例二：王总，现在私域流量裂变很重要，结合您公司官网、官方抖音等素材，我昨晚加班，给您公司剪辑了一个宣传片，希望您不要嫌弃。

方法十：抛利益

目的：直接抛利益，吸引客户回复

建议：抛的利益要跟客户自身相关

案例：销售：华为手机您领到了吗？客户：什么华为手机？在哪领？销售：我们××公司，2025 年 1 月有开门红活动，凡是在 1 月 28 日之前补齐尾款的客户，均可以参与抽奖，中奖概率很高！活动海报我发给您看一下。

4.7.2 短信触达客户的七个技巧

如果客户不回复微信消息，还可以给客户发短信，以下是一些发短信的技巧。

1. 理解认同，排忧解难

案例：王总，您好！我完全理解您尚未回复我的消息，这很可能是因为您还在深思熟虑之中。发送这条信息给您，并非强求一个即时的答复，而是出于希望能够尽我所能地为您提供帮助，为您分担一些可能的困扰或疑虑。

若您在未来对此事有任何疑问或需要进一步的探讨，我都非常乐意与您一同深入研究。请您随时告知您的想法或需求，我将在这里耐心等待，随时准备为您提供支持。

2. 转换思维

案例：王总，每次给您发消息之前，我都忐忑不安，因为我给您发了消息，怕您不回复我，这样我就很尴尬。可我不发吧，您又不主动联系我，想来想去，还是我找您吧，看您能不能别让我这么尴尬。

3. 真诚用心的话

案例：王总，我没直接给您打电话，就是怕打扰到您，但给您报完价格得不到回复，我又很着急，不管这事成或不成，都希望您能给我一个消息，毕竟买卖不成仁义在，多交个朋友多条路，不管结果如何，我都期待您的回复。

4. 开玩笑

案例：张哥，我给您发了三条信息都没收到您的回复。今天的我您爱搭不理，明天的我还来找您，我也不想总烦您，但只要您不回我就不死心地跟着您。如果您是有什么顾虑，完全可以告诉我，让我来帮您解决所有问题，如果我的友商能解决，我就让他来协助我，希望您看到了，就给我一个简单回复。

5. 流行语

案例：王哥，有没有一种可能，您在意念上已经回复我信息了，但看到这条信息后您才发现，原来您忘记给我打字了，您贵人多忘事，是不是把我给忘了。

6. 说教型

案例：王哥，我们老板说了，对于您这种有意向的客户需要我们不断地跟进才能成交，您看我这都找您好几次了，我也依然保持着热情，您虽然不回复我，但是我对您依然充满希望。

7. 戴高帽

案例：王哥，我给您发了这么多条消息您都没回复我，您是不是不考虑我们的产品了？不管您考虑不考虑，但是在之前咱们沟通的时候，您为人和善，是不是怕直接告诉我，打击到我啊？如果您真的不想购买了，您就直接告诉我，咱们不是还有下次合作的机会吗？如果您有什么顾虑，您也可以和我说,我一定帮您解决。

4.7.3 流程拆解

关于客户不回复消息,还可以按照逻辑和流程,拆解一下回答,见表4-3。

表4-3　　　　　　　　　客户不回复的应对方法

底层逻辑	具体话术
陈述现状,不指责	王总,上次给您发过信息之后,就再也联系不上您了。
示弱	我猜可能您已经跟别的平台合作了,不再需要我了。
利他原则	本着有始有终的原则,我还是要再和您确认一次。
降低防备	如果您已经选择了其他的平台,跟我说一声,我暂时就不会再打扰您了。
建立负责到底的人设	如果您还没有选好,我要是不联系您又会觉得我服务不到位。
以柔克刚	王总,看到信息之后请您务必回复下,不然啊,我心里老是牵挂着您这事儿。

4.8 团队配合作战

俗话说得好,三个臭皮匠,顶个诸葛亮;众人拾柴火焰高。一个人能力再强,也无法搞定所有的人和事。古往今来,古今中外,所有的成功,都是团队的成功,所有的失败都是个人的失败。所以,在销售团队里,如果个人能力有限,一定要借助团队的力量,借助领导的力量,来补齐自己的短板,通过团队配合获得客户。

4.8.1 团队配合人员角色设定

销售团队中的人员定位及职责见表4-4。

表4-4　　　　　　　　　销售团队配合人员角色设定

配合对象	具体内容
销售主管	负责谈具体的业务、产品细节、优惠政策

续　表

配合对象	具体内容
销售总监	负责谈大的方向，公域流量、私域流量、品牌流量双驱动，行业未来发展趋势，产品/服务如何赋能企业等
产品经理	负责产品设计优化
运营人员	负责售后及产品增值服务
财务人员	负责阐述合作风险

4.8.2　微信建群团队配合的步骤与流程

在商业合作进程中，微信建群协作是高效实用的沟通妙法。当与意向客户谈判至关键阶段，有序的团队配合流程能大幅提升沟通效率，助力合作达成。以下是微信建群团队配合的具体步骤与流程，可帮助销售人员在商务活动中实现高效协作与客户沟通。

（1）**抓关键节点**：谈判涉及核心合作条款、重要决策等需多方共议时，启动微信建群协作流程。

（2）**建沟通群组**：迅速将公司项目负责人、技术专家、商务人员等相关领导同事拉入与客户的已有群或新建专门沟通群，确保人员具备解决问题与推动合作的能力权限。

（3）**设规范群名**：将群名改为如"××公司—××公司合作沟通群"的规范格式，让成员明晰群用途与合作双方，营造专业氛围。

（4）**做人员介绍**：在群内依次介绍双方人员的职位、职责，内容简洁重点突出，帮助双方快速了解团队架构，为沟通奠基。

（5）**聚问题讨论**：把客户关心的核心问题、疑虑及合作难点抛至群中，组织成员讨论，鼓励各抒己见，多角度找方案，保持沟通高效有序。

（6）**达成合作共识**：经充分交流，在群内达成合作共识，明确合作内容、双方权责、项目执行计划等关键事项，共识达成后速推签约，保障合作落地。

依循上述流程，可有效整合资源、解决问题，提升合作成功率，为企业业务发展助力。

第五章　销售工具

5.1　个人介绍

在销售领域，个人介绍是销售人员与客户初次接触的关键纽带，于树立专业形象、展现个人魅力方面意义非凡，其重要性主要如下：

第一，个人介绍是专业形象的直观呈现。作为与客户沟通的起始点，其专业、恰当与否十分关键。精心设计的个人介绍，能迅速在客户心中树立起专业可靠的形象，赢得初步信任与尊重，为后续交流合作筑牢根基。同时，销售人员可巧妙借介绍展示专业技能和丰富的经验以及教育背景等优势，助力客户全面评估自身价值，吸引客户关注。

第二，个人介绍利于搭建情感桥梁与信任基石。出色的个人介绍能触动客户内心，引发情感共鸣，拉近双方距离，营造良好沟通合作氛围。而且，凭借真诚展现专业素养与职业精神，销售人员可与客户建立稳固信任关系，而信任恰是销售成交的核心。

第三，个人介绍是塑造个人品牌、把握销售机遇的有效方式。富有吸引力的个人介绍，既能吸引客户目光，激发其对产品的兴趣，增加销售机会，又能助力销售人员展示独特的价值观与职业理念，塑造个人品牌，在竞争中脱颖而出。此外，充分准备的个人介绍还能让销售人员更自信，从容展现专业素养，获得客户认可。

个人介绍是销售人员的自我展示窗口，是建立信任、创造销售机会、塑造个人品牌的有力工具。销售人员应重视个人介绍的撰写与表达，确保内容真实且具吸引力，以此赢得客户信赖与尊重，创造更优销售业绩。

个人介绍如此重要，到底该如何去介绍自己，展示自己？建议每位销售都去做一张海报，能够体现自己的价值，可随时随地发给客户就立马可以获取信任的海报，见图5-1。

大家可以从以上的海报里获得几个信息：

①朱小丰，《销售精英到卓越管理》一书的作者。

②英国桑德兰大学MBA，复旦大学总裁班结业，中国人民大学创新与创业班结业。

③在各种组织中担任了一些重要职务，比如英国桑德兰大学上海校友会会长。

④拥有多家大型企业就职经历，包括上市公司、行业独角兽企业，担任过重要岗位，也多次带领团队取得优秀的成绩。

图5-1 个人介绍海报

永远记住，当您对客户来说没有任何价值的时候，您是谁、叫什么名字一点都不重要，客户只会记住那些对自己有价值的人。所以如果您的自我介绍里找不到一点可以值得呈现的价值，您应该反思的是怎么让自己变得有价值，因为营销的本质是价值交换。

表5-1列举了一个银行的客户经理自我介绍。

表5-1　　　　　　　　银行的客户经理自我介绍

话术	流程与目的
×先生，我是×××	自曝姓名
在××银行××岗位工作了×年	证明自己有足够经验
目前已拿到了基金、保险、证券等金融从业牌照，通过了CFA金融分析师考试	用证书为自己背书证明自己学习能力强并且有资格有实力
最擅长的是资产配置和基金投资，从业×年，服务过1000+中产客户，帮助过300+家庭优化家庭资产结构，每个家庭提升整体年化收益率均超过5%，基金投资回报均提升10%	突出自己的价值展现自己的经历，用数据再次证明自己的能力

续　表

话术	流程与目的
当地××的老板，还有××的创始人，都是我的老客户	用典型客户的案例为自己背书，暗示客户自己有资源
很高兴能有机会认识您，我知道您的朋友圈里一定有不少优秀的银行客户经理，希望未来我也能用我的专业能力，为您解决更多的财富问题，成为您心中最踏实最靠谱的那一个	不卑不亢，不贬低同行也不抬高自己，给客户留下好印象

5.2 公司介绍与产品PPT

公司介绍是展示企业核心竞争力的窗口，需突出三个维度：发展历程（成立时间、关键里程碑），核心优势（市场地位、技术实力、团队构成），价值主张（使命愿景、社会责任）。产品介绍则要聚焦用户价值，从功能特性、应用场景到服务保障，构建完整的价值链条。

公司介绍部分

①**公司概况**：用简洁的语言阐述公司定位、成立时间、业务领域、市场覆盖范围，例如"××公司成立于20××年，专注于××领域，服务全球××个国家和地区"。

②**发展历程**：以时间轴形式呈现公司重要里程碑，如成立、融资、推出重要产品、开拓新市场等，体现公司成长轨迹。

③**核心优势**：从技术、人才、服务、品牌等方面提炼公司独特竞争力，比如"拥有××项专利技术，行业领先的研发团队"。

④**团队介绍**：介绍核心管理团队、技术团队的背景与成就，增强观众信任感，可搭配人物照片与简短履历。

⑤**社会责任**：展示公司在环保、公益、可持续发展等方面的实践与成果，提升企业形象。

产品介绍部分

①**产品概述**：点明产品名称、所属品类、解决的核心问题，如"××产品是一款专为××人群设计的××，有效解决××痛点"。

②**产品功能与特点**：通过图文结合的方式，详细说明产品功能，突出独特卖点，对比竞品优势，例如"相比同类产品，我们的××功能具有××优势"。

③**产品应用场景**：用案例、图片或视频展示产品在不同场景的使用方式，帮助观众理解产品价值。

④**产品技术与研发**：介绍产品核心技术、研发投入、创新成果，体现产品的技术实力与发展潜力。

⑤**产品服务与售后**：说明产品的售后服务体系，如质保期限、技术支持、维修保养等，打消客户后顾之忧。

⑥**客户案例与口碑**：展示典型客户案例、合作品牌、用户评价及数据反馈，如已服务××家企业，客户满意度达××。

案例示范：齐家网

齐家网成立于 2007 年，是中国领先的互联网家装平台。平台月活用户约 5940 万，覆盖全国 300+城市，合作装企超 12000 家。通过"齐家保"资金托管、六大节点验收等创新服务，平台装企平均获客成本降低 57%，用户满意度达 91%。核心产品"齐家旺铺"为装企提供从线上展示、精准获客到施工管理的全流程数字化解决方案，已帮助超过 2000 家装企实现数字化转型。

表达要点

①**数据化**：用具体数字量化成果；

②**场景化**：突出产品如何解决实际问题；

③**差异化**：强调独特价值主张。

5.3 竞对情况

竞争对手分析应从三个维度展开：市场定位、运营能力和战略动向。首先，通过市场份额、产品线布局和客户群体分析其市场定位；其次，评估其财务表现、技术实力和服务体系等运营能力；最后，跟踪新品研发、营销策略和未来规划等战略动向。

实战案例：齐家网竞对分析

以齐家网为例，其核心竞争对手土巴兔在 2022 年实现营收 6.5 亿元，月活用户达 3000 万人。通过对比发现，齐家网在装企数字化解决方案（如 ERP

系统）上具有技术优势，而土巴兔在设计师资源整合上更具特色。齐家网的"齐家保"资金托管服务是其差异化竞争的关键。

分析要点

①**数据驱动**：用市场份额、营收等量化指标；

②**差异化对比**：突出核心竞争优势；

③**动态跟踪**：关注新品发布和战略调整。

5.4 行业分析报告

行业分析报告是企业洞察行业、制订商业决策的关键信息工具，对把握市场动态、制订竞争策略意义重大。以下详细介绍其获取途径、制作内容框架，并以新能源汽车行业为例阐述相关分析要点。

行业分析报告的多元获取途径

①**政府与官方资源**：国家统计局、地方统计局及行业监管机构等政府部门，定期发布的行业报告和数据，权威性高、准确性强，是行业分析的重要基础。

②**行业协会与研究机构**：如中国信通院、前瞻产业研究院等，每年都会定期发布行业白皮书和市场分析报告，有助于把握行业动态、规模及竞争格局。

③**专业数据库与平台**：万方数据、知网等专业数据库，以及商业信息服务平台，拥有海量行业数据和报告，支持精准搜索筛选，能快速获取所需信息。

④**市场调研与咨询**：艾瑞咨询、易观分析等知名调研公司的报告，涵盖市场、用户行为、竞争态势等多维度内容，提供深度分析见解。

⑤**企业公开资料**：上市公司和大型企业的年报、公告，包含丰富的财务、市场及业务信息，可了解企业运营和行业趋势。

⑥**国际与海外资源**：世界银行、国际货币基金组织等国际组织发布的全球行业数据和经济报告，以及海外数据平台、研究机构的成果，拓宽行业分析视野。

⑦**社交媒体与数据共享**：微博、微信等平台关注行业专家、企业账号，

可获取即时行业动态。数据共享平台也提供丰富的行业数据资源。

以新能源汽车行业为例的分析

在新能源汽车行业分析报告中，从获取途径看，可通过政府发布的汽车产业数据了解行业规模，借助行业协会报告掌握技术发展动态，参考企业年报知晓市场份额等。在制作内容上，行业概览需阐述其从起步到快速发展的历程及在交通能源转型中的地位。现状与格局方面，要说明全球及国内市场规模增长、主要车企竞争格局、产品价格区间等。市场特征分析消费者对续航、智能配置的偏好，企业运营关注特斯拉等的创新战略和财务状况。发展环境考量政策补贴、电池技术进步的影响，竞争格局剖析传统车企与新势力的竞争策略，未来趋势预测自动驾驶技术应用和市场进一步扩张的机遇。通过全面分析，为行业参与者提供决策依据。总之，行业分析报告获取渠道丰富，撰写时应保证内容全面、深入、原创，数据精准可靠，紧密结合行业特性和市场需求，为企业战略决策提供坚实信息支撑。

5.5 优惠申请表

5.5.1 优惠申请表的重要性

销售团队中的优惠申请表至关重要，其核心价值及实践重要性体现如下：

促进交易：优惠申请表作为销售中的书面优惠凭证，明确展示优惠条款，吸引客户，增强购买意愿，提升销售转化率。

规范流程：通过标准化优惠内容、申请条件及审批流程，减少销售随意性，维护品牌形象，确保销售行为的一致性和公平性。

客户洞察：申请表记录客户信息，如姓名、联系方式、购买意向，助力销售团队深入了解客户需求，为后续跟进和维护奠定基础。

综上，销售团队中的优惠申请表在促进交易、规范流程、客户洞察、满意度提升、市场优势、策略优化、效率提升、风险控制及形象塑造等方面均展现重要作用与深远意义。企业应高度重视其制订与使用，确保其成为销售团队的坚实后盾。

5.5.2 优惠申请表案例

优惠申请表样式可参考表 5-2。

表 5-2　　　　　　　　　　优惠申请表

企业名称		联系地址	
联系人		联系电话	
合作项目			
项目原价			
申请优惠后价格			
申请原因			
直属领导意见		（签字）：　　年　　月　　日	
运营总监意见		（签字）：　　年　　月　　日	
销售总监意见		（签字）：　　年　　月　　日	

5.5.3　优惠申请表使用场景

新客户获取策略中的应用：面对竞争激烈的市场环境，销售团队在接触新客户时，灵活使用优惠申请表成为吸引客户的关键手段。通过精心设计的申请表，销售团队可申请特定于客户的优惠措施，诸如折扣优惠、精选赠品或延长保修期限等，以此提升交易成功的可能性，有效拓宽客户基础。

老客户忠诚度维护与回馈机制：对于长期合作的忠实客户，销售团队利用优惠申请表制订专属优惠方案，以此作为对客户忠诚度的肯定与回馈。此举不仅有助于巩固客户关系，提升客户忠诚度，还可促进口碑传播，提升新客户引入的潜力。

促销活动策划与优惠管理：在策划各类促销活动（例如节日促销、周年庆等）时，销售团队需借助优惠申请表明确活动细节，包括优惠内容、实施时间、目标客群等，确保促销活动的高效执行与优惠发放的精准记录，为活动效果评估提供坚实基础。

应对客户特殊需求与定制化优惠：面对客户的个性化需求或额外优惠请求，销售团队需审慎评估客户的购买潜力与价值，通过填写优惠申请表，向上级申请针对性的优惠策略，以期在满足客户需求的同时，维护公司利益，提升客户满意度。

在使用优惠申请表时，销售团队需确保申请内容的真实性与合理性，严格遵守公司政策与规定。同时，持续监测优惠申请的使用效果，适时调整销售策略，以实现销售业绩与客户满意度的双重优化，确保策略的有效性与适应性。

5.6　标杆企业申请表

标杆企业申请表的使用场景、方法和步骤与优惠申请表一致，这里不再赘述，表5-3是标杆企业申请表模板。

表 5-3 标杆企业申请表

企业名称		联系地址	
联系人		联系电话	
合作项目			
标杆企业相关权益			
申请原因			
直属领导意见	（签字）：　　年　　月　　日		
运营总监意见	（签字）：　　年　　月　　日		
销售总监意见	（签字）：　　年　　月　　日		

5.7 表扬信/感谢信

在市场竞争激烈的销售领域，销售人员需时刻保持对市场的前瞻性与工作的主动性，持续丰富销售工具包，以提升销售能力与客户服务品质。而客户亲手书写的感谢信和表扬信，在众多销售工具中地位超然，无可替代。这些信件不仅是客户对销售人员工作的高度认可，更是对其专业素养、服务热忱及为客户、为用户创造价值的有力肯定，饱含着客户对销售人员的感激与信任，也能体现出客户满意度。于实际销售工作中，它们既是极具说服力的销售助力，能向潜在客户证明销售人员的过往佳绩与良好口碑，提升成交概率；也是强大的精神激励，增强销售人员的职业认同感与成就感，激发工作热情。同时，作为企业宣传素材，展示它们有助于提升企业品牌形象与市场声誉。因此，这类信件值得珍视与善用。

5.7.1 模板示范

表扬信

×××公司：

  我谨代表×××××公司，向贵公司××事业部××团队销售经理×××致以诚挚的感激与崇高的敬意。

  ×××在负责对接我司服务期间，展现出了卓越的专业素养、高效的执行力和热情周到的服务，着实令人钦佩。我司对贵公司的整体实力与专业水准向来信赖有加，而×××所在团队展现出的协作精神，更是让合作过程顺畅且高效，值得称赞。

  ×××不仅业务能力出众，人际交往中亲和力满满，态度友好亲切，让人与之相处舒适又安心，为合作营造了融洽愉悦的氛围。

  有赖于×××的努力与专业指导，我们的合作收获了喜人的成果，也让我司对未来满怀信心与期待。在此，衷心感谢×××付出的不懈努力，也感谢其团队提供的优质服务与有力支持。

  期待未来我们能继续携手，共创更好的业绩。再次感谢×××给予的专业支持与帮助，祝愿×××工作顺遂，生活如意，收获满满的喜悦与成功。

  最诚挚的谢意！

×××××公司
××××年××月××日

5.7.2 表扬信/感谢信的使用场景

场景一：

  将表扬信/感谢信和获奖证书、奖杯一起，设置朋友圈置顶或者微信首页封面（见图5-2），打造个人IP。

  把自己最好的一面展示给客户，让所有客户都知道您是一个入职时间长、

图 5-2　朋友圈置顶案例

工作能力强、服务态度好、获奖荣誉多、懂感恩的人。

场景二：

添加微信，进行自我介绍后，直接把表扬信发过去。

例如： 微信好友申请：×总您好，我是刚才与您取得联系的齐家网宿迁市运营总负责人×××。

商家通过后：

打招呼： 王总您好，我是齐家网×××，相识是一场缘分，以下是我的一些个人介绍：

姓名： ×××

职位： ×××××

毕业学校： 上海对外经贸大学（2018 届全日制本科）

过往履历：

2018 年 3 月加入齐家网

2018 年 4 月获得齐家网装修平台事业部"最佳新人奖"

2018 年 5 月、6 月、7 月、8 月连续 4 个月 获得部门销冠

2019 年部门年度销冠

2020 年年度销冠，其中 3 次获得部门季度冠军，8 次获得月度冠军

2021 年 3 月晋升销售经理

2022 年获得 Top team 荣誉

2023 年培养出 5 名 Top salse
2024 年获得公司三星级内训师认证
以下是我在齐家网获得的一些荣誉证书、感谢信、奖杯：

场景三：

客户不信任公司或者不信任您的时候（怎么让客户相信您说的或您承诺的）

例如：王总，您看我在齐家也工作了 8 年了，获得过 25 次月度冠军，3 次年度冠军，收到过近 100 个客户的感谢信和锦旗，我每天都在打拼奋斗，您觉得我至于为了 10000 块钱骗您，把自己工作弄没了吗？我昨天也给您看了客户写给我的感谢信，我是我们公司的销冠，年薪 50 万元以上，不至于忽悠您吧？

场景四：

逼单只差临门一脚的时候，将自己获得的荣誉证书、奖杯、表扬/感谢信等都发给客户。推心置腹，动之以情，晓之以理，通过讲故事、举例子从侧面说服客户。

推心置腹：王总，说实话价格已经到底了，真的。我想跟您合作，并不是为了这 10000 元业绩对应的 200 元提成，我希望帮您做好了之后，您能给我介绍一些客户或者跟我长期合作，我为的是这个。对我来说，业绩、荣誉比什么都重要，我是一个事业心很强的人，我带团队的时候，我可以把我的奖金都分给团队。您看我给您发的我工作这么多年获得的荣誉证书、奖杯、表扬/感谢信，我想这些足以证明一切了吧？

动之以情：王总，您看咱们加微信半年了，这半年我没骚扰过您吧？您有任何问题，我都是第一时间帮您解决的，咱们也算半个老乡了，我也算半个宿迁人，我外婆家就是宿迁市宿城区的，我从小学到初中都是在宿迁读的，后来高中之后才跟着父母去上海读书。大家都说老乡见老乡，两眼泪汪汪，跟我合作，您放 100 个心，没问题的话，我待会把对公账户发给您，您把款付一下，我给您安排运营人员对接。

晓之以理：做网单，主要看三点，第一公司靠不靠谱，第二业务员靠不靠谱，第三优惠有没有给到位。关于第一点，我们齐家网 2007 年就成立了，2018 年港股上市，目前也是全国唯一一家上市的装修垂直平台，实力毋庸置疑。关于第二点，我获得的荣誉证书，客户给我写的表扬感谢信您也都看到了。关于第三点，我给您的优惠折扣，您可以多方对比询价，有比我还低的，您来找我。

我们齐家网 2024 年在全国 300 多个城市中，打算每一个城市选一个标杆商家，被选入标杆商家之后，会有一些流量资源倾斜，还可以享受 VIP 服务等。

讲故事：讲自己成长奋斗的故事（为了从侧面告诉客户您是一个靠谱的人）。

举例子：举一些过往自己服务过的客户案例，合作之前，客户都有哪些疑虑，合作之后，还碰到了一些误会，如何在您的努力下，帮助客户实现增值的，客户是如何回馈您的，续费了多少次等。

5.8 优秀案例

一个优秀的合作案例，旨在展示合作双方或多方如何通过协同工作，实现了共同的目标，创造了显著的价值或解决了特定的问题。一个全面且吸引人的合作案例通常应包含以下几个关键内容：

如果是互联网广告行业，需要整理一下哪些优秀客户的推广账户后台的浏览量、点击数和咨询数，客户投放的是什么关键词，用的是什么样的广告创意，平均每个获客成本是多少，投入产出比等数据。

如果是梯媒公司，则需要整理一些优秀客户的刊播报告，播放了多少次，覆盖了多少社区，覆盖了多少家庭，上刊画面和广告创意是什么样的，投放周期内，客户在各电商平台销量的增长情况，调研报告里，消费者对该品牌认可度占比以及在投放后得到了多少提升等。

5.9 打款底单

打款底单，又称付款截图，收集客户付款截图的目的和作用是什么？众所周知，客户都有从众心理，当业务谈判到了关键的节点，此时将其他公司，或者该客户同行与公司合作的付款截图拿出来，能够刺激客户，加速成交。

5.10 QA 库

在销售团队里，优秀的销售人员总是主动收集客户日常提问，并进行归类整理。他们从多维度深入思考，精心填充各类回答，还会在实战中不断完善更新话术 QA 库。以我过去的经验，无论销售何种产品，无论产品多么复杂，客户的核心问题不会超过 30 个，其余问题都是这些核心问题的延伸。客户常反复追问，若销售人员能妥善应答，大概率就能赢得客户。核心问题大致可分为以下几种：

第一类：产品或服务相关
①产品或服务的具体功能和特点是什么？
②与竞争对手相比，有何优势和独特之处？
③质量如何保证？

第二类：价格方面
①有没有优惠或折扣？
②价格是否包含所有的费用，是否还有隐藏费？

第三类：售后相关
①售后服务包括哪些内容？
②出现问题如何解决？

第四类：公司信誉和实力
①公司的信誉如何？
②公司在行业中的地位怎样？
③经营时间有多久？

第五类：交付和使用

①什么时候可以交付使用？

②有没有培训或指导？

第六类：效果和收益

①使用后能达到什么样的效果？

②能为我带来多少实际的收益或价值？

第七类：付款方式

①可否先免费让我试一下，效果好了，我直接购买？

②能不能分期付款？或者押50%的钱在我这边，等交付结束我再付尾款。

其他问题

①您能给我讲一个成功故事或者案例吗？

②您这个赛道这么多竞品，我为什么要跟您合作？

③您公司这么多业务员，我为什么要跟您合作？

④我为什么要这个月合作？

5.11 帕特森销售法则

本章前10个小节讲的都是"看得见摸得着"的销售工具，本节给大家介绍的是一个"看不见摸不着的"销售工具，这个工具就是帕特森销售法则，即要实现销售成功，有3件事情必不可少：

第一，必须相信自己是为世界上最伟大的公司工作；

第二，必须相信自己拥有世界上最伟大的产品；

第三，必须相信自己是世界上最伟大的人。

帕特森法则的底层逻辑是通过建立强大的自我认知和对所在公司、产品的高度信念，来激发个人的内在动力和积极心态，从而提升个人工作成果。

5.12 客户觉得价格高的心理分析

当客户觉得价格高时，背后往往隐藏着多样心理。表5-4解析了8种心理状态、需求及应对方法。

表 5-4　　　　　　　　　客户觉得价格高的心理分析

心理状态	状态描述	可能的需求	方法建议
对比心理	与其他品牌、渠道、产品相比，认为价格偏高	不缺资金，有选择意向，但理由不充分、信心不足	运用4种竞争策略，强化自身优势与投资回报率
值不值心理	对付出成本解决问题，及选择产品存疑	确认当前购买是正确选择	激发需求，提供有力证据
风险顾虑心理	担心决策失误带来严重后果，难以承受风险	将风险控制在可承受范围	给出证据，实施风险逆转举措
预算不足心理	有合作意愿，却缺乏足够资金	获取资金，期望降价或有其他办法	激发需求，解决资金来源，进行谈判
贪便宜心理	习惯性渴望获得优惠	被尊重，得到心理满足	满足心理需求，给予适当物质回应
谈判心理	坚持对方让步才满意	期望降价，获得更多，满足心理需求	满足心理需求，开展谈判
不平衡心理	未享优惠，或与他人比较后产生落差	得到合理解释，满足心理需求	给予补偿，照顾情感，合理解释，适当物质弥补
不信任心理	认可观点，但对回报的真实性存疑	确定回报能实现	展示案例，提供确凿证据

第六章　逼单技巧

为什么需要逼单？因为前面所有的谈判都是为了签约成交，不以成交为目的业务谈判，是在浪费时间。很多客户了解了价格、产品和解决方案之后，因为这样或者那样的原因，会犹犹豫豫，迟迟下不了决定，出现"我考虑考虑""下次再说""有需要再联系您""我再研究研究"等情况，而逼单，就是为了缩短成交周期，通过一定的方法和策略促使客户下定成交的决心。

6.1　差一单法

差一单法，是一种基于稀缺性原理的销售促成技巧。当客户犹豫不决时，销售人员通过制造仅剩 1 个名额的紧迫感，激发客户的决策欲望。

举例一：差一单晋升

王总，您从我朋友圈可以看到，我是一个工作非常努力的人。月底了，我还差一单就可以晋升主管了。您知道的，我在齐家网奋斗了 4 年，服务了这么多客户，获得了这么多荣誉，今天终于有晋升机会了，您刚好有网单需求，我刚好专业，顺便您还可以帮我晋升。您放心，我是一个懂得感恩的人，我晋升主管之后，有什么好的政策，在我能力范围内，肯定第一个给到您。

举例二：差一单晋级

王总，我还差一单，就可以晋级高级销售顾问了。高级销售顾问对我来说意义非凡，如果我晋级成功了，我将会非常感谢您。

举例三：差一单免费旅游

王总，本月我还差一单，业绩就可以排名第一了。排名第一的销售，公司奖励父母海南三亚五日游，说实话，从小到大，爸妈为了培养我，花费了不少心血，一辈子也没出过远门，我挺想通过我的努力，实现这个愿望，您看可否帮帮我。

举例四：差一单评奖评优

王总，我这个月就差一单就能评选上优秀员工了，您帮帮我，等我拿到这个荣誉，我会有更大的影响力，能更好地帮您争取订单优惠，订单质量我帮您多盯着点，赠单数量我也多帮您申请点，这一期合作我也能最大程度地帮您多签单啊。月底啦，您看什么时候方便打款啊？

6.2 优惠促销法

优惠促销法，作为销售逼单的一种有效手段，通常涵盖价格优惠、赠品赠送、服务升级等多种策略。这些策略旨在通过降低客户的购买成本或增加购买的附加价值，从而激发其购买意愿。在实施过程中，销售人员需精准把握客户的需求与预算，制订合适的优惠方案，并在恰当的时机进行宣传，以最大化促销效果。

案例一：价格优惠

场景：某互联网广告公司举行年终大促活动，原来的合作门槛是10000元，活动期间直降1000元。

逼单话术：老板，您关注我们公司很久了，我们正常的合作门槛一直是10000元，但在此大促期间，我们特别推出了直降1000元的优惠活动，仅需在账户里预存9000元即可开启推广。如此力度的优惠，一年中难得一见，错过此次良机，您将可能等待许久。

效果：客户被显著的价格优惠所吸引，迅速做出购买决定。

案例二：赠品赠送

场景：某化妆品品牌推广其新品套装，购买套装即可获赠价值300元的礼品。

逼单话术：亲爱的顾客，您选购的这款套装原价为1000元，而现在购买，您还将额外获得价值300元的赠品，包括明星产品小样及精美化妆包。赠品数量有限，先到先得。

效果：赠品成为客户购买的额外动力，促使其最终下单。

案例三：服务升级

场景：某健身中心招募新会员，提供一个月免费私教课程作为会员福利。

逼单话术：尊敬的会员候选人，若您此刻加入我们健身中心，不仅可享受优惠的会员价格，还将获得为期一个月的免费私教课程。这将极大助力您更快地达成健身目标，提升训练成效。

效果：服务升级吸引了客户，使其认为物超所值，最终决定加入。

实施注意事项与优化建议

优惠力度：优惠力度需保持适中，既要能吸引客户购买，又要避免损害企业利润。

宣传时机：在客户表现出购买意向时，应及时宣传优惠促销信息，以刺激其下单。

真实可信：确保优惠促销信息的真实性和可信度，避免虚假宣传导致的客户流失。

6.3 截止日期法

截止日期法，其核心在于设定一个具体的日期作为客户购买决定的最后期限。销售人员会在此之前，利用多种沟通渠道（如电话、电子邮件、短信等）提醒客户，强调一旦错过该日期，他们将失去特定的优惠、特权或机会。截止日期法是一种有效的销售逼单策略，通过设定明确的购买截止日期和强调优惠的稀缺性，能够显著激发客户的购买欲望，推动交易快速达成。

案例一：季节性促销

场景：某知名服装品牌正举办秋季新品促销活动，所有新品在 9 月 30 日前购买均可享受 8 折优惠。

逼单策略：尊敬的顾客，我们的秋季新品促销活动将于 9 月 30 日截止。把握现在，您不仅能穿上最新款的秋装，还能享受专属的 8 折优惠。错过此期限，您将需以原价购买。时不我待，赶快行动吧！

效果：明确的截止日期和诱人的优惠促使大量客户在活动结束前下单。

案例二：限时折扣

场景：某电商平台推出限时折扣活动，某款热销商品在 24 小时内购买可享受 5 折优惠。

逼单策略：亲爱的用户，您关注的这款商品正在进行限时 5 折特惠，但优惠限时 24 小时！立即下单，以半价拥有它。错过此刻，您将遗憾不已。

效果：限时折扣的紧迫感促使客户争相抢购，商品迅速售罄。

案例三：活动截止

场景：某营销类 SaaS 公司，"6·18"活动必须在 6 月 18 日 24 点之前付定金，方可预留优惠名额。

逼单策略：老板，今天是 6 月 17 日，我们的活动时间截至 6 月 18 日 24 点，您只需要付个定金，我们就可以帮您把优惠保留住。

效果：促使众多客户在活动截止前付定金。

实施与优化建议

设定合理的截止日期：确保截止日期既不过于紧迫，又能让客户有足够时间考虑，也不过于宽松，以维持紧迫感。

提前通知与提醒：在截止日期前，通过多种方式提前通知客户，确保他们充分了解优惠即将结束的信息。

强调稀缺性与损失：在提醒客户时，突出优惠的稀缺性和错过后的潜在损失，以增强其购买动力。

保持诚信与透明：在设定截止日期和优惠时，务必保持诚信，避免虚假宣传或误导客户，以维护品牌形象和客户信任。

6.4 小作文法

"给客户短信/微信发送小作文"是一种较为细腻和个性化的逼单方法，它侧重于通过文字表达建立与客户的情感联系，并引导客户做出购买决策。

案例一：某线下广告公司

背景：产品方案、交付标准、投放区域等细则都敲定了，只剩下付款方式的博弈，客户希望能按照"235"的付款方式执行。签约时先付20%，广告上刊后再付30%，广告刊播结束验收后再付50%。

文案示例

王总，我非常能够理解您的想法，和您也见面聊过三次了，如果这个付款方式能做的话，我早就跟您签约了。我刚刚再次跟我的领导确认了，"235"或者"334"这个做不了，公司不可能先贴钱做这个项目。其实"442"是我们签订的合同正常的付款方式，考虑您和我们是第一次合作，所以最大程度上，我给您争取可以做到"253"的方式，这个方式是我极力做的争取，是已经建立在延后去发放销售提成基础之上的。

我主观能够决定的，就是在后续交付过程中，一定让您放心，及时在群内响应您和您团队的需求。另外每一步的推进事项、进展结果也会做到第一时间的告知，让您花钱办事放心安心。优化服务质量，承蒙您以后多多介绍。

此番言语，坦诚之至，希望您可以理解，也谢谢您可以看完。

案例二：某装修公司

背景：装企已经上门量房了，且邀请了业主来公司看设计方案，此时此刻，业主还是有些犹豫，这个时候装企的工作人员开始用微信写小作文逼单，动之以情，晓之以理。

文案示例

李总，特别感谢您昨天抽出时间与我们见面详谈装修事宜。回去之后，我们团队针对您家的装修需求进行了深入研讨，刚刚才结束。现在我跟您说说我们给出的几套装修方案以及我的一些想法。毕竟装修关乎您未来长期的居住体验，花费也不少，所以内容会稍长，还请您耐心看看。

方案情况

方案A：现代简约风格全包，基础装修加主材选用中等偏上品质，费用预估30万元。施工周期预计3个月，此方案注重空间的开放性与实用性，整体色调简洁明快。

方案B：北欧田园风格半包，我们负责基础施工，您自行挑选主材，费用大概20万元。施工周期约两个半月。这个方案充满自然气息，以温馨的色彩和木质元素为主。

方案C：中式典雅风格全包，采用高品质的环保材料和中式特色装饰，费用40万元左右。施工周期三个半月。方案将展现浓厚的中式文化底蕴，营造出典雅大气的居住氛围。

方案D：工业风混搭半包，我们把控基础工程，您按喜好搭配软装，费用18万元上下。施工周期两个月左右。此方案突出个性与创意，利用原始建筑结构和独特材质打造别具一格的空间。

风险解读

方案 A 的全包模式虽然省心，但在材料价格波动较大的当下，可能存在部分材料成本增加的风险。不过我们与长期合作的供应商签有协议，能最大程度降低价格风险。方案 B 的半包模式，您自主选择主材，灵活性高，但可能面临您挑选的主材与施工进度衔接不及时的问题。我们会安排专人协助您挑选并跟进进度，尽量避免此类情况发生。方案 C 由于风格的独特性，一些特殊装饰材料可能存在供应不稳定的风险，但我们有丰富的渠道资源，能确保及时供应。方案 D 的工业风混搭对施工工艺要求较高，如果施工人员技术不达标，可能会影响整体效果。我们的施工团队经验丰富，拥有类似风格的装修经验，能保障施工质量。综合来看，方案 B 和 D 相对风险较低，且成本可控。合同方面，我们会明确双方责任与义务，对您的权益有充分保障。因此，建议您优先考虑方案 B 或 D，它们既经济实惠，又能满足您对装修风格和质量的要求。

行业分析

目前装修行业竞争激烈，部分装修公司为压低价格，可能在材料和施工工艺上偷工减料。但我们一直秉持着诚信经营的理念，注重口碑和长期发展。我们使用的材料均符合国家标准，施工工艺严格按照行业规范执行。以水电改造为例，现在行业内有些公司为节省成本，不按标准铺设管道，容易留下安全隐患。而我们采用先进的施工技术和高品质的管材，确保水电系统安全稳定。另外，装修风格的流行趋势也在不断变化，我们的设计师团队时刻关注行业动态，能为您提供既符合当下审美又具有持久魅力的设计方案。如果李总您追求性价比，又想保证装修质量，那么方案 B 和方案 D 是比较合适的选择。当然，如果您对某种风格有特别的偏好，我们也会全力为您打造。

最后想说

李总，我跟您说的这些都是真心话。如果您能耐心看完，我真的很感激。不管这次合作是否成功，我都希望能与您保持良好的沟通。在装修行业，口碑就是我们的生命线。只要承接了您家的装修项目，我们一定会全力以赴做到最好。要是出现任何问题，我都无颜面对您和朋友的推荐。您可以和家人再商量商量，希望我们还有进一步沟通的机会。要是您选择方案 A，在预算充足的情况下，我们可以为您升级部分材料，提升整体装修品质。要是选择方案 C，我们会为您提供更多中式风格的软装搭配建议，让整个家的风格更加统一协调。期待您的回复，祝您生活愉快！

效果：通过诚恳的语言文字，站在客户角度客观理性地分析市场环境与各方案的优劣，从而获取客户信任，助力签约成功。

跟踪与反馈：发送文案后，及时跟踪客户的反馈和行动情况，以便调整后续策略。

通过以上方法和案例的介绍，可以看出"给客户短信/微信发送小作文"在逼单方面具有一定的效果。但需要注意的是，该方法需要结合其他销售策略和工具共同使用，才能达到最佳效果。同时，也需要不断尝试和优化文案内容，以适应不同客户的需求和市场变化。

6.5 默认成交法

默认成交法基于一个心理原则：人们倾向于保持现状，除非有强有力的理由去改变。在销售过程中，销售人员通过一系列精心设计的话语和行为，使客户在不知不觉中默认接受交易条件，从而减少客户的心理抵触，提高成交率。

案例一：电子产品销售

场景：在电子产品专卖店，客户对一款平板电脑兴致颇高，仔细询问了产品功能、配置、价格等诸多方面信息，还上手体验了一番，态度积极，却未明确表露购买意向。

销售人员："先生，那我这就帮您把这款平板电脑包装起来，再给您配上原装保护套，这都是买产品自带的。对了，您打算用微信支付还是支付宝支付？"

结果：客户愣了一下，接着笑着回应："微信支付吧。"如此，借助默认成交法，销售人员默认客户已决定购买，径直询问后续包装、收款相关事宜，引导客户在潜意识里认可购买，进而促成交易。

案例二：健身卡销售

场景：一位顾客前来咨询健身房的健身卡业务，销售人员详细介绍了健身房设施、课程安排以及各健身卡套餐时长、优惠等情况。顾客听得认真，还询问了健身时间的安排，办卡意愿较强烈，只是尚未下定决心。

销售人员："女士，我现在就帮您登记办卡信息，您的身份证号码是多少？我好尽快录入系统，这样您今天就能使用健身房所有设施了，而且今天办卡还额外送一次一对一私教课程，挺实惠的。"

结果：顾客思索片刻后，报出身份证号码，同意办卡。销售人员运用默认成交法，通过直接切入办卡信息登记的话术，让顾客不自觉接受办卡行为，成功达成交易。

6.6 坦诚成交法

坦诚成交法是指在销售逼单环节，销售人员通过坦诚、直接且富有同理心的方式，与客户进行沟通，明确表达产品的价值、优惠信息及购买的紧迫性，从而促使客户做出购买决定的方法。这种方法强调真诚对待客户，避免使用高压或欺骗性的手段，而是通过提供清晰的选择和明确的利益点来打动客户。

案例一：直接询问购买意愿

场景：客户对产品兴致颇高，却还在犹豫要不要购买。

话术：先生/女士，我瞧您对咱们产品挺感兴趣的，也听了我的详细介绍。我就想直接问问您，您这会儿考虑做购买决定了吗？要是您有什么疑虑或者问题，我可以再给您仔细讲讲。

案例二：强调产品优势与紧迫性

场景：客户对产品有所了解，不过仍在拿它和别的产品做比较。

话术：咱这产品在市场上有独特优势，……（列举产品特点）。而且当下正处于限时优惠期呢，要是错过这个机会，往后买同样的产品，可能就得花更高价钱了。所以建议您抓住现在的机会，做出明智的购买选择。

案例三：提供解决方案与售后保障

场景：客户对产品存在诸如质量、售后等方面的疑虑或担忧。

话术：我明白您担心产品质量问题，不过您放心，我们的产品都是经过严格质量检测的，还有完善的售后服务保障。您要是在使用时遇到问题，我们都会及时帮忙解决的，您大可放心购买。

案例四：利用客户反馈与案例

场景：客户对产品持观望态度，想多了解其他客户的使用体验。

话术：好多和您情况类似的客户都选了我们这款产品，而且评价挺高的。我可以给您看看他们的评价和使用案例，方便您更直观地了解产品实际效果。

6.7 问题终结法

用解决完这个问题之后是否还有其他问题作为切入点，引导客户做出成交决策。

话术运用：李总，除了价格方面的问题以外，您是否还有其他的顾虑？（解决某个具体问题）

案例一：产品性能话术

张经理，我知道您十分在意这款产品的性能表现，我也详细说明了它的技术优势。那除了性能这块的疑虑，您对产品其他方面还有别的考虑或者担忧吗？

案例二：售后服务话术

王女士，咱们产品的售后服务政策，我都已经详细给您介绍过保障措施了。现在，除了售后服务，您对产品别的方面还有疑问或者想进一步了解的地方吗？

案例三：交货时间话术

赵总，您提到的交货时间问题，我们已确认能按您要求的期限完成了。除了交货时间，您还有别的采购条件或者需求要讨论吗？

这些话术均遵循"问题终结法"原则，也就是在解决客户当下所提问题后，接着询问是否有其他顾虑，以此逐步打消客户疑虑，引导客户做出成交决策。实际运用时，可依据客户具体情况及反应灵活调整。

6.8 合同成交法

在谈判即将结束的时候，拿出合同并开始在上面填写资料，假如客户没有制止，就表示他已经决定购买了。如果客户说还没有决定购买，您可以说：

"没关系，我只是先把合同双方的信息填好，您还有充分的考虑时间。"

案例一：汽车销售

背景： 张先生对一款新上市的 SUV 非常感兴趣，经过销售人员的详细介绍，试驾后他表示需要考虑一下。

销售人员： （微笑地拿出购车合同）张先生，我理解您可能需要再考虑一下。不过，既然您对这款 SUV 的性能、内饰以及价格都非常满意，我们不妨先把合同的基本信息填一下。如果您之后有任何疑虑或决定不购买，我随时可以作废这份合同，绝不会给您带来任何压力。您看，关于车辆的配置、颜色、交车时间，您都已经确认了，现在只需要您的签名就可以预留这辆车了。

张先生： （思考片刻）好吧，那我先签个字，但我保留更改决定的权利哦。

销售人员： 当然，您完全有权利在任何时候改变决定。感谢您的信任，我们现在就把一切安排妥当。

案例二：在线教育课程

背景： 小明对一门在线编程课程颇感兴趣，听完课程介绍，又进行试听之后，他表示要考虑下是否报名。

课程顾问： "小明，我特别理解您想再考虑考虑的想法。但您之前对课程内容、师资还有学习效果都挺认可的呀，要不咱们先把合同上的报名信息填一下吧。要是之后您又有别的顾虑，或者还想再多了解些细节，再做决定也不迟，我这边可以随时帮您取消报名，您不会有任何损失的。而且早点报名就能享受现在的优惠价，还能提前规划好您的学习计划呢。"

客户： "嗯，那我先填下信息吧，不过我还是想再斟酌斟酌。"

课程顾问： "那当然啦，小明，您的决定很关键呢。我们可以随时为您答疑解惑，帮您做出最适合自己的选择。"

这些案例都展示了如何在销售过程中巧妙运用合同成交法，既能试探客户真正的意向，又能充分尊重他们的选择权，保持了良好的客户关系。

6.9 拜师学艺法

在您费尽口舌，使出各种方法都无效，眼看这笔生意做不成时，不妨转移话题，不再向客户推销，而是向他请教自己在销售中存在的问题。

"我很肯定这个产品能为您带来许多好处，可惜我的口才太差劲，没办法表达我真正的意思。真的很可惜，要是我能说得清楚一点，您一定可以享受到好处。能不能请您帮个忙，告诉我，哪里做得不好，让我可以改进？"接着，客户提出不满意的地方。您再回答："我真的没有提到这一点吗？"您诚恳地道歉，继续说明，解除客户的疑虑，最后当然再度提出成交。当您道歉时，一定要诚恳，否则客户就会怀疑您的诚意了。

案例一：电子产品销售

背景： 客户对一款新上市的智能手机有兴趣，却在购买与否间犹豫，销售人员此前多种推销方法收效不佳。

销售人员： "先生，我能感觉到您对这款新手机挺感兴趣的，可我好像没把它的优点介绍到位，挺遗憾的。我特想向您取取经，提升下销售技巧。您能不能说说，是哪些地方让您还在犹豫？是不是我没讲到您在意的点呢？"

客户： "其实就是担心手机的电池续航和售后服务。"

销售人员： （诚恳致歉）"哎呀，真的吗？我确实没讲详细呀，实在抱歉。这手机用了最新节能技术，重度使用电量也能撑待机一整天。售后服务方面，我们是全国联保，还有专门的客服团队24小时在线答疑，您大可放心。您看，我说明白了没？现在您考虑入手吗？"

案例二：健身课程推销

背景： 客户对健身课程感兴趣，但觉得价格偏高，虽然销售人员已解释过价格合理性，客户仍在犹豫。

销售人员： "女士，我看得出您对咱们健身课程挺有意向的，不过好像还在纠结价格。可能我没把课程价值讲清楚，十分抱歉。我想跟您请教下，是哪些因素让您觉得价格高了呀？"

客户： "我就是感觉价格比别的健身中心高些，虽说知道你们教练挺专业的。"

销售人员： （诚恳致歉）"哦，这样啊，我确实没着重讲教练的专业性和课程个性化定制这两块。我们的教练都是经过专业培训和严选的，能根据您的身体状况制订专属训练计划，训练时还能给您专业指导和鼓励呢。而且课程里还包含营养咨询和后续跟踪服务，这可是其他健身中心没有的。您看，我解释清楚了吗？现在您是不是觉得价格更合理了，愿意考虑购买呀？"

以上案例话术都运用了"拜师学艺法"，通过诚恳地请教客户，了解客户的疑虑和不满，然后针对性地解释和消除这些疑虑，最终促成交易。

6.10　二选一法

在销售过程中，可给客户提供两种解决方案，如此一来，无论客户选哪一种，都契合我们期望达成的结果。运用这一方法，要引导客户避开"要还是不要"的思考，而是聚焦于"要 A 还是要 B"的选择。比如："您是中意这款，还是那款？""您打算今天签单，还是明天签？""您准备刷卡，还是用现金？"需注意，引导客户成交时，选择项不宜超过两个，否则过多选项会让客户不知所措。

案例一：汽车销售

尊敬的客户，您对展厅里这两款车型都挺感兴趣的。一款有着动感设计与卓越操控，能带来极致的驾驶体验；另一款凭借豪华内饰和宽敞空间备受青睐，很适合追求舒适品质生活的您。不知您更倾向于充满速度与激情的运动版，还是散发优雅舒适气息的豪华版呢？

案例二：旅游套餐推销

尊敬的女士，我留意到您对我们的海岛游和山区游套餐都兴趣浓厚。海岛游有迷人的海滩、清澈的海水与丰富的水上活动，是享受阳光海浪的佳选；山区游则以原始自然风光、壮丽山景及探险体验，吸引众多热爱大自然的游客。那您觉得是海岛游的悠闲惬意更吸引您，还是山区游的探险刺激更合您心意呢？

案例三：家居定制服务

尊敬的先生，您对我们两款定制衣柜评价都很高。衣柜不仅能满足储物需求，风格上也各有千秋。一款是现代简约白色调，线条流畅，适配现代简约家居；另一款为深色实木材质，工艺精湛，尽显复古奢华。您是更想选简约时尚的白色衣柜，还是复古奢华的深色实木衣柜呢？

6.11　从众成交法

客户在购买产品时，都不愿意冒险尝试。凡是未经他人试用过的新产品，客户一般都持有怀疑态度，不敢轻易选用。对于大家认可的产品，他们更容易信任并下决心购买。

案例一：高端电饭煲销售

您真是独具慧眼，这款电饭煲是我们店里的明星产品，几乎每周都能卖出几十台。很多家庭都选择它，因为它不仅能做出美味的米饭，还集蒸、煮、炖、烤多种功能于一体，特别实用。您看，这是我们最近一个月的销售记录，几乎每天都有好几单。而且，很多老客户都反馈说，用了这款电饭煲后，家里的餐桌都变得更加丰富了。您想想，这么多家庭都在用，并且评价都这么好，您还有什么好犹豫的呢？

案例二：空气净化器推销

您对我们这款空气净化器的兴趣真的很浓厚。这款产品在市场上一直都很受欢迎，特别是在空气质量不太好的季节，销量更是直线上升。我们许多员工家里也都在用这款空气净化器，大家都说它过滤效果好，能让家里的空气变得清新自然。您看，这是我们收到的客户评价截图，几乎每一条都是好评。这么多人选择了它，并且都给出了高度评价，相信它一定能满足您的需求。

案例三：电动汽车销售

看您对我们这款电动汽车真的很感兴趣，这款车在我们展厅里可是个热门产品。不仅外观时尚，性能卓越，而且环保节能，非常适合现代家庭使用。您知道吗，这款车在我们店里的销量一直名列前茅，很多客户都反馈说它驾驶体验好，续航能力也强。您看，这是我们最近的销售数据和客户评价，几乎每一个试驾过的客户都对它赞不绝口。这么多人都选择了这款车，相信它也能成为您满意的选择。

以上案例话术通过强调产品的受欢迎程度、客户好评以及他人的选择，利用"逼单中的从众法"来激发客户的购买欲望，从而促使客户做出购买决定。

6.12 交定金法

在销售逼单过程中，交定金法是一种常见且有效的策略，旨在通过要求客户支付一定金额的定金来锁定销售机会，增加成交的可能性。其主要目的是通过定金锁定客户的购买意向，减少客户的犹豫和反悔，同时增加销售人员对成交的信心。

案例一：汽车销售

场景：客户在汽车销售展厅看中了一款车型，但对价格和服务还有一些疑虑。

销售人员策略：详细介绍车型的性能、配置以及售后服务，并强调该车型目前的热销程度。随后提出，如果客户现在决定购买并支付一定金额的定金，可以享受额外的购车优惠。

结果：客户在了解了产品价值和优惠后，决定支付定金并签订购车合同。

案例二：家居产品销售

场景：客户在一家家居店看中了一套家具，但对质量和价格有所担忧。

销售人员策略：展示家具的材质、工艺以及质量认证，并提供了其他客户的购买评价和反馈。同时提出，如果客户现在决定购买并支付定金，可以享受免费送货和安装服务。

结果：客户在了解了产品质量和优惠后，决定支付定金并等待送货和安装。

案例三：房产销售

场景：客户在房产中介看中了一套房子，但对价格、户型和周边环境还有一些疑虑。

销售人员策略：详细介绍房子的优点、周边环境和配套设施，并提供了其他购房者的购买经验和反馈。同时，销售人员提出如果客户现在决定购买并支付定金，可以享受优先选房和额外的购房折扣。

结果：客户在了解了房子的情况和优惠后，决定支付定金并签订购房合同。

6.13 成本分解法

在销售推进的关键阶段，成本解构策略是一种行之有效的手段。它能帮助销售人员更清晰地向客户说明产品或服务的成本详情，从而增强客户的购买意愿。

案例：A公司是一家专注于提供定制化企业级软件解决方案的互联网企业，致力于助力其他企业提升运营效率。在销售时，A公司面临的主要难题是怎样清晰地向客户呈现软件的成本结构以及性价比优势。

成本要素细分：涵盖研发成本、基础设施成本、技术支持与维护成本、市场推广成本，还有固定与变动成本分析。

成本效益分析：A公司向客户完整展示了软件解决方案的总成本，且深入分析了各成本要素所占的比例。通过与竞争对手的解决方案对比，A公司凸显出自身在性价比方面的突出优势。此外，A公司还展示了通过优化研发流程、提高生产效率等举措降低总成本的实际成效，以此为客户提供更具竞争力的价格。

客户沟通与反馈：A公司的销售人员运用成本解构策略，向客户细致阐述了成本构成的逻辑及相关数据依据。客户对此十分认可，觉得该策略有助于他们更全面地了解软件成本结构与性价比优势。最终，A公司凭借成本解构策略成功赢得客户信任，达成合作意向。

6.14 建立信任法

在销售促单环节中，建立信任法是一种至关重要的策略，它能够帮助销售人员与客户之间建立起坚实的信任基础，从而增加逼单成功的可能性。

建立信任法主要依赖于以下几个关键点：专业性展示，真诚的态度，成功案例分享，细节关注。

案例一：SaaS软件销售

背景：一家提供SaaS软件的公司，其销售人员小张正在与一家传统企业洽谈合作。传统企业对于SaaS软件的使用并不熟悉，对于软件的功能和效果有所顾虑。

建立信任过程

专业性展示：小张详细介绍了SaaS软件的功能、优势以及使用案例，使客户对软件有了初步的了解。

真诚态度：小张耐心解答了客户的每一个问题，并提供了试用账号，让客户亲身体验软件的功能和效果。

成功案例分享：小张分享了其他传统企业使用 SaaS 软件后提高工作效率、降低成本的成功案例，使客户看到了软件的适用性。

细节关注：在沟通过程中，小张注意到客户对于软件操作复杂性的担忧，于是提供了详细的操作指南和视频教程，进一步消除了客户的顾虑。

促单环节

在建立了信任基础后，小张提出了具体的合作方案，并强调了软件的易用性和公司的售后服务保障。同时，小张还提供了限时优惠活动，如"现在签约可以享受一年免费升级和价格折扣"。客户在权衡利弊后，最终决定购买小张所在公司的 SaaS 软件。

案例二：云计算服务销售

背景：一家提供云计算服务的公司，其销售人员小李正在与一家初创的互联网公司洽谈合作。初创公司对于云计算服务的需求迫切，但对于价格和服务质量有所顾虑。

建立信任过程

专业性展示：小李详细介绍了云计算服务的优势、公司的技术实力以及过往的成功案例，使客户对公司的专业能力有了深入的了解。

真诚态度：小李耐心倾听了客户的疑虑，并针对性地提供了解决方案，如提供灵活的付费方式、承诺服务质量等。

成功案例分享：小李分享了其他初创公司使用云计算服务后业务快速增长的案例，使客户看到了合作的潜力。

细节关注：在沟通过程中，小李注意到客户对于数据安全的担忧，于是重点介绍了公司的数据安全保障措施，进一步增强了客户的信任。

促单环节

在建立了充分的信任基础后，小李提出了具体的合作方案，并强调了合作的紧迫性，如"现在签约可以享受折扣优惠，而且我们的服务团队将立即为您量身定制解决方案"。客户在权衡利弊后，最终决定与小李所在的公司签约。

6.15 解决疑虑法

在销售促单环节，解决疑虑法堪称关键策略，需销售人员精准识别并妥善解决客户疑虑，以此增强客户购买信心，助力销售。以下解析解决疑虑法，并呈现互联网行业中的相关案例。

解决疑虑法要点

识别疑虑：精准察觉客户心中所忧。

倾听与理解：耐心倾听，充分理解客户顾虑所在。

专业解释：凭借专业知识阐释相关问题。

提供证据：拿出有力证据支撑说法。

提出解决方案：针对问题给出切实可行的办法。

案例一：云计算服务销售

背景：一家互联网公司欲购云计算服务助力业务快速发展，却对其安全性、稳定性及成本效益存疑。

安全性疑虑：销售人员展示云计算服务商的安全认证、数据加密、防火墙、安全审计等防护措施，并列举其他客户使用的成功案例证明其安全可靠。

稳定性疑虑：介绍服务商的基础设施、运维团队及故障恢复机制，出示稳定性与可靠性数据，打消客户这方面顾虑。

成本效益疑虑：提供成本效益分析，涵盖节省硬件投资、降低运维成本、提高资源利用率等内容，同时给出灵活付费方式与优惠活动，贴合客户成本需求。

结果：运用解决疑虑法，销售人员成功消除客户疑虑，促成云计算服务交易。

案例二：SaaS 软件销售

背景：一家初创企业寻觅能提升团队协作效率的 SaaS 软件，但对其易用性、定制化及售后服务有疑虑。

易用性疑虑：销售人员提供试用账号，让客户亲身体验软件界面、操作流程与功能特点，使其切实感受到软件的便捷。

定制化疑虑：展示软件的界面、流程、报表等定制化功能，并列举其他客户运用定制化功能的成功案例，彰显定制能力。

售后服务疑虑：介绍售后服务团队专业性、响应速度及服务内容（如技术支持、培训、升级服务等），凸显售后保障优势，消除客户担忧。

结果：借助解决疑虑法，销售人员成功消除客户疑虑，促成 SaaS 软件销售。

解决疑虑法在销售促单环节意义重大。销售人员通过识别并化解客户疑虑，可增强客户购买信心，推动销售进程。在互联网行业，该方法应用广泛，销售人员需结合行业特性与客户需求，灵活运用促成销售。

6.16 因小失大法

在销售促单环节中，因小失大法是一种有效的策略，它通过强调客户不作出购买决定可能带来的重大损失或风险，来刺激和迫使客户尽快成交。

因小失大法主要强调潜在损失、对比利益与风险、利用恐惧心理，从而激发客户采取行动。

案例一：云计算服务销售

背景：某互联网公司思索是否购入云计算服务，期望借此提升数据存储与处理能力。

促单话术：若此刻不购买我们的云计算服务，很可能遭遇数据存储及处理能力瓶颈，致使网站在高峰期卡顿甚至崩溃，严重损害用户体验。长此以往，客户流失、品牌形象受损恐成必然。而选择购买的话，既能增强数据存储与处理能力，又能享受灵活资源分配，还可节约成本，对贵公司而言，无疑是一笔划算的投资。

案例二：SaaS 软件销售

背景：一家初创企业正在斟酌是否购买一款 SaaS 软件，旨在提高团队协作效率。

促单话术：如果现在不买这款 SaaS 软件，大概率会面临团队协作效率低下状况，进而造成项目延误、沟通受阻以及资源浪费。在竞争激烈的市场中，这般低效极可能让公司错失发展良机。反之，购买此软件，既能提升团队协作效率，又能实现工作流程标准化与透明化，对初创企业来说，这会带来显著的竞争优势。

6.17 惜失成交法

运用"怕买不到"的心理效应，人们对于难以获取或即将失去的事物，往往抱有更强烈的拥有欲望。当客户意识到眼前的购买机会千载难逢时，他们往往会迅速采取行动，生怕错失良机。惜失成交法正是精准捕捉了消费者"得之则喜，失之则痛"的心理特征，通过适度施加压力，激励他们果断做出购买决策。

关注维度

限量策略： 巧妙运用"限量发售，先到先得"的策略，营造出一种稀缺感，激发客户的紧迫感与占有欲，促使他们尽快下单。

限时优惠： 设定明确的优惠期限，如"仅限今日，错过即止"，让客户感受到时间的紧迫，从而加速决策过程，把握眼前的优惠机会。

尊享服务： 在特定数量范围内，提供升级版的客户服务或专属礼遇，让客户感受到成为"少数幸运儿"的荣耀与特权，进一步刺激购买欲望。

价格预警： 对于即将涨价的商品，提前预告涨价信息，利用"现在不买，将来更贵"的心理暗示，促使客户在价格上涨前采取行动。

案例：在线教育培训销售案例

背景： 某专注在线教育培训服务的机构，销售顾问小张与寻求职业晋升的职场人士张先生深入交流。张先生想通过系统学习提升职业技能，增强行业竞争力，但对课程质量和时间安排有疑虑。

专业性展示： 小张先是向张先生呈现机构详细课程大纲，细致剖析各课程核心内容、讲师资质及教学研发团队实力，着重强调课程实用性与前沿性，还介绍互动式教学、实践项目对学习效果的提升作用。经此番专业且详尽的讲解，张先生对课程专业性有了透彻认识。

真诚关怀与个性化服务： 知晓张先生工作繁忙、难以平衡学习与工作后，小张耐心倾听其顾虑，为他提供多种灵活学习方式，像自定义学习进度、移动端学习平台支持以及一对一学习顾问服务等，确保课程安排契合张先生个人节奏与需求。

成功案例激励： 为激发张先生的学习动力，小张分享了数位背景与张先生相似的学员在课程结束后成功晋升或转行的真实案例。这些鲜活案例既展现了课程实际效果，又让张先生看到了自我提升带来的可观回报。

细节关怀与后续支持： 交流中，小张敏锐捕捉到张先生对课程效果评估标准的关注点，便详细介绍了机构课后评估体系、学员社群支持以及定期就业辅导服务，缓解张先生对学习成果衡量及后续职业发展的担忧。

促成交易的巧妙策略： 建立深厚信任后，小张适时推出限时优惠套餐，包含"早鸟价报名享高额折扣、赠送一次一对一职业规划咨询、加入 VIP 学员社群长期资源共享"等福利，还强调当下是行业人才缺口大、晋升机会多的黄金时期，学习投资很紧迫。综合考虑后，张先生被小张的真诚与专业打动，当即报名开启自我提升之旅。

第七章 售后维护

7.1 客户维护的意义

维护老客户的价值与意义：

①发展一位新客户的成本是挽留一个老客户的 5 倍；

②客户忠诚度下降 5%，企业利润下降 25%；

③向新客户推销产品成功率是 15%，向老客户推销产品成功率是 50%；

④如果将每年的客户保持率增加 5%，利润将达 25%~85%；

⑤60%的新客户来自老客户推荐；

⑥20%的客户带来 80%的利润。

下面有一些关于维护客户的统计数据：

①95%的客户成交后并不会和销售人员有多余的沟通，仅 4%的客户会投诉，其中投诉的客户里 96%会因此流失，91%将再难挽回；

②客户非常不满时，很可能会告诉 8~10 个人其经历的糟糕的服务体验；

③可能要通过 12 次的正面事件努力，才能扭转那 1 次带来的负面印象；

④如果销售人员能站在客户的角度处理好投诉，70%的客户会继续合作；

⑤如果销售人员在第一时间能处理客户的投诉，95%的客户会再次合作；

⑥平均每 1 个满意的客户会告诉 5 个人他们的问题得到妥善解决，及对此的好评；

⑦客户忠诚度与单次的交易获益相比，前者重要上 10 倍。

分享一个关于维护客户关系的小故事，这个故事围绕着两位保险代理人展开。

在一个充满活力的城市中，有两位保险代理人，他们提供的是相同类型的保险产品，彼此间形成了直接的竞争关系。第一位代理人非常努力，每天不停地穿梭于大街小巷，向遇到的每一个人推销保险，尽管他热情洋溢，但成交的客户数量却并未如他所愿增长，反而有下滑的趋势，这使他倍感挫败，热情也逐渐消退。

相比之下，第二位代理人则显得更为机智且富有策略。他不仅进行常规的推销活动，还精心挑选了一些社区中心和企事业单位，定期前往这些地方举办免费的保险知识讲座，并在讲座结束后，向参与者赠送保险手册及小礼品，同时留下联系方式，邀请他们日后若有需要可进一步咨询或购买。随着时间的推移，他在这些场所建立了良好的口碑，回头客和新客户纷至沓来，业务量稳步增长。而第一位代理人的客户基础则日益萎缩，最终不得不考虑转行。为何第二位代理人能够成功维护并扩大其客户群呢？关键在于他深刻理解并实践了客户关系的维护之道：在一个特定的区域内，对于某一类保险产品的潜在需求是有限的。

在业务开展中，以保险销售为例，客户一旦选择了我的服务，短期内通常不会再次购买相同产品。所以我会先提供有价值的信息与服务来建立联系，借此展现专业与诚意，"锁定"其未来需求。即便初次接触时并非所有人都即刻成为客户，但已在他们心里种下信任的种子，使其在之后考虑购买保险时优先想到我。而持续的互动能让我及时察觉并满足客户潜在需求，进一步稳固客户关系，也间接削减了竞争对手的市场影响力。这充分表明，有效的客户关系维护对业务意义重大，不仅有利于当下销售，更为长远发展筑牢根基。

7.2 客户分类运营

客户分类维护的目的，在于更准确地了解不同体量客户的需求，便于制订更科学的营销策略，从而优化资源配置，把有限的资源集中在有价值的客户群体上。同时，也可以提升客户忠诚度，降低营销成本。

客户的分类方式有很多种，以我负责过的产品为例，客户按照年合作金额与合作时间两个维度，分为战略客户、重点客户、潜力客户、普通客户、未合作客户，见表7-1。

表7-1 客户层级分类

客户层级	群名标签	分层标准	分层描述	客户特征	服务重点	服务策略	预期价值
战略客户	VVVVIP	年合作额>10万元，合作>3年	高价值，核心合作伙伴	获客来源主要依靠平台，对平台认可，与业务人员有良好的工作和私人关系，长期稳定合作，高度依赖我们的服务，对服务质量有极高要求	高度个性化服务，快速响应	提供定制化服务解决方案，VIP服务团队，支持定期的业务回访与优化建议	稳定的收入来源，高客户忠诚度，口碑传播与品牌宣传
重点客户	VVVIP	年合作额5万~10万元，合作1~3年	中高价值，合作1-3年稳定合作伙伴	平台是获客的途径之一，合作关系较稳定，对服务质量和性价比有要求	专业咨询，业务增长支持	提供个性化服务方案，配备专属客户运营人员，提供定期的季度业务回访，业务增长支持与咨询服务的价格优惠与增值服务	重要的收入增长来源，有潜力转化为战略级客户积极的口碑传播者
潜力客户	VVIP	年合作额2万~5万元，合作<1年或间断性合作	中等价值，发展潜力大	刚刚接触平台，对网单的投入产出比还在考察阶段，有扩大使用规模的潜力	优质服务体验，培养忠诚度	提供标准化服务，定期的客户关怀与满意度调查及季度业务回访，灵活的价格策略与促销活动、行业信息与基础咨询	稳定的客户基础，有可能通过优质服务提升层级扩大市场份额的潜力

104

续 表

客户层级	群名标签	分层标准	分层描述	客户特征	服务重点	服务策略	预期价值
普通客户	VIP	年合作额<2万元，新合作或试合作	低价值，基础合作伙伴	尝试平台，夫妻店居多，有可能流失，对价格较为敏感	满足基本需求，提升满意度	提供优惠体验服务，提升品牌认知度定期跟进，了解客户需求与反馈，提供成功案例与行业动态分享	未来的增长点，扩大品牌影响力
未合作客户	WH	未建立合作关系，但有明确需求或意向	潜在价值，待开发市场	尚未合作过平台，有需求或兴趣，处于市场了解与比较阶段	吸引关注，促进转化	提供优惠体验服务，提升品牌认知度定期跟进，了解客户需求与反馈，提供成功案例与行业动态分享	潜在的客户来源，扩大市场覆盖面的关键，提升品牌知名度的机会

7.3 客户维护具体方法

表 7-2 为大家提供了 30 个维护客户的具体方法。

表 7-2　　　　　　　　　　　客户维护方法

方法	内容
建立真实的人际关系	秉持真诚之心与客户交往，密切关注客户的需求、面临的问题以及提出的建议，致力于构建稳固且互信的客户关系
定期交流	借助微信、电话、社交媒体等多元渠道，与客户保持规律且持续的沟通互动，让客户真切感受到被重视与关怀
个性化服务	精准洞察客户的个性化需求，为其量身定制契合实际情况的专属解决方案，提升客户的服务体验与满意度
及时响应	在客户提出问题或反馈后，迅速做出回应，以高效的行动展现自身的专业素养与敬业精神
专业知识	对自身所负责的产品或服务进行深入且全面的研究，积累丰富的专业知识，以便为客户提供准确、有效的建议和切实可行的帮助
赠送小礼品	在特殊的节日、客户的纪念日等具有特殊意义的时刻，为客户送上精心挑选的小礼品，以此表达对客户的感激之情
解决问题	当客户遭遇问题或困难时，立即采取果断且有效的行动，全力以赴帮助客户解决问题，保障客户的利益
定期培训	为客户精心策划并组织定期的培训活动，助力客户充分发掘和利用产品或服务的价值，提升使用效果和效率
提供价值	积极主动地与客户分享有深度、有价值的行业见解、实用技巧以及前沿的行业信息，彰显自身的专业能力和行业洞察力
客户反馈	鼓励客户积极提供反馈意见，将其视为宝贵的改进资源，从中汲取经验，不断优化产品和服务
超越期望	致力于提供超出客户预期的优质服务，通过细节和创新，为客户带来惊喜和愉悦的体验，增强客户的忠诚度
社交媒体互动	在社交媒体平台上保持活跃的参与度，及时、认真地回应客户的评论和问题，加强与客户的互动和联系

续 表

方法	内容
定期问候	摒弃仅在有业务需求时才与客户联系的模式,在无特定业务目的的情况下,也时常向客户致以问候,维系良好的客户关系
保持灵活性	敏锐感知并迅速适应客户需求的变化,及时调整服务策略和解决方案,确保满足客户的动态需求
合作伙伴关系	与客户建立紧密且稳固的合作伙伴关系,秉持互利共赢的原则,携手共进,共同实现业务目标
客户满意调查	定期开展客户满意度调查,全面、深入地了解客户的意见和建议,为持续改进提供有力依据
长期计划	制订具有前瞻性和可持续性的长期客户维护计划,确保客户关系能够稳定、健康地发展
知识共享	通过撰写博客文章、发布白皮书、举办线上讲座等多种形式,向客户分享有价值的知识内容,吸引客户的关注并提升自身的行业影响力
激励计划	精心设计合理的激励计划,对长期忠诚的客户给予适当的奖励和回馈,激发客户的持续合作意愿
线上支持	搭建24小时不间断的在线客户支持平台,随时为客户解答疑问,提供及时、便捷的服务
故事分享	
客户活动	定期组织形式多样、内容丰富的客户活动,为客户提供交流和互动的平台,增进客户之间以及客户与企业之间的感情
知识库建设	创建一个内容丰富、分类清晰、易于查询的知识库,方便客户随时获取所需的产品或服务信息
快速解决投诉	当客户提出投诉时,立即启动快速响应机制,高效解决问题,及时恢复客户的信心和满意度
长期价值	将关注重点放在客户的长期价值上,注重与客户建立长期稳定的合作关系,而非仅仅追求短期的交易利益
资源共享	与客户分享有价值的行业资源、实用工具以及最新的行业发展趋势,助力客户在其领域取得更好的发展

续 表

方法	内容
定期更新	及时向客户推送产品或服务的更新信息,确保客户能够及时了解并使用最新版本,享受更好的体验
面对面会议	不局限于线上沟通方式,定期安排与客户的面对面会议,增进双方的情感交流,深化合作关系
礼仪与尊重	始终以礼貌、尊重的态度对待每一位客户,无论客户的规模大小、业务量多少,展现良好的职业素养
持续改进	持续对客户维护策略进行评估和反思,根据市场需求和客户反馈及时调整和优化,以适应不断变化的市场环境

7.4 十一个一工程

笔者之前带团队要求销售人员维护客户必须做的动作,简称为十一个一工程,详见表 7-3。

表 7-3　　　　　　　　　　十一个一工程

类型	具体内容	产生的效果	时间频率
一次帮转发朋友圈	转发客户的公司介绍、主营业务内容,包括联系电话、二维码等	让客户知道您是真心待人	2次/月
一次节日问候	春节、元宵节、端午节、中秋节、劳动节、国庆节、圣诞节、元旦等用心的问候	节日问候深化感情	10次/年
一次发红包	自己业绩突破、装企签单等重要节点,给客户发个红包	让客户记住您	10次/年
一次点奶茶	谈判到了关键的节点、客户生日等,可以给客户点杯奶茶	积攒人情	4次/年
一次增值服务	给客户做张海报、剪辑个短视频,做个 H5,借助 AI 工具帮客户写段公司介绍,写个短视频拍摄脚本	做比说更重要	1次/月

续 表

类型	具体内容	产生的效果	时间频率
一次真正问题解决	发现问题,解决问题,以终为始	建立信任	4次/年
一次电话回访	回访老客户,了解接单情况、量房情况、转化情况,碰到问题尽力去协助解决	强化服务之星的印象	4次/年
一次满意度调查	每个季度部门做好满意度调查链接,及时发给客户	提升公司品牌形象	4次/年
一次要求转介绍	月底冲刺时刻,可以找客户要转介绍	获得客户	10次/年
一次朋友圈互动	点赞、评论等,刷存在感,跟客户建立连接	日常交往拉近距离	5次/月
一次生日祝福	想办法知道客户的生日,记住客户的生日,以生日作为契机,实现关系突破	关键事件深化感情	1次/年

7.5 转介绍与转发朋友圈

客户转介绍是一种效率非常高的获客形式,以TOB类中小客户为例,销售人员自己开发的客户一般成交周期在7天,前5天都在建立信任,剩下的2天在敲定合作细节,拉扯价格交付等。如果是转介绍的客户,往往有一定的信任基础,快速地缩短建立信任需要的时间,顺利的话2—3天就可以成交。

红楼梦里有一句话,"世事洞明皆学问,人情练达即文章",中国是一个人情社会,尤其是做销售这个行业的,人情世故拿捏到位了,业绩根本不用愁。有两种情况,第一种是未合作的客户转介绍,第二种是已合作客户的转介绍。想要客户给您转介绍,一般需要销售人员跟客户有比较好的私人关系,或者客户觉得产品的确可以帮助同行企业解决难题,抑或是销售人员能给予客户一定的利益。

成交之后的标准动作:让客户帮转发朋友圈。

这里需要先编辑一段文案,文案里最好能够体现公司与产品,以及销售人员个人优势的一些介绍。然后再附上几张图，第一张放公司的发展历程图，第二张放公司产品的介绍图，第三张放销售人员个人在这个行业里的一些成就，第四张放微信二维码，第五张可以放一张工牌盖章的照片。

案例一

这个是齐家网销售总监朱小丰的名片，微信号 t2674600，在齐家网工作5年了，服务一直很好，助力我司实现营收增长。齐家网是一家上市公司，规模大，服务好，朋友圈里有需要接网单的可以联系他，电话是18616220060。（图片附上二维码）

案例二

网单质量差？

网单单量少？

量房率很低？

签约率很低？

之前合作了好几家小的网单平台，您是不是也碰到过这些问题？如果是，别担心，换一家大平台试试！！！齐家网，作为装修平台垂直赛道第一家上市公司，网单标准高，订单数量多，感兴趣的可以扫码加齐家网区域招商经理朱小丰的微信咨询。

PART 2　下篇

卓越管理
实战指导

第八章 管理者必修课

8.1 销售管理者角色认知

在销售行业里，销售人员的纵向职业晋升之路清晰且充满挑战，一般依次为储备干部、销售主管、销售经理、销售总监、销售总经理，见表8-1。每个岗位都是职业阶梯上的关键节点，肩负着独特使命。本节将深入解析各岗位的角色定位、管理半径、能力需求及岗位说明，以便全面展现该职业发展路径的整体情况与相关要求。

表8-1　　　　　　　各级销售人员的区别

角色	定位	管理半径	能力要求	岗位说明
储备干部	兵头将尾	0	挖需求 抛产品 解疑虑 促成交	业绩顶梁柱 带徒弟带小组 团队氛围担当 团队价值观担当
销售主管	基层管理	8—12人	拿结果 培养人 建团队	以结果为导向 构建高效协作有战斗力的团队，心中有数，手里有术
销售经理	中层管理	30—60人	定目标 追过程 拿结果	设目标，拆目标，执行落地 过程追踪，日常沟通辅导激励 绩效评估，不断地进行回顾、分析
销售总监	中高层管理	100—300人	懂战略 做导演 搭班子	确保部门的工作与公司战略目标相契合 有效组织和管理团队资源，确保团队高效运作 选拔合适的人才，培养团队能力，搭建人才梯队

续表

角色	定位	管理半径	能力要求	岗位说明
销售总经理	高层管理	300人以上	定战略 督执行 保成果	为公司制订长远的销售策略和市场拓展计划（战略方向） 监督销售团队的执行，确保各项销售策略得到有效落实 确保销售团队达成公司的目标，保证销售成果

8.2 七定八起九法

身为销售管理者，在竞争激烈、变化莫测的市场浪潮中，背负着引领团队实现销售目标、提升客户满意度、推动业务持续增长的重大使命。达成这些目标，单靠卓越的销售技巧与敏锐的市场洞察力远远不够，还需一套切实有效的管理理念与方法。

"七定八起九法"便是这样一套实用且全面的准则，其覆盖自我修养、团队协作、人际关系处理等关键领域。"七定"助力管理者塑造坚毅自我，决策行事时清醒果敢；"八起"注重与各方紧密合作、共同进步，营造良好业务生态；"九法"聚焦心态情绪管理，让管理者以积极姿态直面挑战。

表8-2是"七定八起九法"的具体内容，希望各位销售人员能深刻理解并付诸实践。

表8-2 "七定八起九法"的具体内容

要求	具体内容
七定	拿定主意：做事前明确自身想法与决策 坚定立场：坚守自己认定的原则与观点，不为外界轻易动摇 下定决心：对目标或行动报以坚决的态度，并全力以赴 定砺胆识：增添并稳固自身的胆量与气魄，敢于尝试和挑战 锚定方向：确定前行的目标与方向，犹如船只抛锚定位般稳固 笃定前行：怀着坚定的信念，稳步朝着既定方向不断迈进 镇定自若：在各种状况下都能保持沉着冷静，从容应对

续　表

要求	具体内容
八起	与员工一起工作：共同投入工作，携手完成各项任务
	与客户一起沟通：积极与客户交流互动，了解其需求并提供服务
	与同事一起学习：相互学习借鉴，共同提升知识与技能
	与领导一起分享：将工作中的经验、想法等与领导互通分享
	与团队一起成长：伴随团队发展，个人与团队共同进步
	与业界一起交流：参与行业内交流，拓宽视野、把握趋势
	与伙伴一起创新：和合作伙伴协作，共同探索创新思路与成果
	与家庭一起平衡：兼顾工作与家庭，使二者达到和谐的状态
九法	把看不惯的事情看惯：调整心态，接纳原本难以接受的事
	把看不起的人看起：摒弃偏见，平等且尊重地看待他人
	把不愿干的事情干好：克服抵触情绪，用心将工作做好
	把沟通困难的人沟通：尝试用合适方法，与沟通困难的人建立良好交流
	把咽不下的气咽下：控制情绪，咽下委屈、不满等负面情绪
	把想骂人的话收回：克制冲动，避免言语伤人，保持理智
	把放不下的心放下：释怀过往纠结之事，让内心轻松自在
	把想不通的事想通：通过思考、分析等，消除心中疑惑
	把忍不了的痛忍受：增强心理承受力，咬牙忍受痛苦

8.3　管理者的每日布局

8.3.1　以电销团队主管/经理为例

作为电销团队管理者，确保团队高效运作和持续提升业绩是核心任务。表8-3详细列出了早启动、中间追过程和晚复盘的关键内容，帮助管理者系统化地安排和跟踪每日工作。从明确目标和优先级到资源协调、过程监控和问题解决，每个环节都至关重要。通过每日的复盘和总结，团队能够不断优化工作流程，提升整体绩效。这一系统化的管理方法不仅提高了工作效率，还增强了团队的凝聚力和执行力。

表 8-3　　　　　　　　　　电销团队管理者每日布局

类型	重点内容
早启动	今天要做哪些事，根据优先级排序
	今天的目标是什么
	打算怎么做？如何落地
	需要什么样的资源？找谁要资源
	碰到问题找谁
中间追过程	查看报表：除早启动外，每天第一件工作就是查看报表，了解外呼、接通、通知、微信添加、意向客户新增、单量收款收入情况等，看报表、查数据、跟进度、找问题
	布置作业：除了已列入计划管理的工作按部就班运行外，每天还要对工作、重点注意事项、临时任务进行安排布置
	计划跟踪：对工作计划、项目计划、周期计划要每天查看跟踪进度，出现问题及时协调
	一对一沟通：每天至少要找1—2名同事一对一沟通
	人员辅导：每天找1—2位同事进行心态辅导、技能辅导
	主题会议：需要讨论哪些话题，可以约自己的领导、下属、运营或者兄弟部门一起沟通
	协助开单：要求躬身入局，管理者要有一定的打单能力，能够随时随地帮助下属拿结果
	走动管理：每隔30—60分钟巡场一次，确保您的团队每个人都进入工作状态
	录音分析：听录音，发现销售线上共性和个性的问题，找到解决方案，并实施改进
	协调沟通：管理者每天重要的工作就是沟通协调，帮下属解决工作上的资源问题和部门间的配合问题
	明日计划：下班之前列出第二天的工作计划和目标
晚复盘	今日目标完成了多少？差距的原因是什么
	过程怎么样
	今天做对了什么
	哪里可以做得更好
	可以沉淀哪些经验

电销主管/经理每日必做 10 件事：

① 听 10 通录音；

② 9 个微信聊天现场查看；

③ 8 个电话陪访协助推进客户；

④ 7 个促单电话；

⑤ 6 次走动管理；

⑥ 5 次查看实时过程数据；

⑦ 4 次人员辅导；

⑧ 3 次人员沟通；

⑨ 早会晚会 2 个会议；

⑩ 1 个日复盘总结上交。

8.3.2 以电销团队销售为例

作为电销团队管理者，确保销售团队按照标准化作业流程工作是提升业绩的关键。表 8-4 详细列出了每个时段的具体任务和注意事项，帮助团队成员清晰地了解每日工作安排。通过科学的任务分配和时间管理，团队能够高效运作，确保每个环节都被充分执行。从早晨的朋友圈推送、班前准备到晚上的复盘与培训，每个步骤都旨在最大化接触客户和转化机会，同时注重团队协作和个人成长。这一流程不仅提升了工作效率，还增强了团队的凝聚力和执行力。

表 8-4　　　　　电销团队销售每日布局

时间	类别	工作内容	注意事项
8：50 之前	朋友圈推送	针对微信里的标签以及等级客户，进行共性化和个性化的推送，例如针对 B 类意向客户促单的文案，针对 C 类意向客户的吸引文案，针对 D 类客户的建立信任的文案	一日之计在于晨（客户早晨起来会看一下朋友圈）

续　表

时间	类别	工作内容	注意事项
8：55—9：05	班前准备	做好准备工作（登录好客户管理后台、外呼系统、ERP 等）	精神状态+工作准备最重要
9：05—9：20	部门早会	明确当日目标（通次/通时/微信/BCD 类/进款），盘点好当日预计进款客户，安排好当日回访客户的时间	状态+目标最重要
9：20—10：00	处理重要客户	处理重要客户信息和当日约定早上需要沟通的客户	重点客户沟通，事半功倍
10：00—11：00	陌拜新客户	通次：50 通时：15 分钟 微信添加：2	积累新增意向客户
11：00—12：00	回访老客户	回访 C、D 类客户，转化 B 类客户 回访 B 类客户，逼单 回访维护续费商家 通时：15 分钟	存量意向客户的转化
12：00—13：00	吃饭、午休	吃饭、午休	张弛有度
13：00—13：45	游戏或分享	游戏或分享	一三五游戏，二四午会分享（或针对一个共性的问题进行头脑风暴）
13：45—16：00	陌拜新客户	通次：90 通时：30 分钟 微信添加：2	积累新增意向客户
16：00—17：00	回访老客户	回访 C、D 类客户 回访 B 类客户，逼单 回访维护续费商家	存量意向客户的转化

续 表

时间	类别	工作内容	注意事项
17：00—18：00	陌拜或回访	通时：10分钟 通次：10 微信添加：1 转化B类客户	根据自己的薄弱项去做动作提升
18：00—18：30	寻找高质量线索	寻找高质量线索60条	资源为王
18：30—19：00	分享与复盘	当日开单人员分享，当日新增B类意向客户分享 团队成员坐在一起，每个人都谈一谈自己今天的得失，以及明天要怎么做，主管做总结性发言	团队成员一起参与
19：00—20：00	培训赋能与录音学习	技能培训，优秀录音学习，提炼优秀话术，演练话术	精进话术
20：00—20：30	个性化沟通与辅导	如有需要，可以找自己的主管或者总监约时间一对一沟通，帮助提升	个性化输出
睡觉前	朋友圈推送	研究客户朋友圈，给客户点赞，发一条能给自己加分的动态	和客户互动，展示自己，获取信任

8.4 管理降本增效

谈及降本增效，在降本范畴，人们通常会联想到采购成本、生产成本、人力成本以及运营成本等方面。而在增效层面，大家首先想到的往往是提升人效、提高管理效率等。然而在企业实际运营进程中，还存在诸多隐性成本，诸如沟通成本、达成共识的成本、决策成本以及沉没成本等。所以，企业在追求降本增效时，不能仅局限于常规的减法思维，还需做加法与乘法，综合施策。表8-5呈现了笔者针对降本增效所提出的具体举措。

表 8-5　　　　　　　　　降本增效的方法及措施

类目	方法路径	具体措施
降低沟通成本	全员达成共识	管理：每周读 2 篇管理文摘，就阅读的内容展开讨论，达成共识 销售：每周读 1 篇介绍销售方法的文章或者培训视频，达成共识 运营：每周就日常工作沟通讨论 1 次 培训：每周至少就如何提升培训效率复盘 1 次 领导：每周主动向领导汇报 2 次以上业务进度，碰到的问题及时解决 各部门：每周主动跟平时相关各部门同事沟通一次
降低决策成本	听大多数人的意见，和少数人讨论，自己一个人做决策	决策的团队成员本身要有差异性 走出舒适区 主干稳定，末梢灵活 决策是要解决问题而不是简单做出选择
降低沉没成本	减少选错人、用错人的情况，探索新业务及时止损	筛人选人的时候一定要严格，严格是大爱，放纵是伤害 人员下组之后，当发现其能力不行的时候，一定要及时止损，坚决优化掉 做正确的事情，正确地做事，把事情做正确 通过努力拿结果，证明自己的决策是对的
加法	对新产品包装，商业化售卖增加投入，对客户服务，要做加法	包装高客单价的产品 提升客户服务水平 提升销售的单兵作战能力
乘法	建立 SOP，让好经验得以沉淀，并复制到整个团队； 通过共性培训和个性化辅导，提升全员能力，让组织更具生产力	销售标准化作业流程 主管经理总监标准化作业流程 优秀录音、优秀案例库的建立 核心人员，骨干人员，3 个月以内员工分层培训赋能

8.5 管理岗位要求

身为一名优秀的管理者，需坚守两大信念、规避四大误区、贯彻六大原则并善用五种手段。表8-6为基于这些动作所对应的具体执行要求（读者可思考自行填写），助力管理者全方位提升管理效能，引领团队稳健前行。

表 8-6　　　　　　　　　　　管理岗位要求

要求	动作	具体执行要求
坚持两个信念	躬身入局	主动深入业务一线，参与关键环节，与团队成员并肩作战，及时掌握一手信息，精准解决实际问题
	培养人	依据团队成员的优势与短板，定制个性化培养方案，提供学习资源与实践机会，定期沟通反馈，助力成员实现职业成长
避免四个误区	忽略过程	重视工作的每一个步骤，建立过程监控机制，定期检查进度，及时发现并纠正偏差，确保目标顺利达成
	过度依赖	不过分依赖单一成员或方法，鼓励团队成员独立思考、自主解决问题，培养多元化的人才与策略，增强团队抗风险能力
	缺乏数据	树立数据意识，搭建完善的数据收集与分析体系，用数据支撑决策，依据数据洞察问题、调整策略，提升管理精准度
	逃避责任	勇于承担团队管理中的责任，面对问题不推诿，主动寻找解决方案，为团队树立积极负责的榜样
贯彻六个原则	目标明确	制订清晰、可衡量、可达成、相关联、有时限的目标，确保团队成员理解并认同，定期对照目标评估工作进展
	激励有效	根据团队成员的需求和特点，设计多元化的激励机制，物质激励与精神激励相结合，及时肯定和奖励成员的优秀表现
	沟通顺畅	搭建多渠道的沟通平台，鼓励团队成员畅所欲言，定期组织沟通会议，及时传递信息、协调工作，化解矛盾冲突

续 表

要求	动作	具体执行要求
贯彻六个原则	创新不断	营造鼓励创新的文化氛围，鼓励团队成员提出新想法、新方法，为创新提供资源支持，对创新成果给予奖励
	检查到位	建立健全检查制度，明确检查标准与频率，采用多种检查方式，及时发现问题并跟踪整改情况，确保工作质量
	奖惩执行	严格按照既定规则执行奖惩，奖励公平公正，惩罚合理适度，让奖惩成为推动团队前进的有力杠杆
用好五个手段	技能培训	定期开展针对性的技能培训课程，邀请内部专家或外部讲师授课，组织实践演练与经验分享，提升团队整体技能水平
	团队协作	组织团队建设活动，增进成员之间的信任与默契，明确成员职责分工，促进团队成员之间的协作配合，提高工作效率
	数据分析	运用数据分析工具和方法，深度挖掘数据价值，从数据中发现业务问题与机会，为决策提供有力依据
	总结复盘	定期组织总结复盘会议，回顾工作过程与成果，分析成功经验与失败教训，形成书面报告并分享给团队成员，促进共同成长
	客户关系	建立客户关系管理系统，定期回访客户，收集客户反馈，及时解决客户问题，提升客户满意度与忠诚度

8.6 信任的六个层级

客户信任是销售人员签单的前提，然而客户信任的建立绝非一朝一夕之功，而是历经循序渐进的过程，这个过程可划分为六个层级，见表8-7。深度洞悉这些层级，有助于管理者精准洞察客户心理，从而为团队成员制订出更具成效的营销策略与服务规划。如此一来，不仅能够强化客户忠诚度，还能推动企业实现可持续发展，在变幻莫测的市场浪潮中稳立潮头。

表 8-7　　　　　　　　　　　客户的信任层级

信任层级	层级内容	客户的心理感受
第一层级	不反感您	我不讨厌这个人
第二层级	相信您	这个人还不错
第三层级	相信您的公司	这家公司实力不错
第四层级	信任您和您的产品方案	这家公司的方案最适合我并且能帮助我
第五层级	信任您的价值回报	投资回报是值得的
第六层级	信赖您	值得进行深度的、长期的合作

8.7　销售里程碑

管理者需要理解并运用销售里程碑。它能直观地判断每个客户的跟进节点，帮助管理者判断业务推进是否达标，以便及时调整策略。通过销售里程碑，可合理分配团队任务、考核成员绩效，激发团队战斗力。同时，基于里程碑达成情况，能精准预测未来业绩，为资源分配、生产规划提供依据，见表 8-8。

表 8-8　　　　　　　　　　　销售里程碑

等级	进度	里程碑	阶段描述	客户关键行为
0	0	筛选线索	找到客户线索	符合目标客户画像
1	10%	愿意接触	初步接触	愿意电话/现场跟您沟通
2	20%	兴趣建立	客户表达了需求和动机	对产品或服务表现出初步的兴趣
3	40%	需求明确	了解客户需求	客户说出自己的痛点/目前经营上碰到的困难 对细节表现出关注，如功能、性能、价格等
4	50%	竞品对比	对比做选择	对比不同供应商的产品或服务

续表

等级	进度	里程碑	阶段描述	客户关键行为
5	60%	信任建立	建立信任	对销售个人以及公司有一定的信任感
				关注公司的资质、实力、行业经验、成功案例等
				开始讨论产品细节、使用、交付与售后流程
				预约好下一次沟通的具体时间和方式
6	80%	意向确认	明确意向	基本确定了意向，开始就优惠折扣、付款方式、交付时间等进行谈判
				咨询付款合同等细节，如发票、账号、流程等
				确认签合同与付款的具体时间
				解决了客户所有的疑虑
7	100%	成交合作	收到客户汇款	确定后续工作和考察时间
				客户付款

8.8　学会问 20 个问题

从团队管理角度来看，管理者掌握以下 20 个提问技巧，能精准洞悉成员目标，确保个人与团队方向一致。通过询问困难、应对措施及成效，能挖掘问题根源，为团队排忧解难，提升团队执行力。探讨成功与失败的经验教训，有助于成员成长，形成良好的学习氛围，传承优秀做法，规避同类错误。在沟通层面，开放式问题鼓励成员表达想法，拉近管理者与成员的距离，增进彼此信任，构建积极健康的团队关系。从工作优化来说，询问对工作流程的改善想法，能获取一线建议，助力流程革新。了解成员对工作的感受，能发现潜在问题，及时调整管理策略，提升团队工作满意度与效率，推动团队与企业持续发展，见表 8-9。

表 8-9　　　　　　　　　　销售管理 20 问

序号	提问问题	目的意义
问题一	您的目标是什么	让下属有目标感，带着目标做事
问题二	您目前碰到了哪些困难和挑战	引导下属把困难和挑战描述出来

续 表

序号	提问问题	目的意义
问题三	针对目前的困难和挑战，您采取了什么措施	带领下属一起回顾一下过去做了什么
问题四	您采取的措施，克服了当前的困难与挑战了吗	带领下属评估过去采取的措施是否解决了问题
问题五	从中您能总结哪些失败的教训	引导下属总结失败教训
问题六	目前的工作中，哪些方面是您觉得做得好的	引导下属找到自己的优势
问题七	好在哪里	引导下属说出细节
问题八	做得好的原因是什么	引导下属分析原因，找到底层逻辑
问题九	从中您能总结哪些成功的经验	引导下属总结成功经验和方法论
问题十	您打算如何改善工作流程	引导下属思考如何改善工作流程
问题十一	需要我提供哪些帮助	诚心诚意地为下属提供帮助
问题十二	您对某件事的感觉如何	询问感受
问题十三	在您的工作中，哪方面是最有意义的	了解工作热情和价值观
问题十四	您如何驾驭冲突	了解下属解决问题和人际关系的能力
问题十五	遇到瓶颈期您会怎么做	考察下属的自我反思与学习能力
问题十六	您在团队里的角色定位是什么	考察下属对自身能力与角色的认知
问题十七	您将会在团队里发挥什么作用	考察下属对自身能力与价值的认知
问题十八	在您的视角来看，我们团队存在什么问题	考察下属能否以客观的态度看待问题，为团队发展提供有建设性的思路
问题十九	如果您是领导者，您的解决方案是什么	考察下属在假设情境下的领导能力、问题解决能力、创新思维以及对团队事务的综合把控能力
问题二十	有没有什么建议	判断下属是否具备积极主动且善于思考的特质

第九章　销售团队搭建

9.1　人员招聘

9.1.1　面试官形体要求

①着装：建议黑色西服、白衬衫、皮鞋。

②礼貌：见到应聘者需要握手并自我介绍"×××公司销售主管×××"，面试结束后送到电梯口并握手再见。

③状态：精神饱满，微笑，不可蓬头垢面（代表公司形象）。

④如对应聘者基本满意，面试时间至少在20分钟以上（建议带面试者参观公司）。

⑤忌在应聘者面前玩手机、抽烟、5分钟结束面试等。

9.1.2　物料准备

①笔记本电脑。

②公司宣导文档。

③销售话术。

9.1.3　面试时候记住两点

第一，一定是应聘者说得多。

第二，面对条件不错的应聘者，在基础提问后可再向应聘者讲述公司等后续动作，如果觉得应聘者不合适，就直接说："谢谢，我的问题，问完了，您看还有什么需要了解的?"如果没有，就站起身握手结束；若有，简单回答一下即可，然后依然是握手结束。

9.1.4 应聘人群画像

在筛选销售岗位人员时，可依据以下不符合与符合标准的画像来综合判断。

1. 不符合标准的特征

频繁跳槽： 一年跳槽三次及以上，这类人职业稳定性差，难以深耕积累业绩。

动力不足的本地人： 生活安逸、无经济压力的本地求职者，可能缺乏拼搏动力，难以适应高强度销售工作。

形象不佳且固执： 染发，穿奇装异服，形象不专业，且不愿为工作改变的人。销售需以良好的职业形象赢得客户信任。

沟通障碍： 表现出不自信，说话结巴、声音低微、表达不畅，做事畏缩的人。销售工作依赖高效沟通，沟通能力差会严重阻碍业务开展。

态度不端： 简历敷衍、面试不愿交流、面试迟到。培训时若迟到，直接不予录用，工作态度对业绩至关重要。

通勤过远： 住所到公司单程超一小时，过长通勤易消耗精力，影响工作状态与稳定性。

消极处事： 面对问题习惯找借口，没目标、充满负能量，遇到困难就放弃，不敢尝试新事物的人。销售工作挑战多，需要积极解决问题的态度。

无心销售： 只是把销售岗当临时过渡，内心不想从事销售的人。这类人缺乏热情与专注，很难长期坚持并取得好业绩。

2. 符合标准的特征

强烈的成功欲： 主动追求成功，渴望成就，有强大的内心驱动力，如同落水者强烈的求生欲，促使其努力开拓客户、达成业绩。

高可塑性： 能积极吸收建议，并迅速将所学用于实践。销售环境多变，可塑性强的人能快速适应并提升能力。

坚韧不拔： 有出色的耐受力，能承受高压，自控力和意志力强。面对销售中的拒绝与挫折，能坚持不懈。

沟通高手： 善于倾听与提问，能引导客户表达需求，具备说服客户达成合作的能力。良好的沟通是销售的核心技能。

积极求知：有主动学习的意识和能力，关注行业动态，学习新的销售技巧与产品知识。持续学习是销售竞争力的关键。

有成功过往：在过往学习、工作等领域取得过显著成功。成功经历赋予其自信与经验，助力在销售岗位表现出色。

9.1.5 初次面试考察内容

1. 先判断对方行不行

可从基本外貌形体以及语言表达能力两方面对应聘者作出判断。

2. 请应聘者自我介绍

①自负，不懂得尊重人，比如"简历上该有的都有了，要我说什么？"（淘汰）

②不自信，不敢直视面试官，眼神闪烁的。（淘汰）

③微笑，能侃侃而谈，至少代表有准备。面试官的第一印象也是未来她面谈客户时客户对他的第一印象。（暂留）

3. 判断对方基本信息后，运用 STAR 面试法进行人群画像筛选

S（Situation，情境）：面试者过去工作的背景情境；

T（Task，任务）：面试者过去曾经承担的工作任务或角色；

A（Action，行动）：面试者过去工作中具体的操作和执行；

R（Result，结果）：面试者过去曾经取得的成绩。

举例：

S（情境）：

最近的这份工作，这家公司是做什么的？卖什么产品的？通过什么方式盈利？客单价是多少？模式是什么？

T（任务）：

您加入公司×个月，是一进去就是高级营销顾问吗？刚进去是什么岗位，具体工作内容是什么？

A（行动）：

主要考核的绩效是什么？每天具体工作内容是什么？过程考核什么？为了让自己能尽快独立开单，您做了哪些努力？

为了这个排名，您做了什么？能举个实际的例子吗？

R（结果）：

一开始进入多久开单？是自己独立开单还是有经理/主管帮您开单呢？

团队和您一样做这个业务的有多少人，您的排名如何？

每张单子的提成多少呢？（问具体提成比例，为后期讯问薪资结构埋下伏笔，面试官可以自行计算）薪资结构是什么？

底薪多少+提成多少？提成比例呢？（反推，是否合理）

9.1.6 复试面试考核内容

结构化面试流程包含以下5个部分。

第一步：看简历，了解基本信息

可以通过提问以下问题，便于掌握应聘人更多的信息。

①家庭情况，是否是本地人，家里几口人，家人对于您在此地工作的态度是什么？

②是否异地恋？（如有异地恋未来打算在哪里发展？）

③上班通勤时间。（单次通勤1小时以上的人谨慎通过）

④婚姻情况如何？是否有孩子？

⑤每一份工作离职的原因。

⑥职业规划：除了来我司面试之外，还面试了哪几家？目前最心仪的是哪一家，为什么？看重什么？

⑦如果您现在选择一家公司，您最看重的是什么？（结合应聘者关注的问题，进行公司优势、晋升、环境、薪资的讲解）

第二步：判断简历真伪，问细节

可以通过问应聘者以下问题判断简历真伪环节。

①在职还是离职？

②在上一家公司做了多久？

③主要做什么产品？

④针对的客户群体是什么？

⑤客单价一般是多少？

⑥客户是怎么来的？主动拓展还是渠道合作的？

⑦公司一共多少人？您业绩排名是怎么样的？销售额多少，开多少

单呢？

⑧您的薪资结构是怎么样的？底薪多少，提成多少，平均月收入多少，最高多少？

第三步：判断胜任力模型

判断是否有强烈的成功欲望：

①怎么看待加班这件事？

②哪个客户让您印象最深刻？您是怎么拿下来的？为了这个单子您付出了哪些？

③分享一下在工作过程当中通过您的努力成功完成的一件事情。

④面对客户的拒绝您是如何成功挽救的？

⑤您未来的职业规划是什么样的？

⑥未来一年想达到什么样的目标，您会通过什么样的方式达成？

⑦平时的业余时间如何安排？

⑧在过往的工作中发生的哪件事情让您触动很大，这件事情给您以后的工作带来了什么影响？

⑨为了成为一个优秀的销售，您做了哪些努力？

⑩做销售您觉得需要付出什么呢？或者说要牺牲什么？

判断是否具备高可塑性：

①通过以往的工作经历，您有哪些方面的进步？请总结归纳出您认为销售职业成功的3个核心要素。

②您觉得自己是个什么样的人？最突出的性格特点是什么？

③如果有一个升职的机会需要一个月加班不休息您能做到吗？

④问清楚每一份工作离职的原因。

⑤您怎么看待别人对您的建议和意见？您会怎么处理？举例说明。

判断是否坚韧不拔：

①工作或者生活中，您坚持最久的一件事是什么？

②如果您入职后3个月甚至6个月，一个单子都没开，您会怎么办？

③到目前为止，工作生活中，您碰到过最大的挫折是什么？花了多久走出来的？当时的心路历程是怎么样的？您是怎么克服的？

④低谷期的时候，您会怎么办？

判断是否是沟通高手：

①您之前的工作/学习中肯定有需要合作的时候吧？当别人跟您的想法不一样的时候一般您会怎么做？举例说明。

②当您想说服别人的时候，通常会以什么驱动别人，达成目的？

③和公司小伙伴撞单，您会怎么处理？

④您谈一个客户时，客户一直说您不了解他的情况，坚持认为您的说法不对，很固执，但又不愿意和您说他的想法，您会怎么办？

⑤日常面对陌生人如何打破僵局？

⑥当您电话跟进客户，客户提出一个您答不上来的问题，您会如何处理？

⑦您认为跟客户良好沟通的关键是什么？

判断是否积极求知：

①讲一件您过往工作学习过程中通过学习尽快胜任新的工作任务的事。

②看过哪些销售方面的书，学到了什么？又是如何运用在工作实践中的？

③现在跨行业跳槽，您打算怎么开展工作？

④您今年有掌握什么对工作有提升或者帮助的新技能吗？

⑤什么能力是您在之前的工作岗位上学习到的？

⑥您的上一家公司的上级身上有哪些值得您学习的地方？最好可以详细举例说明。

⑦您的上一份工作中有特别不喜欢的同事吗？为什么不喜欢？那您觉得他身上有您可以学习的方面吗？

⑧您能否对自己过去半年或一年的工作或生活情况做一个回顾总结？追问：这半年的工作生活经历对您有哪些启发？请举例说明。

⑨上一个工作您用了多久自己独立开单？入职后花了多少时间去学习了解一个新的产品？

判断是否有成功的过往：

①入职上一家公司的第一个月，开单了吗？能和我形容下这个过程吗？

②曾取得过什么样的成就？是您独立杀单还是有其他人帮忙的？

③从开始工作到现在，您自己觉得最成功的是哪件事？为什么您觉得这是最成功的？

④成交的第一单是什么情况？

⑤为什么您在原来的岗位上没有得到晋升？

⑥您之前的销售业绩排名如何？（如果是第一，继续追问您是怎么做到第一的？您为了这个目标做了哪些努力？如果不是第一，继续追问没有做到第一的原因是什么？您为了这个目标做了哪些努力）

⑦您在之前的工作中拿过什么奖项/取得过哪些成绩？

⑧之前公司给您定的销售目标是多少？KPI 考核又是怎样的？

⑨最忠诚的客户买过多少次您的产品？您是怎么做到的？

第四步：吸引

当面试推进到第四步，意味着该应聘者在面试过程中的表现较为出色。此时，作为面试官，关键在于吸引其加入公司。要达成这一目标，可从以下几个维度着力：

行业赛道潜力：向应聘者深入阐述公司所处行业赛道的未来发展趋势，展示出广阔的发展前景与无限的可能性，让其清晰地感知到加入公司后，能搭乘行业发展的快车，实现个人职业价值的最大化。

企业经营实力：详细介绍公司当下的经营状况，包括稳健的财务状况、不断拓展的市场份额、良好的品牌口碑等，使求职者了解到公司具备强大的发展根基与稳定性，从而增强应聘者对公司的信心。

产品独特优势：着重强调公司产品的独特特点与显著优势，如创新的技术、卓越的品质、贴心的服务等，展现出公司产品在市场上的竞争力，让求职者认识到自己所推广的产品具有独特价值。

职位晋升空间：清晰描绘该职位的职业发展路径与晋升空间，说明从基础岗位到更高层级的晋升条件与机会，让应聘者看到在公司内有着明确的职业上升通道，激发其追求个人成长的动力。

优厚福利待遇：全面介绍公司为员工提供的福利待遇，涵盖薪资结构、五险一金、带薪休假、节日福利、培训机会等，体现公司对员工的关怀，凸显公司在人才吸引方面的诚意。

第五步：演练

将公司的产品话术手册给应聘者，给其 10 分钟时间自主研读，以便充分理解其中内容。10 分钟阅读时间结束后，面试官即刻进入客户角色，应聘者则扮演销售，双方开启现场客户谈判模拟环节。第一轮模拟演练结束后，面试官针对应聘者在演练过程中暴露的问题，如沟通技巧欠缺、产品优势阐述不清晰等，进行精准且详细地辅导。随后，开展第二次模拟演练，重点观察应聘者在第二次演练中的表现是否相较于第一次有所进步。通过对两次演练的综合评估，面试官做出最终决策，判断该应聘者是否通过此次面试。

9.2 团队搭建

9.2.1 贝尔宾团队角色理论

在团队的人员搭建过程中，贝尔宾团队角色理论具有重要的指导意义。一个高效的团队需要不同角色的成员相互协作、优势互补，才能实现共同的目标。贝尔宾团队角色理论将团队角色分为多个类型，每个角色都有其独有的特征、作用，同时角色的缺失也会给团队带来不同程度的影响。以下是对该理论中各团队角色的详细阐述。

表 9-1 贝尔宾团队角色理论

归属	角色	角色作用	角色缺失影响
社交派	协调者	特征：成熟、值得信赖、自信，擅长凝聚团队力量。 作用：识别团队成员的长处，通过知人善用来达成团队目标	团队可能缺乏合作和信任，导致团队整体利益受损
	凝聚者	特征：性格温和、擅长人际交往并关心他人。 作用：在团队中给予最大支持，增强团队凝聚力，促进团队和谐	团队内部可能出现沟通和关系问题，导致团队凝聚力和向心力下降
	外交者	作用：善于建立关系网，为团队获取资源和支持，促进团队与外部环境的沟通与合作。 定位：团队的公关大使，负责团队的对外交往和关系维护	团队可能难以建立和维护与外部环境的良好关系，导致团队资源和支持不足

续　表

归属	角色	角色作用	角色缺失影响
思考派	技术专家	特征：专注于某一领域，具有深厚的专业知识和技能。 作用：为团队提供专业支持和指导，确保团队在专业领域内的竞争力	团队可能缺乏专业知识和技能支持，导致团队在专业领域内的竞争力下降
思考派	监督者	特征：态度严肃、谨慎理智，具有批判性思维。 作用：在决策过程中提供深思熟虑的意见，确保团队决策的合理性和可行性	团队决策可能缺乏合理性和可行性评估，导致团队偏离目标或面临风险
思考派	创新者	特征：创造力强，充当创新者和发明者的角色。 作用：为团队的发展和完善出谋划策，提出新颖的想法和解决方案	团队可能缺乏新思想和新方法，导致团队创新能力和竞争力下降
行动派	推进者	特征：充满干劲、精力充沛、渴望成就。 作用：激励团队成员采取行动，勇于挑战困难，推动团队向前发展	团队可能缺乏动力和执行力，导致团队进展缓慢或无法实现目标
行动派	完美者	特征：坚持不懈、注重细节。 作用：确保团队任务的完美完成，不容忍任何疏漏和错误	团队工作可能缺乏质量和效率保障，导致团队成果不尽如人意
行动派	实干者	特征：实用主义者，有强烈的自我控制力和纪律意识。 作用：努力工作，系统化地解决问题，确保团队计划的顺利实施	团队任务可能无法得到有效执行和实施，导致团队工作无法顺利完成

9.2.2　"3+3+3+3+2"模式

在我担任某公司营销总监期间，我留意到部门内一个小团队在当年9月和10月的业绩出现了极大的悬殊，这一情况迅速引起了我的高度重视。我当即召集该小团队的主管及其经理,一同对销售过程与结果数据展开全面复盘。我们从客户开发、销售技巧、市场变化等多个维度深入剖析问题产生的原因,最终成功探寻到了切实可行的解决办法。

表9-2是对当时的团队现状、具体表现、原因分析和解决方案的详细梳理。

表9-2 团队问题分析

团队现状	具体表现	原因分析	解决方案
骨干人员流失	A同学于10月8日离职 B同学于10月8日离职	房贷、车贷压力比较大 对公司的认知存在偏差	举一反三,团队头部人员需要多沟通 协助销售人员打单,帮助他们挣钱 帮助他们提升挣钱的能力 营造团队氛围,让每个人都有归属感
男女比例失衡	女10人,男1人	主管对男女比例超过警戒线没有经验和意识	女员工占比控制在40%以内
主管性格偏弱	有菩萨心肠,没有雷霆手段 团队一团和气,缺乏必要的管控 对该加班没来加班的员工,没有管控措施	怕得罪人 习惯于当老好人 对所有人都采用同一套管理方式	采用双重人格管理,工作中要求严格,生活中打成一片 软硬结合,该硬的时候硬,该软的时候软 和总监打配合,总监负责来硬的,主管负责来软的
团队结构不合理	杀单手只剩1人 中坚力量表现平庸 没有心腹人员 待淘汰的人没有被淘汰	主管缺乏团队人员梯度的培养意识 TOB电销培养头部杀单手比较困难认知问题	有意识地经营并搭建团队人员梯度
执行力差	每天需找60条线索,部分人员打折扣完成 培训过的方法技巧,没有及时落地实践	检查工作不到位 处罚制度没有落实到位	宣传检查处罚制度落实到位

续　表

团队现状	具体表现	原因分析	解决方案
打配合不到位	很多新人各自为战部分中坚力量不好意思找领导协助	团队意识缺乏，团队作战理念薄弱	加强文化宣贯

一个团队的良好运作离不开对成员角色的精准定位与有效管理。按照"3+3+3+3+2"模式来剖析该团队的现状，能够清晰地看到不同层次人员的特点、作用以及对应的管理方式。合理的人员管理不仅能激发成员的潜力，提升团队业绩，还能营造积极向上的团队氛围。

具体而言，团队角色涵盖以下几类：首先是"头部人员"，也就是我们常说的"杀单手"，他们凭借出色的销售技巧与丰富的客户资源冲锋在前，为团队拿下关键大单；其次是"腰部人员"堪称团队的中坚力量，他们业务能力扎实，业绩稳定，是团队业绩的重要支撑；再次是"尾部人员"主要为实习生，他们初入职场，在实践中学习成长，为团队注入新鲜血液；"心腹人员"则担任响应者、维护者以及文化标兵等多重角色，他们积极响应团队号召，维护团队内部和谐，传播并践行公司文化；最后，还有"待淘汰人员"，这类人员的存在是为了警示团队成员，督促大家保持良好的工作状态。

表9-3是对该团队目前状况的详细分析。

表9-3　团队现状分析

属性	现状	理想角色	特征定位	作用	管理方式	具体动作
头部人员	A员工	杀单手1	特征：强烈的销售意愿，高超的沟通技巧，敏锐的洞察力和强大的抗压能力 定位：销售精英和业绩支柱，榜样和激励者，团队氛围的带动者	业绩担当	授权式	设定明确目标 提供必要培训 实施有效激励 建立沟通机制 关注个人发展
		杀单手2		协助逼单		
		杀单手3		打法迭代的先驱		

续 表

属性	现状	理想角色	特征定位	作用	管理方式	具体动作
腰部人员	B员工	中坚力量1	特征：稳定的销售业绩，良好的团队协作精神，优秀的沟通能力，持续学习和适应能力，高度的责任心 定位：中坚力量，团队的基本盘	业绩基本盘	合作式	动之以情 晓之以理 达成共识
	C员工	中坚力量2		理念执行者		
	D员工	中坚力量3		团队协作者		
尾部人员	E员工	实习生	特征：资源少，技能弱，学习能力弱，阅历少，经验缺乏 定位：潜力股	学习者	指令式	把工作要求拆解为具体的业务动作，反复PDCA
	F员工	新人		执行者		
	G员工	新人		潜力股		
心腹人员	H员工	响应者	特征：负责群里第一个响应领导发的通知，立刻执行上级的决策和想法 定位：氛围带动者	执行先驱	对一	个性化 沟通 辅导与管理
	I员工	维护者	特征：帮助上级处理较为棘手的问题 定位：只向主管1个人负责	白手套		
	J员工	文化标兵	特征：过程结果价值观综合排名第一 定位：文化落地的践行者与宣传者	榜样的力量		
待淘汰人员	K员工	警示者	结果很差，过程不达标，工作意向低，不愿意加班	督促他人	强制式	清晰工作要求 划红线 deadline 建立淘汰机制

通过上表的分析，我们发现该团队头部人员缺失，只有1名，业绩的基本盘不够稳定。心腹人员为0，团队里缺乏响应者、维护者、文化标兵这3个

角色，说明团队的氛围一般。待淘汰人员为0，说明团队缺乏危机感。经过沟通，帮助该团队的领导者认识到"3+3+3+3+2"模式的重要性。2个月后，该团队的业绩增长了30%，实现了业绩突破。

9.3 人员赋能

9.3.1 新员工培训赋能大纲

新员工的培训赋能对于公司的发展至关重要，尤其是销售人员，他们是公司业务拓展的关键力量。良好的入职培训能够帮助新员工快速适应公司的工作模式，掌握专业技能，提升销售业绩。表9-4是某公司电话销售团队销售人员入职流程培训的详细大纲，涵盖了电话营销的各个关键环节，旨在为新员工提供全面且实用的培训指导。

表9-4 某公司销售人员入职流程培训大纲

课程模块	课程内容	内容详情	检核方式
第一部分 模式与准备——透视电话销售的精髓	电话销售的六项准备	自我心态准备	考试/作业
		客户预判准备	
		行业信息准备	
		营销知识准备	
		营销技能准备	
		客户资料准备	
	电话销售七步法	电话开场	模拟演练
		激发兴趣	
		探寻需求	
		产品介绍	
		异议处理	
		逼单成交	
		复购转介绍	
	电话销售必须迈过的"八道坎"	面对营销很忐忑	
		接通电话就被拒	

续　表

课程模块	课程内容	内容详情	检核方式
第一部分　模式与准备——透视电话销售的精髓	电话销售必须迈过的"八道坎"	开场服务不会做 提到产品被挂机 产品介绍不深刻 交易促成很茫然 异议处理缺实效 需求探寻不精辟	模拟演练
第二部分　电话开场——奠定成交基调	五项注意	注意状态和情绪管理 注意体会客户情绪的变化 注意提高声音的感染力 注意适应客户的沟通风格 注意真正关心客户	模拟演练
	电话开场六部曲	礼貌用语 确认客户身份 自我介绍 介绍打电话的目的 产品营销导入 确认对方时间的可行性	
第三部分　需求激发——隐性需求挖掘、显性需求扩大	四层提问探索需求	请求提问的技巧 前奏技巧的使用 反问技巧的应用 纵深提问的技巧	模拟演练
	"三力"模型激发需求	倾听力 ①听三层：表层、中层、核心层 ②三层听：细节、结论、逻辑 引导力 ①先挖后引再刺激，最后展示利益 ②引导技巧/掌握产品的利益和特征 ③引发客户联想	

续 表

课程模块	课程内容	内容详情	检核方式
第三部分 需求激发——隐性需求挖掘、显性需求扩大	"三力"模型激发需求	沟通力 ①沟通核心三部曲 ②沟通的公式	模拟演练
第四部分 产品介绍——渐入佳境、扣人心弦	产品介绍必须解决的五大难题	为什么听您讲	模拟演练
		您讲的是什么	
		产品究竟如何	
		对客户的好处有哪些	
		有何证据证明	
	产品介绍的五大禁忌	胡子眉毛一把抓,没有"分段",没有重点	
		产品介绍平平淡淡,缺少产品"与众不同"的特点	
		对客户利益阐述不深刻	
		没有"案例"佐证,成了老王卖瓜	
		自说自话,没有"互动交流"	
	产品介绍话术设计与演练	针对性话术设计	
		结构化表达逻辑	
		情景化演练优化	
第五部分 异议处理——让客户无法拒绝	心理建设三步走	嫌货人才是买货人	模拟演练
		擅长说服,至少要被拒绝3次以上才算是真正的拒绝	
		异议处理之目的是促成!而不是为了赢得辩论	
	各个阶段异议处理的策略	电话开场时客户的异议	
		产品介绍时客户的异议	
第六部分 交易促成——一击命中、直接成交	如何把握交易促成的时机	客户交谈的投入度增加	模拟演练
		客户对产品内容感兴趣时	
		营销人员解答客户核心疑问后	

续 表

课程模块	课程内容	内容详情	检核方式
第六部分 交易促成——一击命中、直接成交	如何把握交易促成的时机	营销人员解决客户最关心的真正异议后	模拟演练
	十大促成技巧	设置门槛+要单	
		利益叠加+要单	
		从众心理+要单	
		成交案例+要单	
		下一步骤+要单	
		限时促销+要单	
		差一单法+要单	
		结果预演+清点	
		激将法门+要单	
		多选一法+要单	
	促单环节思考三个问题	为什么成交？（需求）	
		为什么在您这里成交？（信任）	
		为什么必须今天成交？（时机）	

9.3.2 入职3个月及以上员工的赋能培训

对于入职3个月及以上的员工来说，进一步的赋能培训是提升其专业能力和业绩表现的关键。在销售领域，持续学习和不断提升认知水平、掌握客户心理、优化销售流程等方面的技能尤为重要。表9-5是一份针对这类员工的赋能培训方案，涵盖销售认知、客户心理、客户开发、客户成交以及客户续费与复购等核心模块，助力员工在销售岗位上取得更好的成绩。

表9-5 入职3个月及以上员工培训方案

课程模块	课程内容	负责人
第一部分 销售认知	1. 销售的本质：从交易到价值创造	×××
	2. 读懂客户：心理学在销售中的应用	

续表

课程模块	课程内容	负责人
第一部分 销售认知	3. 高效沟通：让客户无法拒绝的表达艺术 4. 精准需求挖掘：从表面需求到深层痛点 5. 价值营销：让产品自己说话 6. 从客户到伙伴：关系经营的长期主义 7. 销售铁军：心态修炼与职业成长	
第二部分 客户心理	1. 客户决策心理学：洞察购买行为背后的秘密 2. 需求挖掘术：从隐性痛点到明确需求 3. 情感营销：如何与客户建立深度信任 4. 抗拒化解术：破解客户心理防线的实战策略 5. 行为经济学在销售中的应用：让客户主动选择您 6. 客户心理画像：精准定位与个性化沟通	
第三部分 客户开发	1. 精准客户画像：锁定高价值目标客户 2. 高效获客策略：线上线下全渠道开发实战 3. 冷启动客户开发：从零到一的破冰技巧 4. 大客户开发兵法：攻克关键决策链 5. 转介绍裂变：让客户成为您的销售员 6. 数据驱动客户开发：从线索挖掘到商机转化	×××
第四部分 客户成交	1. 成交心理学：破解客户决策的"最后一公里" 2. 逼单不尴尬：高效成交的五大黄金法则 3. 异议处理实战：化解客户抗拒，促成交易 4. 谈判成交术：双赢谈判技巧与策略 5. 快速成交法：缩短销售周期的实战技巧 6. 大单成交秘籍：高客单价客户的攻心策略 7. 成交闭环设计：从临门一脚到长期复购	
第五部分 客户续费与复购	1. 客户生命周期管理：从首单到持续复购 2. 续费心理学：让客户主动选择续约 3. 复购裂变：打造客户忠诚度的黄金法则 4. 老客户激活术：唤醒沉睡客户的实战策略	

9.3.3 管理岗位的赋能培训

管理岗位在企业中起着关键的引领和协调作用。为提升管理效能，赋能培训必不可少。表9-6聚焦策略、营销、管理及沟通等模块，助力管理者全方位提升能力。

表9-6　　管理岗位的培训方案

模块	课题	目标	课程纲要	详细内容
策略赋能	策略制订与执行	提升策略制订与共创共识能力	文化打造	"十亿企业靠销售，百亿企业靠产品，千亿企业靠文化。"到了最高境界，比拼的就是文化了
			策略解码	基于策略到执行过程中实现共识、共解、共建、共担。没有共识、共解，就没有共建、共担
			策略执行	坚决执行，在执行中优化改进
营销赋能	销售团队能力打造	提升营销策略与团队销售能力	场景化营销	把产品带入客户的生活场景，给予客户更加直观的产品体验，转化为销售工具赋能营销
			营销策略	客户是谁？如何找到客户；通过客户价值曲线锁定新场景、新需求、新价值。精准营销：客户细分，用科学化方式和差异化手段确保成交率
			销售打造	2B的经典营销手法——顾问式销售，销售团队痛点及对策，如何复制销售冠军
管理赋能	打造高绩效团队	提升对团队的把控力与设计能力	管理常识	什么是领导？什么是管理？管理者的角色定位，管理者职责。如何去培养下属？如何打造思想意识高度统一的铁军？如何训练团队人员的必备技能？
			管理机制与方法	四大管理机制：目标管控、责任管控、节点管控、激励管控。赋能组织环境：通过氛围与文化保持团队活力
			四大系统	环境决定行为，对抗决定效率，敌人决定动力，重复决定能力
			人才梯队搭建	团队的四梁八柱都有谁，储备干部、业务尖兵、文化标兵、生活委员等

续表

模块	课题	目标	课程纲要	详细内容
沟通赋能	对上对下平级沟通	提升管理者的沟通能力	对上沟通要有胆	永远主动，保持职业化和专业性，了解上级的需求，做事超出上级的期望，及时消除误解并衷心感谢上级帮助
			平级沟通要有肺	双方诉求共同利益，平时注重感情联系并主动提供支持，密切合作，及时祝贺对方取得的成绩
			对下沟通要有心	多动情，少讲理，坦率具体，避免下级建立心理防线，平时要注意想于人先，走于人前

9.3.4 储备干部的赋能培训

储备干部作为团队未来发展的重要力量，其能力的提升对团队的长远发展至关重要。为了让储备干部更好地适应岗位需求，特制订以下赋能培训方案，涵盖多方面的能力提升课程，见表9-7。

表9-7　储备干部的培训方案

课程模块	课程名称	培训对象	课时	培训方式
自我认知升级	角色认知与定位	储备干部	6小时	行动学习+互动体验式
	目标制定与计划执行			
	压力与情绪管理			
开拓思维能力	分析问题与解决问题			
	六项思考帽在工作中的应用			
	晋升成长规划地图			
管理能力提升	九型人格与识人用人之道			
	DISC性格分析与知人善任			
	三心管理沟通艺术			
	高效执行力			
	五星领导力			
	团队带领与管理艺术			
	高效会议管理			

9.4　提升新人留存率

新人留存问题关系到团队的稳定与发展。新人流失率高、老员工疲软等状况频发，严重影响团队士气与业绩。表9-8是针对这些问题提出的相关建议与具体措施，助力提升新人留存率。

表9-8　提升新人留存率的建议及措施

相关问题	相关建议	具体措施
新人流失率高，老员工疲软得不到认可，不愿意加班，对业务知识不了解，没有人教方法，售后事情多，看不到希望，没有信心，得不到鼓励	管理认知提升	管理者善于发现员工的优点，并发挥其优点，把优点转化为产出
^	^	管理者要认可、鼓励员工，让员工感受到自己存在的价值
^	优化工作方法	看到员工做得好的，要及时表扬，且要当众表扬
^	^	员工做得不好的地方，应单独沟通，私下里批评。一定要表达出两种情感：我真的很生气；我真的很在乎您
^	躬身入局，方法赋能	教新人找线索、电话前的准备、开场白、挖需求、产品介绍、异议处理、逼单、售后服务全流程
^	既是团长，又是政委	管理者既要精通业务，帮助销售拿结果，又要学会做思想工作，把握团队舆情大方向
^	搭班子，建团队	关注团队人员结构，对于哪些是核心人员、哪些是骨干人员、哪些是中流砥柱、哪些是值得培养的、哪些人是要淘汰的，要做到心中有数，手中有术
^	以身作则，带动团队	以身作则胜千言。自己做好，再去要求别人。管理者自己先来加班，再要求员工来加班
^	通过政策引导拼搏奋斗	对于加班员工适当给予鼓励，比如加班1天奖励1条主动咨询线索
^	会前准备，言之有物	开会要提前做好准备，有内容有效率地开会，绝对不允许想到哪讲到哪，没有员工愿意跟您耗

续 表

相关问题	相关建议	具体措施
新人流失率高，老员工疲软得不到认可，不愿意加班，对业务知识不了解，没有人教方法，售后事情多，看不到希望，没有信心，得不到鼓励	个性化管理	对于部分能拿结果的员工，不愿意加班的，通过沟通达成共识，进行适当的个性化管理
	面试把控	向招聘画像靠拢，对通勤实践、销售经验、沟通能力等把好关
	2人同时面试	同时来面试的2人是朋友/同学/恋人/亲戚等关系，建议只通过1人，如2人都通过，下组安排时要将其分在两个组别
	工位安排	对于同批次新员工，安排工位时合理分散开
	团队氛围把控	通过一对一沟通，动之以情，晓之以理，画好红线，老员工不得给新员工传播负能量，对于传播负能量的行为要及时发现、及时制止。管理者要通过创造充满合作精神和彼此欣赏的团队氛围来驱动业绩目标的达成
	建模能力	要透过现象看本质，通过本质推演逻辑，在客户签约案例中构建模型，再将逻辑和模型升华成理论，形成实战—经验—建模—理论—指导实战的营销闭环
	强化教练角色，以辅导代替管理	管理者就是教练，要不断提升自己的打单能力，帮助员工拿结果，这是最重要的事情
	用帮助员工的方式获取员工的信任	把员工当成客户，他有什么需求，解决他的需求问题，您的真心帮助，他能够感受到，会打心眼里佩服您

9.5 销售人员过程管理

9.5.1 表格抓手

在对销售人员进行过程管理时，可借助一份包含多个Sheet的Excel表格，以下内容可供大家参考，以便更高效地开展管理工作。

Sheet1：员工信息登记表（见表9-9）

表9-9　　　　　　　　　　员工信息登记表

××公司××事业部员工信息登记表

基础信息			入职信息			
姓名			入职邀约人		与邀约人关系	
性别			入职部门		现直属上级	
出生年月日			入职时间			
家庭地址			入职岗位			
现在居住地址			现在岗位			
联系方式			师傅			
紧急联系人及关系			政委			
紧急联系电话			转正需要完成		目前差额	
婚姻状态			本阶段已完成		本月已完成	
学历信息			入职后每月业绩情况			
毕业院校			月份	到款	单量	备注
学校性质			××××年××月			
入学时间/毕业时间			××××年××月			
工作履历			××××年××月			
工作时间	工作岗位	工作单位	××××年××月			
			××××年××月			
			××××年××月			
			××××年××月			
			××××年××月			
			××××年××月			
			××××年××月			
			合计			

Sheet2：竞对平台线索收集表（见表9-10）

要求：每人每天至少找60条针对线索。

检查时间：每天晚上 8 点。

措施：完不成的加班，直到完成为止。

表 9-10　　　　　　　　竞对平台线索收集表

找资料日期	资料来源	公司抬头	法人姓名	联系方式	详细地址	官方网址	竞对情况	备注

Sheet3：新增意向客户表（见表 9-11）

要求：每人每天 2 个 B 类、3 个 CD 类。

检查时间：每天晚上 8 点。

措施：完不成的加班，直到完成为止。

表 9-11　　　　　　　　新增意向客户表

序号	城市	顾问姓名	日期	公司名称	客户等级	关键决策人	电话	地址	跟进记录	预计收款时间	线索来源

Sheet4：大客户跟进表（见表 9-12）

要求：每人每周新增 2 个大客户。

检查时间：每周五晚上检查。

措施：完不成的加班，直到完成为止。

表 9-12　　　　　　　　大客户跟进表

序号	顾问姓名	日期	公司名称	地址	KP	职位	手机	微信	体量	跟进记录		
										第一次跟进	第二次跟进	第三次跟进

Sheet5：收定金客户表（见表 9-13）

要求：所有收定金的客户都要填写。

检查时间：每周检核1次。

措施：完不成的扣罚线索资源。

表9-13　　　　　　　　收定金客户表

销售	客户名称	合作产品	合作金额	收定金时间	定金金额	补尾款时间	收尾款需要哪些支持

Sheet6：已签约客户表（见表9-14）

要求：所有签约的客户都要填写。

检查时间：每周检核1次。

措施：完不成的扣罚线索资源。

表9-14　　　　　　　　已签约客户表

城市	公司名称	套餐金额	合作单量	开拓人	进款时间	是否进款	其他备注

9.5.2　日常管理要求

日常管理要求一：短周期，小闭环，可视化，及时反馈。可使用PDCA复盘表（见表9-15）进行日常管理。

表9-15　　　　　　　　PDCA复盘表

时间	星期一	星期二	星期三	星期四	星期五	星期六	星期日
Plan（计划）							
Do（执行）							
Check（检查）							
Action（处理）							

日常管理要求二：存量增量意向客户盘点。可使用存量增量意向客户盘点表进行盘点（见表9-16）。

表9-16　　　　　　　　　存量增量意向客户盘点表

姓名	今日新增意向			本周新增意向			本月新增意向			存量意向客户分布			本月增量意向客户转化			存量意向客户转化		
	A类	B类	C类	A类	B类	C类	A类	B类	C类	A类	B类	C类	D类	签约单量	签约金额	转化率	签约单量	签约金额	转化率
张三																			
李四																			
陈五																			

9.6　辅导赋能系统

一个优秀的管理者，需要学会搭建辅导赋能系统，包括培训机制、演练机制、分享机制、陪访机制和 Review 机制，见表 9-17。

表9-17　　　　　　　　　　辅导赋能系统

序号	重点	内容	具体操作	负责人
1	培训机制	搭建覆盖不同人员的培训体系	对业务新人的培训每周至少3次 对业务骨干的培训每周至少2次 对主管经理的培训每周至少2次	销售主管 销售经理 销售总监
2	演练机制	演习，模拟情景进行实战演练	情景设计多元化 角色分配精细化 复盘总结常态化	
3	分享机制	把优秀的案例、方法分享出来，是总结也是沉淀方法论	精准案例剖析 多元经验共享 动态优化机制	
4	陪访机制	我干您看，我说您听，您说我听；您干我看	合理规划陪访 明确陪访职责 深度复盘反馈	

续 表

序号	重点	内容	具体操作	负责人
5	Review机制	根据结果讨论、沟通，追溯过程、发现问题	定期有序开展 全面深度评估 落实改进闭环	销售主管 销售经理 销售总监

9.7 多过程业务模型系统

优秀的业务管理者，要深入理解多过程业务模型系统，见表9-18。这包括：拆解业务流程，清晰呈现各环节；制订详尽标准，明确工作规范；确定关键数量，量化工作目标；找准核心要点，集中资源发力；挤出虚假泡沫，确保数据真实；"拧毛巾"式深挖，优化流程、降本增效。

表 9-18　　　　　　　　多过程业务模型系统

序号	重点	内容	具体操作
1	拆解业务流程	将从搜集客户资料到客户续费的全流程梳理出来，形成6—10个流程，每个流程大概有3—6项标准动作	找资料 电话前准备 开场白 挖需求 抛产品 解疑虑 促成交 售后维护 续费
2	制订详尽标准	每个流程的标准是什么样的？ 以意向客户标准为例	A类：谈好价格，达成共识，待付款 B类：了解产品，有预算，也有疑虑 C类：电话里沟通过，加了微信，对产品有一堆顾虑 D类：电话里沟通过，加了微信，但是不怎么回信息

续表

序号	重点	内容	具体操作
3	确定关键数量	用结果倒推过程，每个大的流程节点，需要做到多少数量才能完成销售目标？	销售：每天新增 2 个 B 类意向客户，3 个 CD 类意向客户
			主管：每日拉 8 个客户群，协助销售推进意向客户
			经理：每日拉 2 个客户群，协助销售推进意向客户
4	找准核心要点	能够承前启后，要将串起整个客户转化路径的核心节点找出来	找客户要资质入驻
			优惠申请表/标杆企业申请表
			销售给客户承诺/客户找销售要承诺
5	挤出虚假泡沫	月初报上来的业绩里存在不少泡沫	把销售提交的意向客户表中的水分挤掉，真实预测业绩达成
6	"拧毛巾"式深挖	月底做到颗粒归仓	打光最后一颗子弹，冲刺到极致

9.8 新人如何快速成长

作为管理者，对于刚入职的新人，一定要抓好其心理建设，促进良好行为习惯的养成。要引导新人树立积极向上的工作态度，坚持每日总结复盘，有问题时主动寻找解决办法。鼓励新人持续练习，通过听优秀录音并撰写心得提升业务能力。同时，叮嘱新人做到嘴甜、手勤，以热情积极的态度对待工作与同事。如此，新人才能快速成长，成为团队的中流砥柱。具体方法见表 9-19。

表 9-19　　　　　　　　　新人快速成长的方法

要求	方法
什么都别怕，积极上电话	部分销售新人瞻前顾后，怕自己不会措辞，遭到别人拒绝……这个阶段就是要拿客户练心理素质，练说辞练心态。这个时候就只有一个目标：我要打电话，我要和客户沟通

续 表

要求	方法
每日勤总结，成长一定快	每天把在打电话的过程中遇到的不会回答的问题记下来，然后向有经验的前辈请教，总结经验，您的成长一定比同龄人快3—5倍
寻找解决方案	不会的问题找主管或同事请教，当天的问题必须找到答案
练习	这是最重要的，找到问题的答案不代表就会了，立刻找主管或同事去做电话练习或者面对面练习话术，直到熟悉为止。我在做新人的第一年，我每天都找领导和同行讨论练习，晚上回家坐公交车时都在自言自语地练话术
听录音，写录音	一周听3—5通优秀录音，同时把录音里好的话术写下来，仔细琢磨，我当初做销售的时候坚持这么做，对我帮助也很大
嘴甜勤快	在新人阶段，是我们可以最大化能接受帮助的时刻，在公司对待领导和同事嘴甜点、勤快点，每天多总结、多练习、多请教，同时打电话时要有一种初生牛犊不怕虎的精神，您的第一单不会太远

第十章 沟通管理

10.1 80%的管理难题，源于沟通问题

在管理中，约80%的难题皆由沟通问题引发，多数工作问题并非源于技能不足，而是由于沟通不畅。若团队缺乏良好的沟通文化，成员不愿沟通，那团队便易陷入低效、内耗的恶性循环。

沟通存在三个基本困难

其一，个体信息储备差异大。不同专业背景、职位与成长环境，造就了人们在知识储备、理解能力及思考模式上的巨大差别。与不同行业背景的人达成共识颇为困难，根源在于知识储备与思维模式的差异，这会带来较高的沟通成本。

其二，语言传输有信息损耗。文字虽有利于提升沟通效率、扩大信息传播范围，助力协作与共识建立，但承载信息有限。双方沟通时，语言从压缩到还原，依赖各自的信息储备，过程必有信息损耗。同一词语在不同语言体系中传递时，含义易出现较大偏差，形容词尤甚，比如"很多"一词，不同人的理解各异。

其三，易陷入自我中心的思考模式，有四种常见心态体现：一是默认对方该懂，若对方不懂便懒得沟通；二是自认为讲得清楚，对方不懂就是对方的问题，却没考虑对方可能信息有缺；三是"自尊（自卑）心态"，以对方不理自己为由，也不主动沟通，直接将问题归咎于对方；四是站在道德制高点，以自身的出发点好为由，认定是别人有问题。每个人都有自身的诉求，不能用出发点或心理优越感掩盖沟通本身的问题，否则易回避沟通能力不足这一关键所在。

10.2 高效沟通的三个步骤

高效沟通涵盖三个关键步骤：达成共识、明确权责、重视激励。表 10-1 将详细阐述其具体内容。

表 10-1　　　　　　　　　高效沟通的三个步骤

高效沟通步骤	具体内容
达成共识	高效沟通需达成共识。团队沟通要基于共同目标，领导者需明确目标与优先级任务并传达给下属，减少协调摩擦，还要缩小成员间的信息差，让大家劲往一处使
明确权责	无规矩不成方圆，要清晰划分每个团队、每个人的分工与责任，避免含糊其词，以防工作中出现推诿现象，这也是建立有效制度的重要环节
重视激励	激励包含物质激励与情感激励两方面。解决温饱后，情感需求更突出，情感认同利于个人进步、提高积极性。激励机制应有效、客观、合理且复杂、长久，不能只重物质或只重赞美，要避免让员工觉得管理者是工作机器或骗子。良好的沟通需要有成员的情感反馈及认可

10.3 沟通的四大法则

研究显示，企业管理者约 70% 的时间用于沟通，常见方式如开会、谈判等。并且，企业约 70% 的问题由沟通障碍所致，像工作效率低、执行力差、领导力不足等都与沟通紧密相关，所以提升管理沟通水平意义重大。

1. 威尔德定理：有效沟通始于倾听

英国管理学家威尔德认为，有效的沟通始于倾听，人际沟通始于聆听，终于回答。"他全面剖析沟通，视其有头有尾，如同有生命周期。

倾听体现谦虚与尊重，面对优秀者要仰望倾听，面对不足者要俯下身关怀聆听。善于沟通者情感丰富、听力敏锐，会主动倾听周边声音并征求意见。比如公司讨论会，首先倾听他人发言再发表看法，因倾听对沟通效果影响颇大。

2. 杰亨利法则：运用坦率真诚的沟通方式

该法则以杰瑟夫·卢夫特和亨利·英格拉姆的名字命名，其核心是相互理解能提升沟通效果。如维京集团创始人理查德·布兰森建立创意机制，成员可多渠道反馈点子，集团还有"家宴"等助力反馈的活动，极大地调动了成员的积极性与创造性，使企业受益。

3. 沟通的位差效应：平等交流保障有效沟通

美国加利福尼亚州立大学研究发现，企业中领导层信息被成员正确理解的比例很低，自下而上反馈信息的比例也低，而平行交流有效率超90%，因为互相关系平等。

在尝试建立平等沟通机制后，领导者与团队的协调沟通能力变强，在价值观等方面易达成一致，部门间信息流通更顺畅。由此可知，平等交流是企业有效沟通的重要保障。

4. 特里法则：坦率承认错误

新墨西哥州阿布库克市的布鲁士·哈威，误给请病假的员工发了全薪，发现后欲纠正，员工因财务问题请求分期扣回，需上级核准。哈威明知可能惹领导不满，但承认是自己的错，向领导说明情况。

领导起初怪罪他人，哈威反复强调是自己的错，最终领导让他解决问题。错误改正后，领导更看重他。可见，勇于承认错误，可获得领导信任，也利于消除不良氛围、解决问题。

10.4 沟通的七种情景

沟通的质量与效果对管理的质量和效果起着决定性作用，说沟通是管理的浓缩也不为过。在管理实践里，沟通既是信息传递的桥梁，更是情感、思想交流以及团队协作、决策制订的关键基石。

以下是七种常见沟通情景的操作要点与注意事项。

情景一：对上沟通

操作要点：请示工作提方案，汇报工作讲结果，总结工作述流程。

注意事项：防误解，表示衷心感谢。

情景二：平级沟通

操作要点：追求共同利益，照顾对方自尊，让对方先讲期望。

注意事项：紧密协作，及时祝贺。

情景三：对下沟通

操作要点：布置工作明标准，关心下级问过程，回顾工作谈感受。

注意事项：提前谋划，率先垂范。

情景四：冲突处理

操作要点：摒弃受害者心态，不做对抗性辩解，寻根源而非究对错。

注意事项：化摩擦为磨合，变争论为共识。

情景五：跨部门沟通

操作要点：立足协作沟通，明确职责，保障流程顺畅。

注意事项：聚焦事实，坦诚相待。

情景六：会议沟通

操作要点：明确会议目的，遵守会议议程，落实会议决议。

注意事项：鼓励发表意见，把控节奏。

情景七：商务沟通

操作要点：事前充分准备，磋商力求双赢，及时总结成交。

注意事项：提升效率，发展合作关系。

管理者需要高度重视沟通，持续提升沟通技巧，构建开放、透明、高效的沟通环境，助力团队与企业健康发展。

10.5 团建

团建是增进团队沟通的重要途径。团建类型主要有三种：目标团建、思想团建与生活团建。表 10-2 为各类型的内容及落地措施详解。

表 10-2　　　　　　　　　　　团建的分类

类型	定义	内容	落地措施
目标团建	共同的目标设定、策略规划和资源调配,激发团队的凝聚力和战斗力	启动与准备:激活团队状态,共享策略,匹配资源 执行与调整:稳扎稳打,步步为营,根据实际情况调整策略,确保目标达成 复盘与总结:兑现荣誉,及时复盘,总结经验教训,促进团队成长	设定明确、可量化的团队目标,并确保每位成员都清晰理解。组织策略讨论会,鼓励团队成员贡献想法,共同制订行动计划。定期进行进度检查和调整,确保团队按照既定方向前进。项目结束后,组织复盘会议,总结经验,表彰优秀成员
思想团建	统一的语言、符号和精神,构建共同的愿景和价值观,从而激发归属感和使命感	把我的梦想变成我们的梦想:管理者要与团队成员共享愿景,并引领大家共同努力实现梦想	定期组织文化宣讲会,深入解读公司使命、愿景和价值观。设计并推广团队特有的符号(如队徽、队歌等),增强团队认同感。通过团队活动和项目合作,加深团队成员之间的理解和信任,共同追求目标
生活团建	通过共同的生活经历和情感交流,增进团队成员之间的了解和友谊,从而提升团队的凝聚力和战斗力	促进互动和沟通的活动,如聚餐、旅游、体育活动等	定期组织团队聚餐或野餐活动,营造轻松愉快的氛围。开展户外拓展训练或体育活动,如徒步、登山、篮球赛等,增强团队协作能力。举办主题晚会或才艺展示活动,鼓励团队成员展示自我,增进相互了解

10.6　沟通艺术案例

案例一:间接表达的艺术

曹操欣赏曹植的才华,欲废曹丕改立曹植为太子,在征求贾诩的意见时,贾诩沉默不语。曹操诧异询问,贾诩称在想事情,曹操追问想何事,贾诩答:

"我正在想袁绍、刘表废长立幼而招致灾祸的事。"曹操听后会意大笑，便不再提废曹丕之事了。此案例启示我们，间接表达有时能巧妙化解难题，避免正面冲突。

案例二：表达需精准

一位黑人在沙漠中跋涉了三天三夜，又渴又饿时发现了一盏神灯。神灯称可满足他三个愿望，黑人欣喜万分，许愿：一是要水且天天能喝水；二是想变白；三是希望天天能看到女人的臀部。结果，黑人变成了一只白色马桶。这启示我们，表达要抓住要点，充分表意，有时不经意的表达可能会引发意想不到的不良后果。

案例三：倾听的艺术

美国知名主持人林克莱特访问一名小朋友，问其长大后想做什么，小朋友答要当飞行员。林克莱特又问，若飞机在太平洋上空引擎全熄火了怎么办，小朋友说先让乘客系好安全带，然后自己挂降落伞跳出去。现场观众哄笑，可林克莱特继续观察，发现孩子流泪了，询问后得知孩子是想去拿燃料再回来。全场顿时静默。这告诉我们"倾听的艺术"：一是听话别听一半；二是别把自己的想法投射到别人的话语上，要听人把话说完。

第十一章 管理抓手与工作重点

11.1 管理者的核心职责——管人、管事、管自己

身为管理者，归结起来主要承担三方面核心职责：管人、管事、管自己，见表 11-1。

表 11-1　　　　　　　　　　管理者的核心职责

管理要点	具体内容
管人要稳	1. 不做老好人：不能一味心软宽容，要在关爱与严格间寻找平衡，展现权威，确保纪律，纠正不良行为。 2. 耐心培养下属：这是一项长期任务，需耐心观察、发掘有潜力者，理解包容其难处，助其成长，内部培养骨干更具忠诚度与稳定性。 3. 允许下属犯错：错误是成长的必经之路，应鼓励下属尝试，为他们提供犯错空间与改正机会，在关键时刻给予指导支持。 4. 激励下属：通过公平、公正、透明的激励机制，如奖励、晋升等激发下属的工作热情与动力。 5. 差异化管理：根据下属的性格、能力、需求差异，量身定制岗位与发展路径，提供个性化支持，以最大化其潜力
管事要准	1. 管大事：专注核心事务，把握大局，要有战略眼光与全局思维，判断市场趋势，制订发展规划，解决内部问题。 2. 定目标定流程：基于团队与市场情况制订具体、可衡量的目标及合理流程，关注执行并适时调整优化。 3. 懂授权：基于信任下放权力与责任，激发下属的责任感与主动性，提供必要的支持指导。 4. 抓细节：细节决定成败，需敏锐观察业务细节变化，及时应对风险，关注下属的工作细节并给予指导。 5. 要复盘：定期复盘总结经验，优化策略，需开放心态，关注团队及下属表现，提供针对性的反馈建议

续　表

管理要点	具体内容
管自己要狠	1. 自我驱动：要有强烈的自我驱动力与敬业精神，主动学习成长，关注市场变化，居安思危，防患于未然。 2. 自律：正人先正己，靠坚定的意志和顽强的毅力坚守原则底线，不受外界干扰，以身作则树榜样。 3. 言行合一：持续学习提升素养，优化领导与沟通方式，做到言行一致、表里如一，凭诚信正直担责任，践行管理理念，推动团队与企业发展

11.2　量、技能、状态——管理者的三大抓手

对于管理者而言，若想追求业绩，量、技能与状态是关键的三大抓手，见表11-2。

量，即业务量的积累，是业绩增长的基础。管理者需确保团队成员有充足的业务量，如客户拜访数量、销售线索挖掘量等。只有量的积累达到一定程度，才能带来业绩的质变。

技能，涵盖团队成员的专业技能、沟通技巧、销售技能等。管理者要关注团队成员技能的提升，通过培训、分享、实践等方式，让成员不断精进技能，从而更高效地完成工作，提升业绩。

状态，指团队成员的工作状态，包括积极性、责任心、团队协作精神等。积极的工作状态能激发成员的潜能，提高工作效率与创造力。管理者要营造良好的团队氛围，及时激励与引导成员，保持团队高昂的斗志和良好的状态。

表 11-2　　　　　　　　　　管理者的三大抓手

抓手	具体内容
量	含数量、质量两层含义，先求客户数量再求质量。优质客户源于大量客户的积累。不能仅依赖少数"好客户"，因销售判断有差异、未付款存在变数、复制性不确定，且技能靠大量拜访提升。业务各流程要定量，依业务目标和流程倒推，如按"3861法则"开展工作与监控，确保结果

续表

抓手	具体内容
技能	客户转化率很关键，关乎客户不同阶段的转化情况，技能影响转化率。提升业绩的常用方法包括培训、加大拜访量等。技能需细化且有颗粒度，贴合业务流程各节点，依据市场反馈提供对应培训，如邀约客户时用二选一法则效果更好
状态	在业务执行中起决定性作用，影响技能与勤奋度。状态管理分为三部分： 1. 客户状态，接触客户时其心理活动至关重要，如恰当的开场可避免反感。 2. 员工状态，可与量结合激励，算清拜访、打电话对应的收入，让员工重视过程并努力。 3. 管理者状态，因材施教，不能因员工的小问题、业绩暂时落后就心急批评

11.3 定目标、追过程、拿结果——管理者的"三板斧"

业务管理者的"三板斧"——定目标、追过程、拿结果，是一套卓有成效的管理方法，见表11-3。

定目标：作为业务开展的基石，目标宛如领航的灯塔，为团队指引方向。管理者应融合公司战略、市场态势与团队实力，设定清晰、量化且富有挑战性的目标，如明确特定时段内的销售额、市场份额增幅或新客户开发量等。清晰的目标能让团队成员明确方向，凝聚合力。

追过程：目标既定，过程把控尤为关键。管理者需密切留意业务各环节，借助有效的监控机制，实时掌握进展。定期检查销售团队的客户拜访量、跟进情况，分析推广活动效果。一旦发现问题，即刻调整，如优化流程、开展培训、调配资源，保障业务稳步迈向目标。

拿结果：这是业务的最终归宿。前期的所有付出都是为了收获成果。管理者要严格评估结果，依据达成情况给予奖惩。达成或超越目标，及时给予物质与精神奖励，激励团队奋进；未达标则深入剖析原因，总结经验，为后续业务提供借鉴，推动团队持续进步，提升业绩。

表 11-3　管理者的"三板斧"

"三板斧"	具体内容
定目标	定目标是管理的起点，好目标须具备以下特点： 1. 上接战略，将公司战略拆解并承接到具体工作中，助力战略实施。 2. 下连绩效，与员工绩效挂钩，激发员工动力。 3. 全员认同，连接企业、团队、个人梦想，体现价值。 4. 符合 SMART 原则，明确、可衡量、可达成、相关、有时限，避免失控。 5. 贯穿八个节点，明确关键结果、衡量标准及各阶段的检查、评估标准，让成员知做法与时间
追过程	抓过程指执行目标时的日常管理、监督与指导，确保方向正确，核心是抓关键： 1. 改习惯，定期与成员沟通，高频关注目标任务，按天抓过程、按周抓结果，防动作走形。 2. 抓关键，把握业务的关键动作与指标，避免被琐碎事务干扰拖慢进度。 3. 抓本质，找到问题的底层逻辑，助力员工明确任务、解决困难、优化工作方式，保障成果达成
拿结果	拿结果是管理的核心目标，管理者要： 1. 赋权，下放权力，让员工自主决策，激发其责任心与创造力。 2. 赋心，赋予员工心力，助其建立工作热情与信心，让员工从内心理解并奋斗。 3. 赋才，提供技能培训学习机会，提升员工的能力，挖掘潜力，推动结果达成。 4. 赋利，依靠公平的考核机制，给予合理的回报，认可并奖励员工的努力，提升团队凝聚力与战斗力

11.4　月初、月中、月末的工作重点

有经验的销售管理者深知，不同的时间节点，工作重点各有不同。我认为，要实现团队效率最大化，需精准把握以下三点：月初聚焦"破零"，鼓励团队成员迅速开展业务，实现业绩从无到有；月中抓好"积累"，确保业务量稳步增长，为冲刺阶段筑牢基础；月末全力"冲刺"，集中力量攻坚，力求达成甚至超越业绩目标，详见表 11-4。

表 11-4　　　　　　　　　　不同时间节点的工作重点

时间阶段	应抓事项	重点	如何抓	工作重点
月初	目标规划与任务分配	明确业务目标，合理分解	1. 召开团队会，传达目标，共同拆解至个人，设子目标。 2. 制订计划与时间表，定任务优先级和节点	聚焦"破零"推动团队尽快实现全员破零。 1. 月初破零和月中才破零，最后的结果是不一样的。 2. 要把任务前置，月初就开始冲刺，月中或月底再冲刺的话就来不及了。 3. 月初的状态很重要，快速地让团队进入开单的状态，保持开单的"手感"
	提振团队状态	激发成员积极性	1. 一对一沟通，了解需求。 2. 分享案例，设立奖励机制，认可优秀成员	
	资源筹备	保障业务开展	1. 评估资源，提前协调。 2. 合理安排人力	
月中	进度把控与调整	掌握进展，纠偏策略	1. 周会汇报进度，对比计划，分析偏差。 2. 针对落后任务补救，依据情况调整目标计划	着重"积累"，督促团队做好过程管理，持续积累客户资源。 1. 有明确清晰的过程指标要求，比如电话量、拜访量、微信量、AB 类、CD 类意向客户的积累等。 2. 做好日常过程检核，制订红黑榜，及时执行奖惩措施。 3. 持续盘点存量客户和增量客户的跟进情况，找到客户签约的关键卡点、需要的支持政策等
	团队协同沟通	提升协作效率	1. 组织团建，增强默契。 2. 鼓励经验共享，解决矛盾，构建沟通渠道	
	客户关系管理	维护老客，拓展新客	1. 了解客户满意度，处理反馈意见。 2. 主动沟通需求，分析市场找新机会	

续　表

时间阶段	应抓事项	重点	如何抓	工作重点
月末	业绩评估总结	客观评价业绩	1. 按目标标准评估，开总结会。 2. 写报告汇报，分享成果经验。	发力"冲刺"，带领团队集中转化意向客户，全力向更高目标发起冲刺。
月末	问题复盘改进	找问题，定措施	1. 深入复盘，分析问题原因的影响。 2. 制订改进计划，明确责任和节点，跟踪执行。	1. 月底是最好的时间节点，建议梳理最近两个月的重点客户，逐一触达。 2. 管理者下沉一线，协助销售谈单，拿结果。 3. 打光最后一发子弹，确保所有客户跟进出明确的结果，不留遗憾
月末	下月规划筹备	提前布局下月	1. 依据本月情况定下月目标计划。 2. 规划资源，沟通重点方向。	

11.5　五个业绩增长技巧

若想实现业绩增长，可从以下五大技巧着手。

第一，画出作战地图：全面梳理业务流程、目标市场、客户群体及竞争对手等要素，画出作战地图。此图能清晰展现业务各环节、潜在机遇与挑战，让团队成员对业务布局一目了然。

第二，全能个人变成专才团队：在复杂多变的市场环境下，全能型人才难以在各方面做到极致。打造市场分析、客户关系维护、产品研发、销售技巧等领域的专才团队，发挥成员专业优势，形成强大协同效应。

第三，卖单个产品到卖解决方案：从销售单一产品转向提供全方位解决方案，满足客户多元需求。如今客户购买产品，不仅关注产品本身，更看重配套服务与问题解决办法。

第四，逐个突破转向大批量复制：摒弃逐个突破的传统做法，项目或市场区域成功后，提炼其可复制的核心要素与流程，快速推广至其他项目或区域，实现业务规模化拓展。

第五，优秀个人变成优秀组织：将优秀个人能力与经验转化为组织核心能力。构建完善培训体系与知识共享机制，塑造积极企业文化，使优秀个人智慧与技能在组织内广泛传播。

表 11-5　　　　　　　　　实现业绩增长的五大技巧

技巧	具体内容
画出作战地图	想要业绩倍增，首先要画出作战地图，帮助全盘思考竞争局势。明确目标客户、触达渠道、提升曝光及客户体验的方式等。规划好品牌、渠道等策略可构建网，提升赢单率。作战地图含客户诉求、解决方案、作战打法等部分，且细化各环节，落实到年度关键任务，让各部门明晰重点工作
全能个人变成专才团队	招聘全能人才（如销售承担多角色）会变得艰难，宜转成专才团队，分工协作更易招聘培养。全能人才虽看似省人力，但成本高，因其投入关键事务时间少，价值与薪资不符，如工业化流水线提高效率、保障品控一样，企业发展也需从全才向专才转变
卖单个产品到卖解决方案	很多企业从卖单一产品起步，易遭遇同质化、利润透明问题，卖解决方案（产品＋服务）可不同，能降维打击。如农夫山泉打造品牌形象，广告公司可提供年会一条龙服务，帮客户提高效率，实现更高价值
逐个突破转向大批量复制	单个项目难赚大钱，可提炼共通部分快速复制。如机场项目提炼数字化转型方案，在多机场复制提升占有率。企业要聚焦行业客户，做擅长的事并复制
优秀个人变成优秀组织	业绩规模化增长＝每人卖得多×卖的人多。关键是让卖的人变多。销售团队要做好以下几点： 1. 销售动作标准化，如规定拜访大客户前的准备动作，形成销售打法白皮书。 2. 提供销售工具支撑，如产品介绍等营销材料。 3. 开展内部训战，内化标准打法与工具。 4. 实现销售管理工作标准化，如销售漏斗等管理。规模化增长的关键在于销售相关标准化，避免成果依赖个人，便于复制经验

11.6 目标动态管理

目标动态管理，关键在于四步：一看数据，精准把握目标执行情况；二找缘由，深入剖析数据背后成因；三补差距，针对性制订措施缩小差距；四做迭代，依据经验持续优化目标，见表 11-6。

表 11-6　　　　　　　　　　　目标动态管理

目标动态管理步骤	具体内容
一看数据	数据是洞察现状的窗口，也是目标管理的基石。销售团队的销售额、客户转化率、新客户获取量等数据能直观呈现业务状况，可借此发现销售淡旺季、产品受青睐程度等。例如某产品某季度销量下滑，可依数据初步锁定问题，为后续分析指引方向
二找缘由	要追根溯源找关键，深入探寻数据背后缘由。若产品销量下滑，可能是市场竞争加剧，对手产品更优，或是内部营销欠佳，宣传未精准触达客户，抑或产品自身有缺陷，如功能、质量方面的问题。只有精准找出原因，才能针对性地解决问题
三补差距	明确原因后制订策略促提升。若遇竞争，可提升产品差异化、优化服务；营销不足就加大推广投入、拓展渠道、创新宣传；产品有缺陷则及时研发改进、提升品质，以此逐步缩小与目标的差距
四做迭代	采取措施后要评估效果，收集新数据与之前对比。若差距缩小，总结经验；若未达预期，重新审视原因与策略，持续循环迭代，让目标管理更贴合实际，推动业务持续进步

11.7 三定、三抓、三带、三放——优秀管理者的策略

优秀的管理者需要践行"三定、三抓、三带、三放"的策略。这一策略不仅能提升团队整体效能，还能促进成员能力发展，助力团队稳步达成目标。表 11-7 详细阐释了这一策略。

表 11-7　"三定、三抓、三带、三放"的策略

管理要点	具体内容
三定	**定目标**：目标是方向，定目标要清晰、可衡量，越往下越具体。忌惜字如金、口号式目标，否则难以激发行动力，如只说提升部门业绩却无具体数字和时间限制。 **定计划**：有目标需有实现路径，计划是指引团队前进的明灯，若无清晰的计划，易陷入混乱，万事有计划，目标才不落空。 **定责任**：目标、计划明确后要责任到人、具体到事，避免责任分散效应，明确谁做、何时完成、做到什么程度及完成标准，三者需同步推进，保障团队目标感与行动力
三抓	**抓培训**：能力支撑很关键，培训要贴近实战，解决员工能不能干的问题，不能仅讲理论，要教实用场景、表达感情及状态等，让员工知道如何与客户沟通。 **抓执行**：执行力衡量团队效率，执行中易找借口，要"无借口"执行，管理者需常督促检查，确保计划落实，最难的是坚定不移地执行并圆满完成任务。 **抓考核**：通过考核掌握团队成员能力，多数人有惰性，靠考核驱动，借此分清团队中20%优秀、70%老黄牛、10%末位员工
三带	**带梦想**：带团队先带梦想，梦想是工作的原动力，若员工觉得目标与自己无关，则容易动力不足，管理者就要挖掘员工价值与需求，激发原动力。 **带士气**：士气是作战的基础，团队士气不振则计划无用，好团队在逆境中士气仍高涨，对战斗和胜利充满渴望和信心。 **带人心**：带团队要带人心，人心易被忽视却很重要，人心齐才有"1+1>2"的效果，各自为政难成功
三放	**放低身段**：管理者不能有"官味"，权力由群众赋予，要敬畏，成熟的管理者会卸下"官威"，放低身段，否则团队会离心离德。 **放下戒备**：管理者不应把下属当作对手，怕被取代而打压表现好的下属，优秀的管理者会思考复制优秀人才，把业务做大。 **解放双手**：管理者事必躬亲不可取，精力有限，要通过授权解放双手，激发团队主动性，给下属锻炼的机会，让自己专注于必要的事务，避免成为团队发展的瓶颈

11.8 提案大赛：激发团队潜能，推动业务发展

销售团队举行提案大赛意义重大。一方面，它能提升团队专业素养。成

员为准备提案，需深入研究客户需求、行业趋势，可锻炼信息收集、分析和解决问题的能力，产出更高质量、更具竞争力的方案，提高赢得订单的概率。另一方面，提案大赛可有力促进团队协作与沟通，打破部门壁垒，成员发挥各自优势共同完成任务，增强团队凝聚力。同时，激发创新思维，鼓励成员提出独特方案满足客户变化的需求。还可为选拔人才提供平台，让优秀成员脱颖而出。从客户关系角度看，提案大赛使成员更关注客户，提供贴合需求的方案，增进客户信任。从公司角度看，提案大赛有助于明确工作方向，成员将个人与团队目标结合，还能展示公司的实力与创新力，提升品牌形象，吸引更多大客户，推动业务持续发展。

下面给大家分享一下2025年3月，笔者在团队举行提案大赛的过程。

活动目的：为了提升团队的专业能力，激发团队成员的创新思维，增强团队凝聚力，同时为企业合作提供更具竞争力的方案，特举办此次提案大赛。通过比赛，选拔出优秀的提案，为部门的业务发展提供有力支持。

分组：共7组（华南1组，华南2组，华北1组，华北2组，东区1组，东区2组，华西1组，华西2组，郑州分公司，泉州分公司）

活动安排：见表11-8。

表11-8　　　　　　　　提案大赛日程

阶段	时间节点	具体内容	负责人
活动启动	2月28日	宣布活动开始，明确比赛规则、评分标准和奖励机制，各小组确定提案方向	朱小丰
准备制作	3月1—4日	各小组进行客户需求调研、参考装修行业分析报告、数据分析，撰写提案（PPT+书面报告）	
提案提交	3月4日 23:00前	各小组提交提案至指定邮箱，文件命名格式：小组名称+提案主题	
小组演练	3月5—6日	每天早会、午会、晚会在小组内组织演练	
提案决赛	3月7日	7个参赛小组进行决赛	
决赛颁奖	3月7日	决赛评选出第一、第二、第三名，由评审团颁奖	
提案大赛复盘	3月8日	组织主管、经理、运营一起复盘活动得失，提炼经验和方法论	

评审标准

创新性（30分）：提案是否具有独特的创新点？能否为招商和装修公司合作带来新的思路？

可行性（25分）：提案是否具备可操作性？能否在实际业务中落地执行？

市场潜力（20分）：提案是否具备市场竞争力？能否为公司带来显著的商业价值？

执行计划（15分）：提案的执行计划是否详细、合理，能否有效推进？

团队协作（10分）：团队在提案准备和展示过程中的协作能力。

奖项设置

一等奖（1名）：3000元奖金+奖杯+证书。

二等奖（2名）：2000元奖金+奖杯+证书。

三等奖（3名）：1000元奖金+奖杯+证书。

提案大赛结束后成效显著。团队专业能力提升，对产品和客户需求的理解更加深入，提案技巧也有了很大进步，产出高质量方案。业务拓展顺利，凭借优质提案赢得更多大客户合作，订单量与规模增长。团队协作紧密，成员沟通加强，凝聚力提升。创新思维迸发，带来新方案与发展思路。人才选拔培养更有效，潜力员工获得机会。客户关系稳固，服务贴合需求，满意度提升。公司品牌形象提升，展示出专业性与创新力，增强了市场影响力，为长远发展奠基。

第十二章　团队激励

12.1　任正非的激励三句话

任正非关于团队激励有三句话：基层有饥饿感，中层有危机感，高层有使命感。

基层激励：唤起饥饿感

在谈及激励时，不少人往往直白地表示：别整那些虚头巴脑的，只要钱给到位了，其他都好商量。确实，人们对金钱或物质所展现出的那种渴望，也就是所谓的"饥饿感"，是开展工作的基本动力所在。毕竟，生活离不开钱，而金钱在一定程度上还关乎人们对"尊重"需求的实现。

例如有些从城市回到农村的打工人，原本在城市里叫Jason、Jack、Alice，回到老家后恢复了阿强、柱子、春霞这样接地气的名字。可他们开的车、送出的礼物，以及与人交流时所展现出的消费理念，都以金钱为基础，支撑起了一种别样的姿态，赢得了左邻右舍的赞叹，而这无疑满足了他们及其家人对"尊重"的心理需求。

在这方面，华为就做得相当出色。早在企业发展初期，任正非就打出了"待遇不低于外企"的招聘口号，凭借这一举措吸引了大批优秀的技术人才。时至今日，华为"高薪高福利"的激励策略依然保持如初，从未改变。

中层激励：营造危机感

当中层管理人员在岗位上干了几年，积累了一定的财富后，情况就有所不同了。相较于基层员工，金钱带来的刺激作用会慢慢变小，他们很容易陷入"保守""小富即安"的状态，进取心也会随之衰退。面对这种情况，任正非巧妙地运用"危机感"这一关键要素来化解问题，让中层管理人员时刻不敢懈怠。

具体来看，主要有两点做法。其一，秉持"一切向一线倾斜"的原则。任正非强调"让听得见炮声的人决策"，一线人员身处市场竞争的最前沿，他们能直接感知到市场的风吹草动，而把这种竞争压力传递到企业内部和后方，就能让中层人员切实感受到危机。其二，推行"能者上，庸者下"的淘汰机制。通过合理淘汰那些业绩不佳、考核排名靠后的员工，来激发大家的竞争意识。例如，华为曾经实施过工号归零的举措，满一定年限的员工主动辞职后"竞业上岗"，工号重新编序。虽然这一做法曾引发过一些争议，但也充分彰显了华为"以奋斗者为纲"的坚定决心。

近年来，随着外部环境传递进来的危机逐渐增多，华为自行"制造"危机的动作才相对减少了些。不过，一直以来，华为用"危机感"持续刺激管理人员，这种反向激励的方式，有力地推动了华为在行业内不断取得新的突破。

高层激励：塑造使命感

对于高层管理人员而言，他们大多已经在一定程度上实现了财富自由。要是还像对待中层那样，主要以"危机感"来作为激励手段，恐怕难以调动起他们的"主动性"。高层肩负着制订竞争策略、塑造企业文化、培养企业人才等重要职责，这就要求他们具备广阔的格局以及很强的"自驱性"。在这个阶段，"使命感"便成了实现有效激励的关键所在。

当高层怀揣着使命感时，他们就会清楚地认识到，自己的工作是在为十几万、几十万的员工谋福祉，是在为引领科技进步贡献力量，更是在为全世界人们创造更美好的生活而努力。如此一来，他们在工作中就会充满动力，并且能够站在大局的角度去思考和行事。

任正非提出的这三句团队激励话语，针对基层、中层、高层的不同特点，精准发力，巧妙地融合了人性与企业特性，无疑是华为公司始终充满冲劲、不断向前发展的关键因素之一。

12.2 正确的激励方法

身为管理者，想必都听过"下属不上进"这样的抱怨，但这时可别急着归咎于下属，不妨先反思一下，自己给予他们的到底是浮于表面的"鸡汤"，还是能真正激发斗志的"鸡血"？要知道，运用恰当的激励手段，下属往往能迸发出十足的干劲。

SpaceX 曾遭遇重大技术难题，项目进度被严重拖后，整个团队士气低落。马斯克心里明白，此刻光解决技术问题还不够，关键是得唤起团队精神层面的觉醒。于是，他召集全体成员，目光坚毅地讲道："我们可不是单纯在制造火箭，而是在编织人类探索星辰大海的宏伟梦想。每一个细节、每一次尝试，都是为了让这梦想照进现实。当下虽困难重重，但绝不能退缩，那些看似遥不可及的梦，正因为我们的不懈努力，才有望实现。"这番话恰似利刃，穿透迷雾，让团队重拾初心与使命。

马斯克不仅以言语鼓舞大家，还亲自投身研发，与工程师一同攻坚克难。最终，在他的带领下，团队突破技术瓶颈，火箭成功发射。这背后是无数次跌倒又爬起，以及马斯克持之以恒的激励与引领。

表 12-1 阐述了正确激励的 9 个方法。

表 12-1　　　　　　　　9 个正确的激励方法

激励要点	具体阐述
目标牵引	目标并非用来观望，而是用来追逐的。下属若无明确目标，就如迷失方向的北极熊。设定目标要可实现、具体且可衡量，像北极星指引方向，让下属知道距成功还有多远，全力朝其进发
及时反馈	别等年底评估，下属工作有进展就应及时反馈，如"干得不错"等，像给植物浇水，追求即时满足，具体反馈助其提升，让其知道工作获认可，更努力工作
信任感动	信任不能光嘴上说，要心里认同、行动支持。下属遇到困难、犯错时，给予信任、理解与鼓励。信任是强大的激励武器，能让下属勇敢迎挑战，收获惊喜
舍得分钱	钱是有效的激励方式，制订公平合理的薪酬制度，让付出与回报成正比，下属才会珍惜工作，努力创价值。管理者别小气，要让下属觉得付出有应得的回报
职业承诺	"升职加薪"类承诺不能是空话，要为下属规划清晰的职业路径，给其实实在在的晋升、培训等机会，让其明确努力方向，更有干劲追目标
危机驱动	适时告知下属危机，如"再不努力饭碗没了"，让其清醒认识现实，珍惜机会，激发斗志，但不是恐吓威胁，而是促其正视市场竞争的残酷性

续 表

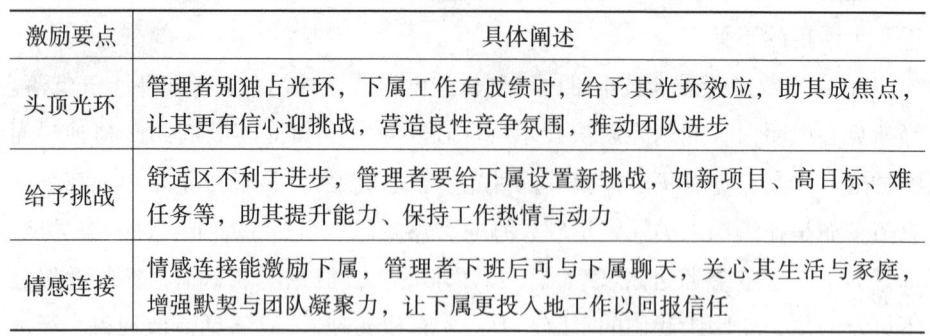

激励要点	具体阐述
头顶光环	管理者别独占光环,下属工作有成绩时,给予其光环效应,助其成焦点,让其更有信心迎挑战,营造良性竞争氛围,推动团队进步
给予挑战	舒适区不利于进步,管理者要给下属设置新挑战,如新项目、高目标、难任务等,助其提升能力、保持工作热情与动力
情感连接	情感连接能激励下属,管理者下班后可与下属聊天,关心其生活与家庭,增强默契与团队凝聚力,让下属更投入地工作以回报信任

激励不是一次性的,而是持续的过程,要持续关注并调整策略,确保下属始终斗志高昂、表现出色。要给"鸡血"而非"鸡汤"。

12.3 激励员工的八句话

真正的领导力关键在于激发他人潜能,而非凸显个人英雄主义。依靠信任、认可、担当、尊重、辅导和分享,可以点燃员工工作热情,有利于打造坚不可摧的团队。

实际上,激励员工无须长篇大论,往往只需寥寥数语,便可点燃其热情,激发其潜能。表12-2是能起到激励作用的八句话。

表12-2　　　　　　　　　　激励员工的八句话

对下属说的话	含义及做法
我相信你能行	领袖之道始于信任。优秀的管理者深信员工潜能巨大,信任不止于口头,更要在行动上支持、授权,让员工发挥能力,避免将其视为威胁,靠团队力量共创佳绩。授权是信任的有力体现
你今天干得不错	职场人渴望认可。如贝佐斯把自己比作园丁,认可团队力量。员工尽力攻克难关时,管理者要及时给予肯定,这能激励人心、巩固士气,吸引优秀人才汇聚
加油,我和你一起干	领导者面对挑战时不应退缩,要以身作则冲锋在前,像灯塔般引领团队,用行动表明"我与你们并肩作战",激发团队勇气与信心,在士气低迷时凝聚人心,共渡难关

续 表

对下属说的话	含义及做法
你这个意见非常好	团队怕大家沉默，管理者要善于倾听，别习惯性地反驳意见，鼓励员工说真话。对有效建议给予激励，让员工有主人翁意识，不管意见好坏，都给予肯定反馈，相信员工有好想法
我教你怎么干	当员工技能提升遇到难题时，管理者要反思教学方法。采用互动式辅导，如"我做你看，我讲你听，你做我看，你讲我听"的循环模式，拆解复杂技巧，耐心讲解，帮助员工内化知识、熟能生巧
功劳是你的	有些管理者爱揽功推责，这容易伤害员工自尊、引发反感。合格的管理者应不吝啬表扬，当员工干得好时，把功劳归给员工，让其有回报，激励其继续努力
我希望下次升职加薪有你	提醒员工重视自我提升，明确告知期望其通过努力获得升职加薪，为员工指明努力方向，增强工作动力
每次交给你的任务，我都很放心	向员工传达对其工作能力的信任，让员工感受到被认可，进而更积极、用心地投入工作，出色地完成任务

12.4 激励的三个谈话方式

方式一：先肯定，再否定，后反问

当面对下属提出的不太契合实际情况的想法时，可按以下方式沟通：

(1) **先肯定**："你提出的这个想法挺有创意的，里面确实有不少闪光点，值得咱们深入探讨探讨。"

(2) **再否定**："不过，结合目前的实际需求以及既定的目标来看，这个方案可能没办法达到最佳效果，或许不是当下最合适的选择。"

(3) **后反问**："你觉得要是适当调整一下方向，是不是会更贴合需求？"

方式二：先提问，再引导，后表达

在探讨相关问题时，可以这样展开交流：

(1) **先提问**："对于这个问题，您是怎么想的？有没有什么独到的想法或者建议，不妨和我说说。"

(2) **再引导**："感觉我们在这方面的看法还挺契合的，你觉得要是把咱们俩的想法综合起来，是不是更有助于把这个问题给解决好呢？"

（3）后表达："我个人是这么考虑的……您觉得要是按照这样的思路去做，是不是效果会更好一些？"

方式三：说出问题，表达希望

在指出工作中存在的问题并寄予期望时，沟通内容如下：

（1）**指出问题**："我发现这个项目里有一部分内容需要做些调整，特别是在××方面，我感觉还是存在一定的优化空间的。不过我很清楚您有能力把它处理好，相信您下次肯定能完成得更出色。"

（2）**表达期望**："这次的表格出现了一些小错误，那下次再制作表格的时候，您打算采取什么样的办法来保证它的准确性呢？我对您很有信心，相信您一定可以做到的，特别期待您后续能有更亮眼的表现。"

12.5 常规激励、项目激励和冲刺激励

在齐家网负责业务管理期间，我积累了不少有关激励团队的经验。接下来，我想把其中的常规激励、项目激励以及冲刺激励方法分享给各位管理者。这些都是实打实从实践中总结出来的，真心希望能给大家带来一些新的启发和思路，助力大家在团队管理中取得更好的效果。

12.5.1 常规激励

表 12-3 展示了一份常规激励执行方案。

表 12-3　非落地团队 2024 年 6—12 月常规激励方案

事项	对象	内容	说明	费用预算（元）	备注
通时王	销售全员	对销售的每日工时月累计最高者进行奖励。累计通时最高者评为"通时王"，获得该项激励	1. 工作日期间，主管每日统计通时，月度进行总累计计算。 2. 通时必须符合部门规定的有效通时标准	500	树立过程标杆，通过过程去拿结果，引导新员工对过程的重视

第十二章　团队激励

续　表

事项	对象	内容	说明	费用预算（元）	备注
新秀奖	入职6个月以内的销售	对月累计开单量高低进行排名，排名最高者评为"新秀奖"，获得该项激励	1. 根据月新开单量排名，取排名最高者。若单量相同，取到款金额最高者；若金额相同，取到款时间靠前者。 2. 新开计算。符合公司规定的新开标准（包含回流）	500	入职6个月以内的新员工里，选拔出开单最多的员工进行激励
新开王	销售全员	对月累计新开单量高低进行排名，排名最高者评为"新开王"，获得该项激励	1. 月累计新开单量排名，取排名最高者，若单量相同，取到款金额最高者。 2. 新开计算。符合公司规定的新开标准（包含回流）	500	业务的核心在于招商，鼓励新开是关键
续费王	销售全员	对月累计续费金额高低进行排名，取排名最高者评为"续费王"，获得该项激励	1. 月累计续费金额排名，取排名最高者。 2. 续费计算。以符合公司规定的充值到款（虚拟币）为准	500	铁杆客户工程是关键，选拔出客情关系维护最好的销售员工，续费率是重要的指标之一
优秀团队奖	团队	对当月收入基准值增长率最高的团队进行奖励	1. 当月收入基准值增长率排名，排名第一的团队，获得该激励。 2. 收入计算。以BI系统、财务等部门给到的收入确认版本为准	500	鼓励小团队主管做业绩增量，对于增幅高于20%以上的团队，进行重点激励
大单激励	销售全员	对当月开大单最多的个人进行奖励	当月销售大单到单量排名，对前3名进行奖励：第一名奖励800元；第二名奖励500元；第三名奖励300元	1600	鼓励开大单，提升大盘收入

续表

事项	对象	内容	说明	费用预算（元）	备注
开单激励	入职3个月以内的销售	新手保护期到单激励	当月到单： 到单2个，激励奖金200元/单； 到单4个，激励奖金300元/单； 到单5个及以上，激励奖金500元/单	1400	鼓励入职3个月以内的员工快速开单，提升新同学留存率，从而提升团队稳定性

注：适用时间为2024年6月1日—12月31日

12.5.2 项目激励

表12-4是一份项目激励的具体执行方案。

表12-4　非落地团队2024年10月项目激励方案

项目类别	内容与要求	奖惩规则	相关进度规划
表扬信/感谢信	每人每月至少获取3封客户手写的感谢信	感谢信最多的前3名 第1名：奖励8条主动咨询的客户线索 第2名：奖励6条主动咨询的客户线索 第3名：奖励5条主动咨询的客户线索	10月1日，宣讲与使用方法模拟演练 10月10日，复盘数据 10月13日，改进计划 10月17日，复盘数据 10月31日，汇总数据落实奖惩
百城百人百故事视频征集	邀请老客户录制一段3分钟以上的视频，讲述跟我司合作的故事，以及跟我司合作之后，给自己公司经营带来了哪些改变，要求内容积极向上，有感染力	拍摄视频最多的前3名 第1名：1000元 第2名：800元 第3名：500元 每位员工本月提供不低于1条视频，低于1条视频的同学，下周一大早会表演才艺	

续　表

项目类别	内容与要求	奖惩规则	相关进度规划
优秀案例输出	每个人至少1个客户成交案例	输出案例1个奖励200元 总额度2000元，先到先得	10月1日，宣讲与使用方法模拟演练 10月10日，复盘数据 10月13日，改进计划 10月17日，复盘数据 10月31日，汇总数据落实奖惩
转介绍项目	每个人至少1个转介绍客户	转介绍成交1个客户奖励200元 总额度2000元，先到先得	
转发朋友圈	让新老客户帮忙转发自己的朋友圈 附上自己的联系方式	客户转发1条奖励50元 总额度200元，先到先得 销售拿截图到主管和运营处复核	

12.5.3　冲刺激励

非落地团队 2024 年 10 月末冲刺激励方案

激励范围：全体销售。

激励金额：10000 元。

激励时间：2024 年 10 月 28—31 日。

激励检核：以客户付款凭证为准。

激励方案：按照收款总额的 5% 兑现，先到先得，10000 元用完为止。

12.6　激励框架与案例

激励框架

表 12-5 为激励库的案例框架，各位管理者可以充分发挥想象力和创造力，从上面的维度进行思考，针对性地给出一些激励的方式和方法，验证有效后总结成案例扩充到自己的激励库中。

表 12-5 销售的激励框架

阶段	表现	团队 正向 物质	团队 正向 精神	团队 反向 物质	团队 反向 精神	个人 正向 物质	个人 正向 精神	个人 反向 物质	个人 反向 精神
启动阶段	差								
启动阶段	中								
启动阶段	优								
过半阶段	差								
过半阶段	中								
过半阶段	优								
冲刺阶段	差								
冲刺阶段	中								
冲刺阶段	优								

激励案例

场景一：月初公司任务下达，要求业绩同比、环比增长

特点解读：每个月都应该制订匹配任务分解的月度激励计划，以满足部门整体任务的要求，使员工保持良好的工作状态去突破业绩最高数值。

关注重点：

①多交流沟通，了解员工最想要的东西。

②由于是月度激励，监督和执行很重要。

③需要物质激励和精神激励结合，不能单一。

④以正面积极激励为主。

案例

背景：A 部门成立半年多，业绩一直平平，只有一个员工业绩还不错，大部分员工业绩一般，甚至无法完成公司的平均单产。所有员工都得过且过，没有信心完成更多订单。

行动：鉴于部门情况制订了以下 2 个激励政策。

业绩提升奖励：只要能在之前平均业绩的基础上提升 2 单，就可以获得一份由员工自己提出的价值 100 元以内的奖品，还可以提 1 个精神方面的要求（比如经理唱歌给他听或者跳舞等）。

设置相互鼓励原则：2人一组，若组内有人突破了历史最高单量，队友可以获取小礼物或者电影票一张。

将部门分为5个小组：业绩最好的小张和最差的小红一组，最活跃的小朱和最沉闷的小李一组，关系最好的小孙和小钱一组，能力强的小陈和经常被辅导的小钟一组，最后2个比较波动的小风和小段一组。分组完后向所有人说明规则后开始实施，做好数据统计，告知每位员工目前的业绩平均值以及需要突破的业绩和相差单数，并且找到每个小组内业绩稍差的员工，要求他每天都询问一次队友什么时候能突破。

结果：有6个人突破了历史最高的单量，所有人都追平了自己的平均业绩，部门也在业绩上有了长足的突破。

经验总结：

分组：主要利用员工之间的相互督促和监督，运用爱面子的心理来对员工进行激励，让大家突破业绩。

激励：利用员工喜欢物质激励和喜欢捉弄经理的诉求来激励员工。

场景二：月初第一周，快速提升团队出单速度

特点解读：第一周团队整体懈怠，过往订单积累不足。如果第一周业绩情况不理想，会直接影响全月任务完成情况，因此需要快速提升整个团队的出单速度。

关注重点：

①要多关注，多沟通，多刺激。

②营造一个良好的竞争氛围，帮助未破零员工。

③多做一些过程指标和部门员工破零率的对比。

案例一

背景：B部门在3月第一周只有一两名员工破零，整体业绩进度缓慢。员工自身压力很大，但态度松懈，没有危机意识。

行动：经理找到自己部门和优秀部门的过程数据进行对比，发现部门员工在工作效能和业绩上有很大的问题，随后找到部门典型态度差、没有业绩和态度好也没有业绩的销售进行了多次沟通，发现部门人员月初心态松懈、没有激情、缺乏欲望，最后采取物质和非物质的双重激励手段。

①月初破零奖励：月初破零员工获得电影票。

②破零抽奖：礼物为员工喜欢的小礼物。

③破零员工分享：破零员工分享经验，未破零的员工规划破零的具体时间和客户，接下来怎么做才能破零，经理严格把控员工的过程数据的达成情况。

④压力激励：给予压力，比如"回炉"、优胜劣汰、末位淘汰。

结果：B部门员工破零率提升，员工相互之间形成你追我赶的良好的竞争氛围，部门整月的业绩得到快速有效提升，后续几个月积极性也持续提高。

案例二

背景：5月第一周结束了，C部门的总业绩只有4单，还有8个同事没有破零，第二周面临月过半，部门离月过半目标还差20单，怎么做才能让部门员工全员破零，完成月过半任务？

行动：

①在周五的晚例会上，从日常电话数据和新增意向客户上来肯定大家的积累成果，并鼓励大家下个星期就是部门的爆发。另外告知员工，第二周就是月过半了，部门离月过半还差20单，也就是每个人承担2单的任务，部门就可以顺利完成月过半任务。

②部门8个没有破零的员工，先每人上交50元到部门，只要在星期三之前破零了，马上可以全额领回这50元；在周四和周五破零的员工，可以领回30元；剩下的20元是本周商机达到4个以上可以领回。反之则作为部门经费；如果到周五还没有破零，本周商机达到4个以上，可以领回20元，反之则50元都作为部门经费。

③部门现在破零的是2位新员工，将没有破零的8位员工分成两组，分别由小幸和小群来带领PK，并由小幸和小群每天提醒破零进度，最终破零最多的组，可以享受另外一组为其带早餐两次，以及经理奖励每人优益C一瓶。

④本周破零的同学可以在部门早会进行分享，早会前组织人员可以跟破零人员沟通好，让其多给大家传递正能量，来提升大家的士气。

结果：团队氛围提升，每个人当月的业绩比之前月份的平均业绩增长了20%。

经验总结：

①经理准备充分，了解员工的未破零的情况并给予激励。

②经理目标明确，正反向激励灵活运用，很好地刺激了员工，部门业绩持续提升。

③经理对整体及个人的数据指标把控到位，及时发现问题、解决问题。

④经理充分使用非物质激励，调动部门员工的积极性，比较人性化地让部门员工接受。

场景三：月中部门业绩进度快于公司进度，会议周业绩突破

特点解读：D部门月中业绩进度已经顺利过半，并且在当月的排名靠前，团队的士气比较足，破零人数多，在公司各团队中处于领跑的情况。

关注重点：

①应该更加关注领跑公司前三的团队的单量，时刻用第一名的单量来激励团队设定更明确的会议目标。

②给团队设定一个更高的目标作为团队奖励，一方面关注公司方面的激励资源有哪些，不断引导团队去获取，同时运用目标愿景来做激励，比如拿下会议周奖励，可以获得500元购物卡，让团队畅想500元拿来做什么，把目标具体化。

③鉴于团队士气高昂，建议设定会议周个人订单突出奖，奖励礼品，作为逼单资源，以正向激励为主。

案例

背景：D部门在第二周月过半时业绩已经达标，团队中的每个人都已经成功破零，并且在公司业绩排名第四。第三周制订会议周的激励方案，要做到人均2单。

行动：在第二周的周五晚上，经理就要开始为第三周会议周做好宣导预热，并且分析当前前三名的单量差距，告诉每个人如何在会议周做到人均2单。

①经理先和团队透露本月会议周到单的前三名可以获得500元购物卡奖励，让大家讨论拿下这些奖励后去做什么。

②告诉团队经理手上的礼品资源，部门个人单量突破2单，并且排名前五名的销售，可以每人申请一个大件礼品作为第四周的逼单资源。

③最后和团队确定好会议周的奖励重点和会前、会中、会后的出单目标，并鼓励团队要全力以赴做好会议！

结果： 团队顺利在第三周完成20单的出单任务，排在公司第二名。

经验总结：

①目标视觉化：如果团队共同讨论出来了一件目标实现之后想去做的事情，应该将其视觉化，并且打印张贴出来，时时在提醒、激励团队。

②目标细致化：既然采取目标激励的方式，那么一定要在目标表格方面做得更细一些，时时提醒，时时关注对手的订单来刺激团队，并且对于订单最多的同事，要时时宣导、表扬、放大，刺激团队做好会议周的冲刺！

场景四： 部门业绩低于公司平均业绩进度，会议周业绩赶超

特点解读： 本月工作日已经过了一大半，部门业绩进度低于公司平均业绩太多，员工士气低落，完成本月部门任务比较困难。在第三周的周五有一场酒店会议，部门能否赶超业绩就看是否能抓住此次会议的机遇。

关注重点：

①注重员工对会议重视度的宣导，树立危机感。

②分析部门员工出单工龄结构，采取分层的激励方式。

③适当地运用一些反向激励。

案例一

背景： 本月工作日已经过去一大半了，E部门的业绩进度低于公司的平均业绩进度，部门还有3名员工没有破零，另外有一个员工面临"回炉"，此时部门的士气低落，在本月第三周星期五公司有一场酒店会议，但是部门之前会议周做得最好的一次只拿到了14单，部门需抓住此次会议赶超进度。

行动：

①在周一晚上召开会议动员大会，告知员工目前部门在公司的排名情况是公司倒数第5名，总业绩低于公司平均订单4单，想要通过此次会议赶超进度，必须做到18单，人均必须做到2单。

②经理协助团队分析需要邀约多少回执、到场几个客户才能做到2单。

③针对部门3名未破零的新员工，经理邀请了大部门做会议很优秀的员工进行专门的会议邀约辅导。承诺会议周超额完成个人任务前三名的员工，可享受会议周后一次6点准时下班的权利，部门的礼品配额可以优先选取促单。本周没有完成任务的个人，参加噩运大抽奖。

结果： 团队超额完成定下的目标，到了19单，成功地赶超了公司的平均

业绩进度1单,并且全员破零,"回炉"员工成功脱险。

案例二

背景:时间已经月度过半,F部门只有8个人破零,没有个人业绩标杆,2名新员工还未破零,部门过去会议的最高单量是18单,但近几次会议做得并不理想,并且大家对会议的响应不是特别积极。

行动:

①经理在周五晚会前先找到2名部门组长沟通好这次会议的重要性,以及准备好会议邀约的关键点。

②晚会时,先让每个人真实地说出对本次会议的想法,然后经理要对大家的想法表示理解,同时分析本月的业绩进度,确立每个人应该承担的任务,引起大家的重视,由组长带头分享做会议的关键。

③经理通过明确每天的回执标准、目标和时间节点来把控回执的邀约进度,要求每人每天发出10份传真,每日11时、16时检查传真的回执,没有回执的同事站立邀约1小时。

④对于2名未破零的新员工,给予更多的邀约配合支持和礼品支持,促进到单。

结果:部门成功邀约40份回执,并且在会议当天收款9单,会议当周收款19单,成功赶上业绩进度。

经验总结:对于部门业绩已经靠后的团队来说,会议是奋起反击的最后机会,所以危机感的树立尤为重要。在做激励的时候要注意加强对部门现状的分析,在设立具体激励方案的时候注意做好分层激励,并适当运用一些反向激励。

场景五:到月中,部门订单进度没有达到50%,订单进度需要跟上时间进度

特点解读:老员工未能起到带头作用,部门士气比较低落,商机和订单进度没有跟上时间进度。

关注重点:

①重点提高商机输出。

②关注及重视老员工的影响力,推动老员工起带头作用。

③关注部门氛围和员工的积极性,增强员工的信心,在部门传递正能量。

案例

背景：

①G 部门意向客户积累不够，员工电话过程指标回落。

②商机输出低，到单不理想，出单不连贯，每天 1 单或者 0 单，部门氛围压抑。

③老员工未能起到带头作用，商机输出与订单均不理想。

行动：

①趁新人都去参加培训的时候，单独给老员工开会，让老员工自己说出进度落后的原因，多鼓励、多肯定他们。引导老员工提升电话过程指标，提高商机输出，为新人做榜样。

②让目前订单比较理想的新人在早会上做分享，多表扬、多肯定，侧面刺激部门员工。

③提高商机输出，进行商机 PK，新老员工两两搭配，获胜者可以赢得下周每人一次 6 点钟下班的机会，当天外派 2 单的员工，经理第二天给该员工买早餐。

④团队一起回忆之前月中爆发的成功案例，增强大家的信心。

结果： 团队氛围提升，次周跟进业绩进度，本月超额完成业绩任务。

经验总结：

①运用物质激励，完成 2 个外派既有免费早餐，调动了部门员工的积极性。

②运用精神激励，让新人做分享，侧面刺激部门员工。

③运用分层管理，正面引导新老员工，强化信心。

场景六： 月底最后一周部门任务完成 70%，部门氛围不好，要坚决完成任务

特点解读： 部门士气比较低落，氛围压抑，出单不理想，部门领头羊和老员工没有起到带头作用，信心不足。

关注重点：

①需要重点调节氛围和员工的积极性。

②关注增强员工的信心，在部门传递正能量。

案例

背景： H 部门月底冲单不理想，部门氛围压抑，领头羊未能发挥好带头

作用，个别员工才 2 单，完成任务困难。

行动：

①**营造氛围，树立信心。**经理利用早会时间，带领本部门全体人员去会议室观看电影《面对巨人》中的"死亡爬行"片段，看完之后让每个人说出自己的感想，经理给予鼓励和肯定的同时做出现状分析与总结："现在我们是最差的时候，即便是最差的时候也已经完成 70% 了，所以大家都不要有压力，根据以往经验，我们部门在最后一周都是爆发周，没有低于 20 单过，我们前期积累了这么长时间就等月底的爆发，现在最关键的时候到了，所有人员全力以赴，用这种永不放弃的精神，尽一切努力完成任务！"

②**小组 PK，有效激励。**经理和部门员工一起针对不同层级的员工进行月底冲刺的激励措施。在完成任务的基础上，PK 获胜的员工获得部门 200 元激励经费，以此激发员工的出单欲望和团队荣誉感。

③**个人目标激励带动团队目标激励。**本月最后一周，进行个人 PK，本周到达 3 单以上的员工获得背包奖励。同时，团队目标只要完成任务 110% 以上，部门就在月底最后一天进行娱乐沙龙活动。

④**分解任务，各个击破。**利用晚会时间，经理组织本部门员工逐一理单，针对每个单位的不同情况，群策群力共同制订跟进计划。

结果：

①部门顺利完成任务，且人均业绩提高 1.5 单，团队业绩提高 10~15 单。

②小王最后突破自己的历史单量，经理请他吃饭并在部门做经验分享，进一步刺激了小王的出单欲望。

经验总结：

①激励措施得力。

②分层激励到位。

③激励循序渐进较好。

第十三章 文化建设

13.1 文化对个体和企业深远的影响

企业文化是企业的灵魂,是企业在长期生产经营过程中形成的独特的价值观念、行为准则、道德规范、传统习惯以及与之相适应的制度与规则载体的综合,也是企业持续成功的核心逻辑和系统原则。

在管理学中有这样一句话:一流的企业靠文化,二流的企业靠制度,三流的企业靠老板。优秀的企业文化,是企业持续发展的 DNA,对企业的整体规划、价值和行为取向都能起到引导作用。

在外国人眼里,中国每年春运期间的人口迁徙的场景往往令人费解。然而,只有中国人才能深切体会到过年与家人团聚所蕴含的意义,其远远超越了长途奔波带来的劳累。这恰恰彰显出文化对个人及集体的深刻影响。它既不依靠法律的强制约束,也无关利益的诱导驱使,而是源自人们内心深处一种无形的感召,是人们做出价值判断的内在依据。

从心理学角度来讲,人作为群居动物,在群体氛围(也就是文化)的长期熏陶之下,历经漫长岁月,实现了从习惯到本能的悄然转变,而推动这一转变的关键力量正是文化所蕴含的强大影响力。

以海底捞为例,它之所以能在竞争激烈的火锅赛道中独树一帜,其独具魅力的企业文化起到了关键性作用。这种文化能够唤起、感召员工内心服务他人的自发动力,并非单纯凭借规章制度的约束或利益的诱惑,而是促使员工将行为习惯逐步转化为自觉行为。诸多餐饮从业者虽竭力学习海底捞的战略布局与商业理念,却始终无法复制其成功模式,根源就在于文化并非可以简单植入的东西。它是在企业漫长的经营过程中,通过持续引导、不断沉淀,让团队成员在不知不觉间深受感染,自然而然地践行相应行为。

胖东来秉持善待顾客、善待员工的理念，并将这种"善"的文化进行递进式的传递与表达，使"让利人利己、善有善报"的观念深入人心，让全体员工身处"善"的浓厚氛围之中，能够源源不断地发挥出主观能动性。也正因如此，胖东来已然超越了单纯的商业价值范畴，进而成为一种备受瞩目的文化现象。

13.2 从层次剖析到实施步骤

企业文化，是在企业内部为成员所共同秉持的价值观、信念、行为规范以及习惯的集合体。它呈现出三个不同层次。

其一，表面层次，涵盖那些直观可见的物质表现以及成员的行为模式。

其二，中间层次，主要体现为规章制度与各项工作流程。

其三，核心层次，聚焦于价值观以及基本假设，它们是企业文化的深层根基。

企业文化建设具有重要意义，具体体现如下。

一是增强凝聚力，当员工秉持共同的价值观时，会由此产生更强的归属感，进而让整个企业更加团结凝聚。

二是提升执行力，清晰明确的行为规范能够为工作提供具体指引，有助于提高工作效率，保障各项任务得以高效执行。

三是促进创新，在开放包容的文化氛围之中，员工的创新思维能够得到充分激发，为企业发展注入源源不断的创新动力。

企业文化建设需遵循以下步骤。

①**明确核心价值观**。结合企业的发展定位与目标，确定如诚信、创新、客户至上这类核心价值观，使其成为企业文化的核心引领。

②**制订行为规范**。把所确定的价值观进一步转化为具体、可操作的行为规范，例如规定"每周开展一次团队分享会"，让价值观切实落地于日常行为之中。

③**传播与培训**。借助多样化的方式，如组织培训活动、召开各类会议等，对企业文化进行广泛传播，确保每一位员工都能深入理解其内涵与要求。

④**激励与考核**。将企业文化融入绩效考核体系之中，对于那些行为契合企业文化要求的员工给予相应奖励，以此激励员工积极践行企业文化。

⑤**持续改进**。定期对企业文化建设的效果展开评估，依据收集到的反馈信息，适时做出针对性的调整优化，确保企业文化始终契合企业发展需求。

13.3 使命、愿景、价值观：企业文化三要素

使命、愿景、价值观可以称作"企业文化三要素"。好的"企业文化"，这三要素一定是很正的，充满了正能量。好的企业文化会源源不断地输出正能量。这股正能量能让企业克服各种困难，茁壮成长。

①**使命**。使命即公司的根本目的以及存在的理由。它有着至关重要的作用，不仅关乎公司的成败，还影响着能否赢得客户的信任以及打动客户。更为关键的是，使命有助于公司决策的制订，基于使命所做出的决策往往更利于公司蓬勃发展。而公司的使命通常源自创始人内心那坚定不移的信念。

②**愿景**。愿景所描绘的是公司在未来呈现出的形态以及对社会产生的影响。其重要性体现在，它能够驱动公司不断拓展发展规模，激发团队的内在动力，并且凭借其魅力吸引众多优秀人才汇聚。

③**价值观**。价值观涵盖了看得见的行为准则以及隐藏于背后的坚定信念。它在公司运营中发挥着重要作用，既能指导员工的日常行为，把控公司战略方向，又可作为筛选企业人才的重要依据。

13.4 裸心会、共创会、启动会：关键会议的策划与实施

优秀的管理者需重视并开好三场关键会议，分别是裸心会、共创会以及启动会，详见表13-1。

表13-1　　　　　　　　　三场关键会议

会议名称	相关要点	详情
裸心会	目的	1. 建立信任：增进团队成员间的信任与了解。 2. 解决问题：挖掘并处理团队现存问题。 3. 解决问题：增强团队凝聚力，提升战斗力。 4. 促进沟通：优化成员间沟通，提高效率。常用于新员工加入、团队低谷期或冲刺阶段精神动员等情况

第十三章　文化建设

续　表

会议名称	相关要点	详情
裸心会	策划要点	1. 时间：选周末等轻松时段，便于达到放松效果。 2. 地点：私密、舒适的户外场地为佳，避开会议室。 3. 参与人员：核心团队成员、相关部门代表。 4. 会议流程： - 破冰环节：用小游戏等放松心情，拉近距离。 - 分享环节：给定主题，如"生命年轮"，分享人生高光、低谷时刻。 - 互动环节：听完分享后回应，可说话、做动作，依次发言至全员表达。 - 收尾环节：用一句话总结心情，分享想法与感受。 5. 氛围营造：营造温馨舒适的氛围，备小零食、饮品等，选有亲和力的主持人
裸心会	注意事项	1. 保密原则：强调分享内容保密，鼓励真实表达。 2. 积极倾听：倡导积极倾听，勿打断他人。 3. 尊重差异：平和对待不同观点。 4. 聚焦问题：围绕问题讨论，避免个人攻击。 5. 及时反馈：会后总结成果，跟进后续工作
裸心会	常见问题及应对	1. 有人不愿发言：主持人引导营造轻松氛围鼓励发言。 2. 有人观点冲突：主持人及时介入引导理性讨论找共同点。 3. 会议时间过长：提前设定并严控时间。 4. 会议效果不佳：分析原因改进下次策划。 5. 频率建议：不宜频繁开，对同一批人开两次需独特设计，变换环境和主题
共创会	核心目的	围绕业绩目标，拆解实现路径，非销售团队也可运用
共创会	明确目标	1. 聚焦问题：确定要解决的核心问题，如冲刺业绩目标时拆解达成路径。 2. 预期成果：明确期望达成的目标，如产生新想法、优化流程或制订战略
共创会	挑选参与者	1. 多元化：邀不同部门、岗位员工参与获多元观点，依业务目标调整部门人员占比。 2. 相关性：参与者与主题相关，能贡献有价值的见解。 3. 分组 PK：按需分组进行创意 PK

续 表

会议名称	相关要点	详情
共创会	准备材料	1. 背景资料：提供与主题相关的资料帮助参与者了解问题。 2. 问题清单：提前列开放式问题引导讨论。 3. 工具准备：备好白板、便利贴、马克笔等便于头脑风暴
	时间地点选择	1. 时间充足：预留足够时间，避免仓促结束。 2. 安静环境：选安静不受打扰处，帮助参与者集中注意力
	设计流程	1. 暖场环节：用小游戏等营造轻松氛围。 2. 主题介绍：清晰阐述主题和目标。 3. 头脑风暴：鼓励自由表达，不限想法。 4. 分组讨论：分组深入讨论并提出解决方案。 5. 总结归纳：总结结果，确定下一步行动
	营造氛围	用小游戏等营造轻松氛围
	选定引导教练	1. 引导讨论：确保每人有发言机会。 2. 控制时间：避免讨论偏离主题。 3. 总结记录：记录重点和结论
	后续跟进	1. 行动计划：依据结果制订具体计划。 2. 责任分配：明确职责与完成时间。 3. 定期评估：定期评估进展并调整
	实用工具方法	Mind Mapping（思维导图）、SWOT 分析、5Why 分析法、SCAMPER 模型等，帮助可视化想法、分析问题、挖掘根源、激发思维
	注意事项	1. 避免评价：头脑风暴时不评价想法，防抑制创造力。 2. 鼓励多元化：倡导不同观点，避免群体思维。 3. 关注行动：将想法转化为行动解决问题
启动会	前期准备	业绩复盘（1—10 月）：复盘表含目标、行动、结果、经验教训、Keep（保持项）、Improve（提升项）、Start（开始项）、Stop（停止项），帮助总结经验、改进方法、提升效率

续 表

会议名称	相关要点	详情
启动会	考量要点	确保会议内容与团队目标及业务需求紧密相连,提供具体实用的信息与策略,便于成员应用
	增加参与感	通过小组讨论、角色扮演、提问环节等让成员积极参与,增强互动乐趣
	标杆分享	1. 内部:邀 1—10 月表现突出的个人和团队分享方法论、心路历程等,提升心气士气。 2. 外部:有条件的可邀请陪跑教练从多方面助力提升
	氛围营造	1. 视觉:用多媒体、图表、视频等让内容更生动形象。 2. 听觉:选有感染力的音乐、音效营造积极氛围。 3. 细节:通过团队游戏、合影留念等增强凝聚力和向心力
	奖励与激励	1. 精神激励:启动会上宣布奖励措施,如最佳销售员、最佳团队等,用心准备奖品,营造仪式感。 2. 物质奖励:及时兑现物质承诺,避免出现延迟或改变奖励形式等情况
	部署接下来的工作	1. 强调个人、团队冲刺目标。 2. 体现节奏感:明确各阶段的任务安排。 3. 说明策略:包括下半年整体的打法、卡点、支持、促销等内容。 4. 明确销售习惯要求:将目标细化到季、月、周、天,落实执行动作。 5. 给出激励:含一般激励、年度激励(重申年初目标达成对应激励)、负激励(未达业绩目标的惩罚或对赌措施)

①**裸心会**。员工若缺乏责任感,即便目标再好,执行时也易敷衍塞责。要让员工具备责任感,管理者首先需给予其充分信任。裸心会便是一种能快速拉近彼此信任距离的绝佳方式。它能有效打破隔阂,使团队成员间建立起深厚的信任基础。

②**共创会**。明确目标去向固然关键,但知晓达成目标的具体路径同样重

要。共创会旨在通过头脑风暴等形式汇聚众人的智慧，集思广益，从而清晰地梳理出目标落地的可行路径。此外，让团队成员参与共创会，会使其潜意识里将目标视为自己的责任所在，如此一来，在今后的目标执行过程中便能更加坚定、笃定。

③**启动会**。启动会着重通过精心营造氛围、巧妙设计环节，点燃团队成员对实现目标的执着信念，激发大家内心想要赢得胜利的强烈渴望，让大家秉持"一个团队，一个目标，一帮兄弟，一起赢"的信念，全力以赴朝着目标奋进。

13.5 "五个一工程"

企业文化建设，需要管理者贯彻"五个一工程"，即一次体育活动、一次娱乐活动、一次聚餐、一次深度交流、一次感人事件，详见表13-2。

表13-2　　　　　　　　　　"五个一工程"的说明

项目名称	具体说明
一次体育活动	组织篮球友谊赛、户外登山、趣味拔河等多样化体育项目，让团队全员参与其中，共同体验运动乐趣，增强团队凝聚力
一次娱乐活动	安排唱K、密室逃脱、主题观影之类的娱乐活动，营造轻松氛围，使成员在娱乐中放松自我、增进情谊
一次聚餐	挑选适宜的餐厅，如特色菜馆、户外烧烤场地等，大家围坐共享美食，畅聊生活与工作的点滴，增进彼此了解
一次深度交流	设定职业成长感悟、团队目标展望等主题，组织团队成员分享想法、交流观点，促进思想深度碰撞，提升团队协作能力
一次感人事件	回顾团队成员相互帮扶、共克难关等温馨且触动人心的故事，借此强化团队情感纽带

13.6 两张清单

良好的企业文化具备潜移默化的影响力，它不仅作用于团队合作与绩效，还会影响团队成员的工作态度及价值观。在团队内部，成员之间往往相互缺乏了解，由此引发的冲突与碰撞既频繁又激烈。鉴于团队成员有着不同的背景与经历，他们对工作方式、沟通风格以及决策过程等方面，可能存在不同的理解与期望。而这些差异极易造成误解、摩擦与冲突，进而对团队的凝聚力和执行力产生不良影响。

针对这一痛点，可借助两张清单来便捷地开展组织文化建设工作，其一是价值观清单（表13-3），其二是行为规范清单（表13-4）。

价值观清单

通过价值观对齐来明确团队的价值观，像创新、合作、责任感这类能体现团队精神的理念皆可纳入其中。组织全体团队成员参与相关讨论，共同确定这些价值观，务必使每个人都从内心认同，并愿意为践行它们而付出努力。随后，可将价值观清单张贴于办公室的醒目之处，抑或制作成卡片分发给每一位团队成员，方便大家时常对照进行提醒与自我反思。

要点

第一，召集团队成员共同探讨并明确团队的核心价值观，此类价值观需体现团队共有的信念与目标，例如诚信、创新、协作等内容。

第二，确保全体团队成员均参与其中，使其能够认同这些价值观，并积极投入践行过程中。

第三，价值观清单应被团队成员切实内化为自身行为及决策的重要指南。

表13-3　　　　　　　　价值观清单（示例）

遵循的价值	抛弃的价值
创新	因循守旧
以结果为导向	没有功劳有苦劳
协作共赢	独自作战
平等与尊重	唯我独尊
诚信	欺骗

行为规范清单

依据已确定的价值观清单，制订与之匹配的行为规范，清晰界定团队成员在工作时需遵循的具体行为准则。比如在沟通方式、决策流程以及问题解决机制等方面，都应做出明确规定，让成员知晓何事可为，何事不可为。定期召集团队会议，针对行为规范清单展开讨论，并依据团队的发展变化情况适时更新内容，确保其始终契合团队的实际需求。

要点

第一，依据价值观清单，进一步细化并明确具体的行为标准与规范，如怎样开展有效沟通、怎样进行决策、如何妥善处理冲突等，都应有清晰界定。

第二，行为规范清单务必做到具体且具备可操作性，为团队成员提供确切的行动指南。

第三，需定期对行为规范清单予以回顾和更新，保障其能与团队的发展以及市场变化相契合、同步推进。

表 13-4　　　　　　　　行为规范清单（示例）

提倡行为	反对行为
以解决问题为导向	争论是非对错
大局为重，齐心协力	挖墙脚，使绊子，拖后腿
积极建言献策	会上不讲，会后乱说
积极主动，及时反馈	不主动，不反馈
勇于担责	逃避责任

13.7 文化落地的五大要素

文化落地离不开以下五大要素。

形象统一：塑造统一且鲜明的企业形象，涵盖视觉标识、员工着装等，让文化从外在可见。通过统一企业工作环境布置、文化墙、品牌 logo、吉祥物等外在表现形式，打造文化 IP，实现形象视觉化、立体化，让组织形象深入人心。

制度文化：将文化理念融入规章制度，使员工日常行为受文化约束与引导。传播组织制度文化，明确向员工传达行为准则、激励/薪酬制度、流程规范等内容，同时合理划清界限，给予员工一定的试错空间。

培训宣贯：通过培训、宣讲，向员工普及文化内涵，加深理解。自新人入职的欢迎、融入阶段开启组织文化培训，借助培训宣贯、考核激励以及实践锻炼，促使组织文化理念切实转化为员工行为。

全员参与：鼓励全体员工积极投身文化建设，让文化成为集体共识。秉持走群众路线，倡导全员参与创新，通过建立虚拟组织、运用通俗易懂且走心的沟通方式、举办日常仪式/典礼以及开展趣味且富有内涵的活动等，让更多人感受组织活力，推动企业文化持续发展。

人物故事：挖掘体现文化的人物事迹，以榜样的力量传递文化价值。将文化视为"一把手工程"，既依靠榜样故事进行言传，又依靠企业高管以身作则，以其言行、榜样力量及经典案例等实现身教，助力文化落地。

13.8　文化建设案例

以我在齐家网带的销售团队为例，通过与团队核心成员的充分讨论，我们创立了"从优秀走向卓越"的团队文化，包括团队的行为准则、价值观、业务与管理"三板斧"、干部选拔标准、方法论、提升认知等（见图13-1—图13-11）。

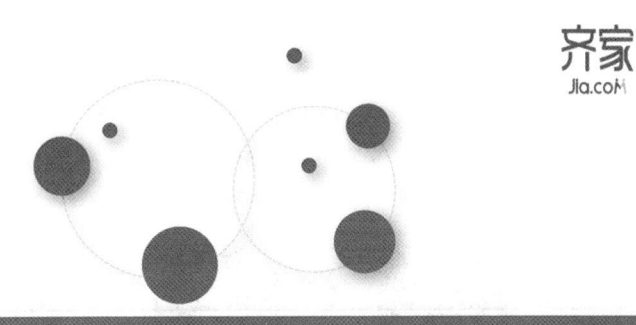

图 13-1　文化宣贯

齐家岁月

一帮兄弟，一段故事，一个传奇，一生回忆！

图 13-2　团队文化

一个聚焦，两个中心

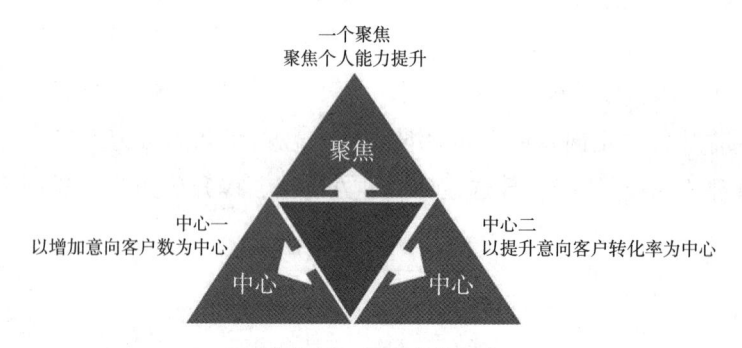

一个聚焦
聚焦个人能力提升

聚焦

中心一
以增加意向客户数为中心

中心二
以提升意向客户转化率为中心

中心　　中心

图 13-3　团队总体要求

行为准则

01　日事日毕

02　3小时复命制

03　首要责任人

图 13-4　团队的行为准则

第十三章 文化建设

价值观

- 01 创变
- 02 奔速
- 03 专研
- 04 极致
- 05 诚朴
- 06 感恩

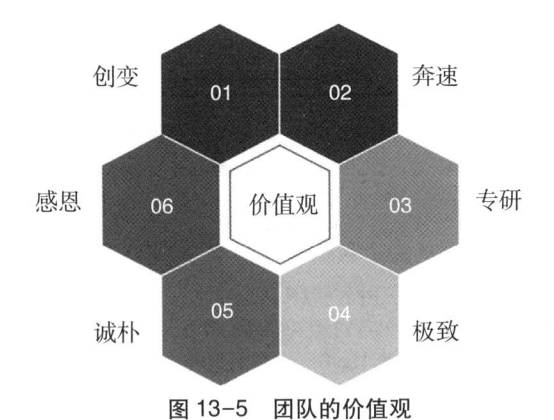

图 13-5 团队的价值观

业务与管理"三板斧"

1. 定目标：设目标、通目标、谈目标，确保做正确的事情。
2. 追过程：过程追踪、辅导、激励，确保把事做正确。
3. 拿结果：绩效评估、期终Review、复盘+推演，通过复盘累积不断修正，确保正确、高效地做事。

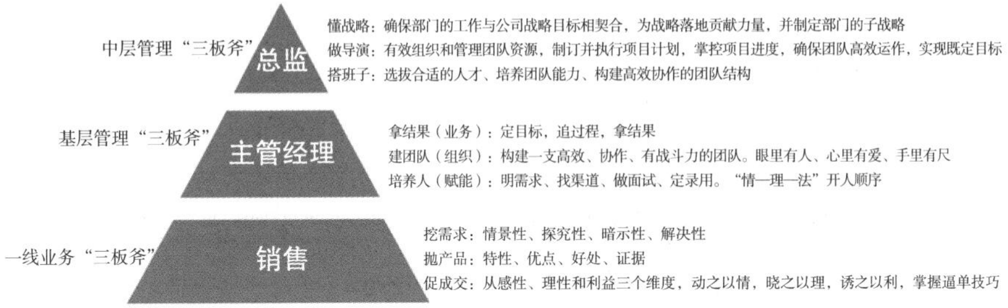

中层管理"三板斧" 总监
- 懂战略：确保部门的工作与公司战略目标相契合，为战略落地贡献力量，并制定部门的子战略
- 做导演：有效组织和管理团队资源，制订并执行项目计划，掌控项目进度，确保团队高效运作，实现既定目标
- 搭班子：选拔合适的人才、培养团队能力、构建高效协作的团队结构

基层管理"三板斧" 主管经理
- 拿结果（业务）：定目标，追过程，拿结果
- 建团队（组织）：构建一支高效、协作、有战斗力的团队。眼里有人，心里有爱、手里有尺
- 培养人（赋能）：明需求、找渠道、做面试、定录用。"情—理—法"开人顺序

一线业务"三板斧" 销售
- 挖需求：情景性、探究性、暗示性、解决性
- 抛产品：特性、优点、好处、证据
- 促成交：从感性、理性和利益三个维度，动之以情，晓之以理，诱之以利，掌握逼单技巧

图 13-6 销售业务与管理"三板斧"

干部选拔标准

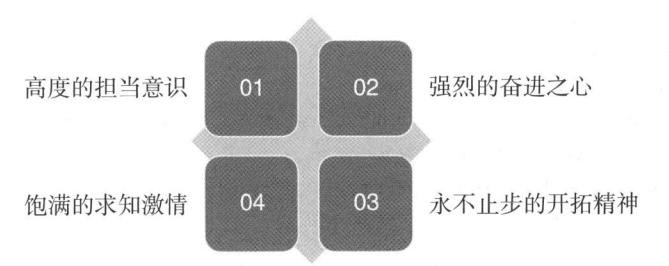

- 01 高度的担当意识
- 02 强烈的奋进之心
- 03 永不止步的开拓精神
- 04 饱满的求知激情

图 13-7 干部选拔标准

方法论

方法论一： 成功总是偶然地出现，但本质上是耦合了必然的规律。我们要致力于研究每一次偶然成功背后的必然，助力销售业绩增长。
方法论二： 心中有全景，手中有场景。
方法论三： 人生有两季。努力是旺季，不努力就是淡季。
方法论四： 在平坦的路上甩不开一个竞争对手，在泥泞的路上可以甩开十个。困难不是深渊，困难是阶梯。
方法论五： 竹笋地下三年，一朝破土。破土后，一朝长一尺，一天长一丈。如果你在低谷，请好好沉淀积累，终有一天破土而出！
方法论六： 眼界决定境界。打开眼界，看到不一样的增长方式。
方法论七： 定位决定地位。建立王者之气，从管理到一线都有必胜的决心。
方法论八： 思路决定出路。站在巨人的肩膀上抄作业，学习行业领先的成功经验。
方法论九： 企业/团队硬核增长的背后，是一套科学管理体系的支撑。
方法论十： 个人业绩硬核增长的背后，是一套先进的时间管理模式和先进的打法策略，以及想要变得优秀的决心。

图 13-8　销售方法论

提升认知一

1. 相信相信的力量，因为相信所以看见。简单相信，傻傻坚持！
2. 目标刻在钢板上，计划写在沙滩上。
3. 以终为始，以始为终，少抱怨环境，专注于内功打造。
4. 今天最高的表现，是明天最低的要求！
5. 有实力，才有魅力。
6. 一米宽，一百米深，一把钢尺量到底。
7. 简单的事情重复做，重复的事情用心做。
8. 做正确的事情，正确地做事情，把事情做正确。
9. 没有过程的结果是垃圾，没有结果的过程是放屁。
10. 有本事的人发脾气，那叫个性；没本事的人发脾气，那叫找死。
11. 主见比顺从重要；良知比对错重要；幸福比完美重要；信仰比崇拜重要；成长比赢输重要；察己比律人重要。良好的品格，优良的习惯，坚强的意志，是不会被所谓的假设的命运击败的。

图 13-9　提升认知一

提升认知二

1. 盯需求，别盯钱包，需求满足了，收钱只是顺带的。
2. 盯过程，别盯结果，过程做到位，结果自然会达成。
3. 盯机会，别盯困难，机会抓住了，问题也就随之解决了。
4. 盯自己，别盯别人，进步就值得庆祝:无须和他人比较。
5. 盯目标，别盯阻碍，目标足够大的时候，阻碍就变小了。
6. 跟进客户要跟出一个结果：要么成交，要么暂时不合作。
7. 天上不会掉钱，要赚钱找顾客拿。买和不买永远不是价格的问题，而是价值的问题。要不断地向顾客传达产品的价值。
8. 想做出业绩，就必须真正站在客户的角度，帮助客户解决问题。
9. 想做出业绩，就必须学会主动学习，不断遇见更好的自己。
10. 想做出业绩，就必须打破自己的固有思维，接纳更高效的工作方法。

图 13-10　提升认知二

提升认知三

1. 没有卖不出去的产品,只有卖不出去产品的人;没有劈不开的柴,只是斧头不够快;不是市场不景气,只是脑袋不争气。
2. 顾客是最好的老师,同行是最好的榜样,市场是最好的学堂。取众人之长,才能长于众人。
3. 信赖感大于实力。销售的97%都在建立信赖感,3%在成交。
4. 看自己的产品就像看自己的孩子,怎么看怎么喜欢。热爱自己,热爱自己的产品,热爱自己的团队,热爱顾客。
5. 拒绝是成交的开始。销售就是零存整取的游戏,顾客每一次的拒绝都是在为你存钱。
6. 销售是信心的传递,谈判是决心的较量;销售就是建立感情,销售就是获取信任。
7. 一流推销员——卖自己;二流推销员——卖服务;三流推销员——卖产品;四流推销员——卖价格。
8. 随时随地都在销售,把销售变成一种习惯。成长永远比成功重要,你可以不在销售中成交,但你不可以不在销售中成长。
9. 只有找到了与顾客的共同点,才可能与他建立关系。销售就是建立关系,建立人脉。
10. 想做出业绩,就必须练习敏感度,不漏掉客户口中的任何一个需求点。

图 13-11　提升认知三

第十四章 管理工具的使用

14.1 PDCA 循环

概念解释

PDCA 循环最早是由美国质量管理专家提出的，之后经由戴明采纳、推广并普及开来，所以也被称作戴明环。PDCA 这四个英文字母有着特定的含义：

P（Plan）：代表计划阶段，此阶段主要聚焦于政策的拟定、目标的设定以及业务计划的制订。

D（Do）：即执行阶段，核心在于现场操作以及将既定计划切实落地实施。

C（Check）：是检查阶段，重点是对执行所产生的结果进行归纳总结与评估，记录其有效性，同时梳理出存在的各类问题。

A（Act）：为处理阶段，要依据检查阶段得出的结果来采取相应举措，把成功的经验加以推广并形成标准化流程，针对失败教训做好总结以防再次出现类似情况，而那些尚未解决的问题则要转入下一轮 PDCA 循环当中。

应用案例：互联网公司销售管理中的应用

P 阶段（计划阶段）

分析现状，明确问题：销售管理者查看近期销售数据、客户成交记录及团队反馈，发现两大突出问题：一是新客户拓展差，连续两个月新增客户未达预期，拖慢整体销售业绩增长；二是客户流失率上升，部分老客户不再续约，影响长期收入。

剖析原因：组织销售、市场、客服团队进行头脑风暴。新客户拓展不力，是因为依赖传统销售渠道，对社交媒体、线上直播等新兴渠道利用少，且销售话术缺乏针对性。客户流失率上升，一是售后服务跟进慢，客户问题难快速解决；二是销售团队对新产品的特点、优势掌握不足，无法有效传达价值。

确定主因：梳理得出，新客户拓展不足主因是渠道创新不足，跟不上互联网变化，错过潜在资源；客户流失关键在于售后服务响应速度慢，易让客户失去信任与合作意愿。

制订改善计划：调整新客户拓展目标为下季度新增客户数提升30%。安排专人运营社交媒体账号，定期发布产品内容、案例；开展两次线上直播推广活动，邀请行业专家互动。优化销售话术，依据客户特点、痛点制订个性化沟通模板。降低客户流失率方面，目标是两个月内降15%。加强售后与销售团队协作，建立24小时客户问题快速响应机制；组织销售团队学习新产品知识，确保能准确推介产品。

D阶段（执行阶段）

分配任务并执行：销售管理者把社交媒体运营分给新媒体营销能手，明确发布频次、风格与效果评估标准；安排人员筹备线上直播活动，协调各部门保障顺利开展。组织销售话术培训，让骨干分享技巧并监督模拟演练。与售后负责人沟通，制订客户问题响应流程，督促其培训成员确保及时处理问题；亲自组织销售团队进行新产品知识培训，设立考核机制，保证成员掌握关键内容。各团队按任务有序执行，朝目标迈进。

C阶段（检查阶段）

总结评估：一季度后检查，新客户拓展新增数提高了20%，未达30%的目标。社交媒体运营有效果，但线上直播因首次办经验不足，策划和互动环节存在问题，影响转化；部分成员应用销售话术不够灵活。客户流失率降了10%，距15%的目标有差距。售后服务响应速度虽有所提升，但处理复杂问题时跨部门协作不畅，部分客户仍不满；销售团队掌握新产品知识好，但传递价值时未突出差异化优势。

A阶段（处理阶段）

整合措施，制订规范：新客户拓展方面，整合社交媒体运营吸流量的经验，形成社交媒体营销操作规范并要求执行；总结线上直播问题，制订线上直播推广活动执行指南，明确筹备等要求。客户流失问题上，完善跨部门协作沟通机制，制订客户问题跨部门处理流程；整理销售团队传递产品价值时的常见问题及应对方法，编制产品价值沟通指南。

通过这一轮 PDCA 循环，虽未完全达到预期目标，但明确了问题与改进方向，持续运用 PDCA 循环可优化销售管理，助力团队业务发展，增强互联网市场竞争力。

14.2　5W2H 分析法

概念解释

5W2H 分析法，也叫"七何分析法"，诞生于第二次世界大战期间美国陆军所创的一种思维法。无论何事，都可从 7 个维度去思考，利于构建系统的思考架构，勤加练习就能熟练运用。

5W2H 分析法，系统阐述从提出问题到解决问题的过程，具体如下。

What（是什么）：具体要做的工作是什么？目的何在？重点工作有哪些？和哪些方面相关？其功能、规范以及工作对象分别是什么？

Why（为什么）：为何要这样做？这么做有何意义？根本原因是什么？出现当前结果是出于什么缘由？

Who（谁）：由谁来执行任务？安排谁去完成？谁负责此事？谁是顾客？谁被遗漏了？谁是决策者？谁能从中受益？

When（何时）：什么时间要完成？最佳时机是什么时候？何时适合销售？何时产量最高？完成工作需要多久？

Where（何处）：着手的地点在哪儿？从哪里开始？哪里适合开展相关工作？哪里能开拓新销售点？哪里资源充足？

How（怎么做）：怎样做更省时省力？如何提高效率？怎样去改进？怎样达成目标？怎样拓展产品销路？怎样让产品更便于客户使用、外观更美观？怎样运用 5W2H 分析法避免失败，实现更大发展？

How much（多少）：产品功能指标要达到什么程度？销售数量、成本各是多少？输出功率、效率多高？尺寸、重量又是多少？

应用案例：自媒体运营

What（具体做什么）

首先，需要明确内容主题，也就是确定好要创作以及发布的内容围绕什么展开，例如聚焦行业资讯、进行教程分享、抑或分享个人感悟等不同类型的主题。同时，要设定清晰的自媒体运营目标，如期望增加粉丝数量、提高互动率或强品牌影响力等，让运营有明确的方向。

Why（这么做的原因）

要深入理解创作并发布内容的目的，思考是为了向受众传递价值，还是旨在建立个人品牌，又或是出于商业变现方面的考量。而且，必须明确内容对目标受众而言具备怎样的价值，如能否为他们提供有用的信息，能否起到娱乐消遣的作用，抑或能否引发情感上的共鸣等。

Who（由谁来执行）

一方面，要确定内容的创作者，创作者既可以是独立的个人，也可以是一个团队协作完成。另一方面，要精准识别目标受众，搞清楚他们是谁，了解他们的需求以及兴趣点。

When（何时开展相关工作）

要设定好内容的发布时间，如选择在工作日发布，或是安排在周末，抑或瞄准特定的节假日来推送内容。此外，还需要对内容发布的频率和节奏做好相应规划，通过合理的安排，保持内容输出的持续性和稳定性，以维持受众的关注度。

Where（在何处开展）

要精心选择适合自身的自媒体平台，例如微信公众号、微博、抖音等都是常见且各有特点的平台。同时，要充分了解并利用好平台所提供的各类资源，可借助数据分析工具来掌握运营情况，利用互动功能增强与受众的联系等，以此提升自媒体运营的整体效率。

How（具体怎么做）

应当依据目标受众的特点以及所选平台的特性，制订与之相契合的内容策略，包括确定内容的呈现形式、整体风格等诸多要素。另外，还要积极学习并应用那些有助于内容创作和运营的优化技巧，比如掌握搜索引擎优化（SEO）的相关要点，加强与用户之间的互动等，以此来提升运营效果。

How much（投入多少资源）

要对内容创作和运营过程中所需投入的各类资源进行全面评估，涵盖时间、金钱等不同方面的投入情况都要考量在内。并且，要为自媒体运营设定一个合理的预算，在运营过程中密切监控实际支出情况，确保支出不会超出所设定的预算范围，保障运营的可持续性。

14.3 SWOT 分析

概念解释

SWOT 分析作为一种在战略分析领域应用广泛且经典的工具，有着极为重要的作用。它通过系统地罗列四个维度的相关信息，助力我们全方位地洞察目标事务所面临的外部机会与外部威胁，以及其自身内部存在的优势与劣势情况，进而为后续的战略规划工作提供坚实且可靠的依据。

"SWOT" 是由 Strengths（优势）、Weaknesses（劣势）、Opportunities（机会）、Threats（威胁）这四个英文单词的首字母所组成的缩写，以下为各维度的具体阐释：

S（优势）：指目标事物本身所具备的内部优势要素，例如掌握了核心技术、拥有较强的品牌影响力等，这些优势能够在一定程度上助力目标事物更好地发展。

W（劣势）：这一维度聚焦的是目标事物内部现存的各类问题，例如发展资源相对匮乏、用户体验方面存在明显的不足等，它们往往会对目标事物的发展形成一定的阻碍。

O（机会）：此维度所涉及的是外部环境中那些有可能给目标事物带来积极影响的相关因素，例如市场呈现出不断扩张的良好态势、出台了对其有利的政策等。这些外部机会若能有效把握，可推动目标事物取得进一步发展。

T（威胁）：该维度重点关注的是那些需要目标事物时刻保持警惕的外部挑战情况，例如所处行业竞争愈发激烈、面临不断增加的技术壁垒等。这些外部威胁很可能会给目标事物的发展带来诸多不利影响。

应用案例：可口可乐

1. 优势（Strengths）

可口可乐具备多方面优势，涵盖品牌、质量、产品特性及创新精神等维度。

①**品牌悠久**：可口可乐的历史可追溯至1886年。1888年，阿萨·坎德勒

以 2300 美元取得配方；1892 年，取得公司所有权，后经欧尼斯·伍德瑞夫财团买下并通过多样营销手段，使其扬名国际。品牌至今已超百年，作业流程标准化，市场占有率高，为全球软性饮料业巨头，竞争力强劲。

②良好质量：1987 年，可口可乐高雄厂完工，后续桃园新厂也相继建成。公司获得了 ISO 14001 认证等。此外，可口可乐拥有完善的危机处理办法，赢得了消费者的信赖。

③模仿难度高：凭借不公开的"秘方"，可口可乐形成了独特风味与口感，在市场上独树一帜。虽然饮料制造门槛不高，但凭借高占有率与传奇色彩，其核心配方极度保密，产品兼具便利性、独特风味及合理的价格等特点，生命周期持久，销售渠道完善，与速食业合作紧密。

④创新精神：除经营饮料外，可口可乐拓展了周边商品业务，创造了诸多商机，提升了品牌知名度。品牌形象深入人心，具有强大的创新及研发能力，如健怡可口可乐一经推出便引发热潮，还常在外包装上创新，其在北京奥运期间推出了特色罐装饮料。

2. **劣势**（Weaknesses）

可口可乐存在以下劣势。

①**组织庞大难控**：作为跨国企业，经营范围广、组织结构复杂、人员众多且分工细密，给有效管理带来了挑战。

②**营养价值欠佳**：可口可乐属于高糖碳酸饮料，易被视为不健康饮品。它含咖啡因且易致肥胖等问题，这一印象难以改变。尽管公司曾调整广告策略，但其主要消费群体对品牌的认同感略逊于百事可乐，桶装饮料的品质也较难把控。

③**原料运输成本高**：为了保护原料秘密，可口可乐将饮料浓缩后运往各地，这致使运输成本增加。

3. **机会**（Opportunityies）

①**独特吸引力**：软性饮料业入行易但跨国营销难，碳酸饮料契合年轻族群的需求，在拉丁美洲和亚太地区，年轻人占比快速上升，商机可观。此外，品牌形象对销售的影响大，可口可乐与美国速食文化契合度高。

②**市场占有率优势**：市场占有率高达 50%，不断拓展全球业务。新兴的中国市场潜力大，公司还涉足美国电影市场，借助奥运会、世界杯等活动及

周边商品提升品牌影响力。

4. 威胁（Threats）

①**健康意识增强**：当下消费者健康意识提升，碳酸饮料作为"不健康"食品，其饮用需求可能会减少。

②**同业与替代品竞争**：百事可乐以打败可口可乐为目标，是其强劲对手，且茶品、咖啡等替代品也在瓜分市场。尽管可口可乐推出了非碳酸饮料，但仍面临激烈的竞争。

③**全球经济不景气**：全球经济不佳会影响饮料销售，公司需探索应对策略以保障生存与发展。

④**回收成本增加**：1987年的相关法的颁布令使物品及容器回收处理费上升，加重了公司的营运成本。

14.4 SMART 原则

概念解释

SMART原则作为一种用于目标设定的有效框架，在助力个人以及团队清晰、精准地界定目标方面发挥着重要作用，进而为目标的顺利达成与高效管理奠定基础。SMART是五个英文单词首字母的缩写，各单词具体的含义如下：

Specific（具体的）：所设定的目标务必清晰明确且具体翔实，不可模糊不清或者过于笼统。唯有具体的目标，才更易于人们去理解其中的内涵，并切实地遵照执行。

Measurable（可测量的）：目标应当具备明确的衡量标准，如此一来，人们便能对目标实现的进度予以跟踪，同时也能够对最终达成的成果进行准确衡量。

Achievable（可实现的）：目标的设定需要充分考量现实情况，将资源、时间以及自身能力等诸多方面的限制因素纳入其中，以此确保所设定的目标是在现实条件下能够达成的。

Relevant（相关的）：目标必须与个人或者组织的长远愿景以及整体目标相互契合，从而保障目标本身具备应有的相关性以及重要性，使其能够真正服务于长远发展。

Time-bound（时间限制）：目标需要设定明确的截止日期或者时间范围，这样可以营造出一种紧迫感，同时也有助于人们对目标实现的进度实施有效的管理与把控。

应用案例：减肥目标设定

Specific（具体的）

目标：我计划在接下来的三个月时间里，通过保持健康的饮食方式以及进行规律的运动，努力减掉 10 公斤体重。

Measurable（可测量的）

衡量标准：每周称量一次体重，观察体重数值是否呈现下降趋势；每个月测量一次腰围和臀围，查看裤子的宽松程度是否有所变化，以此来判断减肥成效。

Achievable（可实现的）

现实性评估：经医生建议，每周减去 0.5—1 公斤的体重属于健康的减肥范围。综合考虑，设定三个月减掉 10 公斤的目标是比较合理且可行的。并且，我之前也有过减肥的经历，依据过往经验判断，这样的减肥速度是符合现实情况的。

Relevant（相关的）

目标相关性：减掉 10 公斤体重不仅能让自己的外在形象有所提升，看起来更加精神，而且对身体健康也大有益处。毕竟长期处于较为肥胖的状态，很可能会引发诸多健康问题，所以这个减肥目标与我追求健康、高品质生活的愿景是紧密相关的，有助于我更好地享受生活。

Time-bound（时间限制）

时间框架：从当下开始，直至明年的情人节之前，我要达成减掉 10 公斤体重的目标，届时以更好的状态去参与社交活动。

行动计划

饮食计划：将每日摄入的热量严格控制在 1800 卡以内，增加蔬菜和粗粮在饮食中的占比，同时尽量减少油腻、高热量的垃圾食品的摄入。

运动规划：每周至少进行三次有氧运动，如快走或者慢跑，每次运动时长不少于 30 分钟。此外，每周进行两次力量训练，增加肌肉量，提升身体新陈代谢水平。

监测与调整：每周记录体重和体围数据，若减肥效果不及预期，就及时调整，适量减少饮食，同时增加运动量。

通过运用 SMART 原则，减肥这件事不再是空洞的想法，而是转化成了一个具体、能够有效追踪且切实可行的计划。如此一来，我便能在减肥的道路上更具方向性，有效避免走弯路，稳步朝着既定目标迈进。

14.5 5Why 分析法

概念解释

5Why 分析法，亦称"5 问法"，是针对问题点连续提出 5 个"为什么"进行自问，以探寻根本原因的方法。其关键在于，促使解决问题者尽力避开主观、自负的假设及逻辑陷阱，从结果出发，顺着因果关系链条逐步追溯，直至挖出问题的根本原因。虽叫"5 问法"，但使用时并非限定只探讨 5 次"为什么"，核心是要找到根本原因。有时 3 次即可，有时或许需要 10 次，正所谓"打破砂锅问到底"。

应用案例

丰田汽车公司前副社长大野耐一曾举过这样一个实例，用以展现如何找出机器停机的根本原因。

第一个问题：机器为何停了？

答案：机器超载，保险丝烧断了。

第二个问题：机器为何会超载？

答案：轴承润滑不足致使机器超载。

第三个问题：轴承为何会润滑不足？

答案：润滑泵失灵，导致轴承润滑不足。

第四个问题：润滑泵为什么会失灵？

答案：润滑泵的轮轴耗损致使润滑泵失灵。

第五个问题：润滑泵的轮轴为何会耗损？

答案：杂质进入润滑泵，导致轮轴耗损。

就这样，通过连续 5 次追问"为什么"，才真正探寻到了问题的根源所在，进而找到了对应的解决方法，也就是在润滑泵上加装滤网。倘若员工缺乏这种刨根问底的精神，那么他们大概率只是简单地更换一根保险丝便草草收场，而机器停机的真正问题依旧未能得到妥善解决，隐患依然存在。

14.6 工作分解结构

概念解释

工作分解结构（Work Breakdown Structure，WBS）与因数分解原理相通，即按特定原则对项目进行分解，由项目细化为任务，任务再拆解成各项工作，而后将这些工作分配至个人日常活动中，直至无法继续分解，呈现出"项目—任务—工作—日常活动"的层级关系。

WBS 以可交付成果为导向对项目要素分组，归纳并界定项目整体工作范围，每一层都意味着对项目工作更细致的定义。它处于计划过程的核心位置，是制订进度计划、资源需求、成本预算、风险管理计划以及采购计划等的重要基础。

应用案例：婚礼筹办的 WBS 示例（见图 14-1）。

14.7 4P 营销模型

概念解释

在现代营销理论体系里，4P 营销模型有着举足轻重的地位，是不可或缺的实用工具。它涵盖产品（Product）、价格（Price）、渠道（Place）以及促销（Promotion）这四大要素，为企业制订市场战略搭建了一套系统化的框架。不管是推出新产品，还是拓展既有市场，4P 营销模型都能助力企业深入洞察并有效满足消费者的需求。

产品（Product）

产品作为营销的核心所在，是满足消费者需求的关键载体。企业务必明晰目标市场的需求状况，据此去设计与开发相应产品。产品所涉及的范畴较广，不仅包含实物产品，还包括服务、品牌、质量以及设计。

价格（Price）

价格策略对消费者的购买决策有着直接影响。企业要综合考量市场定位、

婚礼筹办 WBS

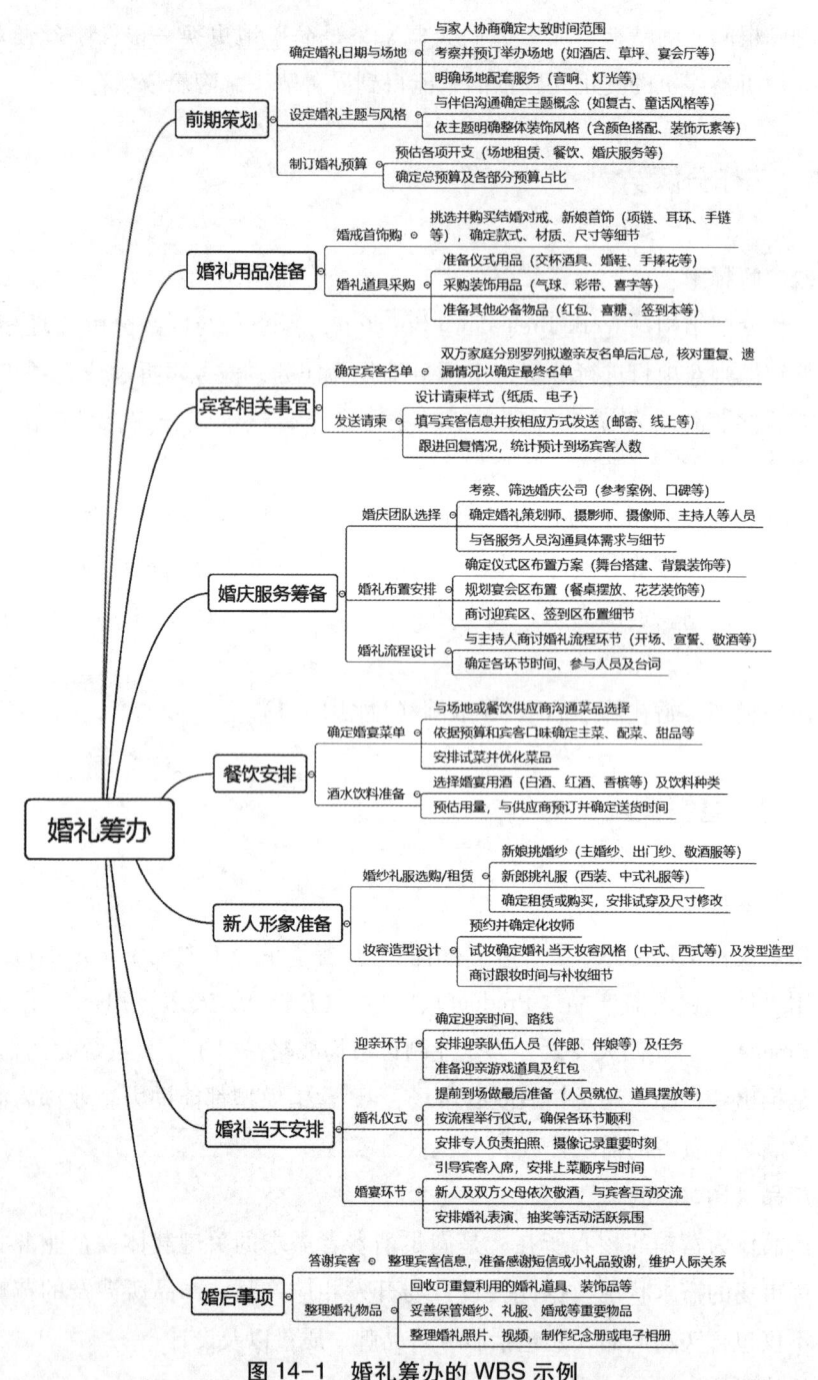

- **前期策划**
  - 确定婚礼日期与场地
    - 与家人协商确定大致时间范围
    - 考察并预订举办场地（如酒店、草坪、宴会厅等）
    - 明确场地配套服务（音响、灯光等）
  - 设定婚礼主题与风格
    - 与伴侣沟通确定主题概念（如复古、童话风格）
    - 依主题明确整体装饰风格（含颜色搭配、装饰元素等）
  - 制订婚礼预算
    - 预估各项开支（场地租赁、餐饮、婚庆服务等）
    - 确定总预算及各部分预算占比

- **婚礼用品准备**
  - 婚戒首饰购
    - 挑选并购买结婚对戒、新娘首饰（项链、耳环、手链等），确定款式、材质、尺寸等细节
  - 婚礼道具采购
    - 准备仪式用品（交杯酒具、婚鞋、手捧花等）
    - 采购装饰用品（气球、彩带、喜字等）
    - 准备其他必备物品（红包、喜糖、签到本等）

- **宾客相关事宜**
  - 确定宾客名单
    - 双方家庭分别罗列拟邀亲友名单后汇总，核对重复、遗漏情况以确定最终名单
  - 发送请柬
    - 设计请柬样式（纸质、电子）
    - 填写宾客信息并相应方式发送（邮寄、线上等）
    - 跟进回复情况，统计预计到场宾客人数

- **婚庆服务筹备**
  - 婚庆团队选择
    - 考察、筛选婚庆公司（参考案例、口碑等）
    - 确定婚礼策划师、摄影师、摄像师、主持人等人员
    - 与各服务人员沟通具体需求与细节
  - 婚礼布置安排
    - 确定仪式区布置方案（舞台搭建、背景装饰等）
    - 规划宴会厅布置（餐桌摆放、花艺装饰等）
    - 商讨迎宾区、签到区布置细节
  - 婚礼流程设计
    - 与主持人商讨婚礼流程环节（开场、宣誓、敬酒等）
    - 确定各环节时间、参与人员及台词

- **餐饮安排**
  - 确定婚宴菜单
    - 与场地或餐饮供应商沟通菜品选择
    - 依据预算和宾客口味确定主菜、配菜、甜品等
    - 安排试菜并优化菜品
  - 酒水饮料准备
    - 选择婚宴用酒（白酒、红酒、香槟等）及饮料种类
    - 预估用量，与供应商预订并确定送货时间

- **新人形象准备**
  - 婚纱礼服选购/租赁
    - 新娘挑婚纱（主婚纱、出门纱、敬酒服等）
    - 新郎挑礼服（西装、中式礼服等）
    - 确定租赁或购买，安排试穿及尺寸修改
  - 妆容造型设计
    - 预约并确定化妆师
    - 试妆确定婚礼当天妆容风格（中式、西式等）及发型造型
    - 商讨跟妆时间与补妆细节

- **婚礼当天安排**
  - 迎亲环节
    - 确定迎亲时间、路线
    - 安排迎亲队伍人员（伴郎、伴娘等）及任务
    - 准备迎亲游戏道具及红包
  - 婚礼仪式
    - 提前到场做最后准备（人员就位、道具摆放等）
    - 按流程举行仪式，确保各环节顺利
    - 安排专人负责拍照、摄像记录重要时刻
  - 婚宴环节
    - 引导宾客入席，安排上菜顺序与时间
    - 新人及双方父母依次敬酒，与宾客互动交流
    - 安排婚礼表演、抽奖等活动活跃氛围

- **婚后事项**
  - 答谢宾客
    - 整理宾客信息，准备感谢短信或小礼品致谢，维护人际关系
  - 整理婚礼物品
    - 回收可重复利用的婚礼道具、装饰品等
    - 妥善保管婚纱、礼服、婚戒等重要物品
    - 整理婚礼照片、视频，制作纪念册或电子相册

图 14-1 婚礼筹办的 WBS 示例

成本以及竞争态势等多方面因素，进而制订出合理的价格策略。适宜的定价既能吸引消费者前来购买，又能保障企业具备良好的盈利能力。

渠道（Place）

渠道策略关乎产品抵达消费者手中的途径。企业需精心挑选适配的分销渠道，以此确保产品能够高效且便捷地触及目标市场。渠道形式多样，既可以是线上途径（如电商平台），也可以是线下途径（如实体店），还可选择直接销售或者借助中介进行销售。

促销（Promotion）

促销策略是企业与消费者沟通的桥梁。行之有效的促销活动有助于提升品牌知名度，强化消费者的购买意愿。促销手段丰富多样，包括广告、公共关系、促销活动以及直销等形式。

应用案例：苹果 iPhone

产品（Product）：苹果 iPhone 系列手机因创新设计、优质用户体验和强大功能而广受赞誉。苹果公司持续推出新产品，以适配不同消费者的需求。

价格（Price）：采取高端定价策略，以维系品牌的奢华形象。虽然价格偏高，但品牌忠诚度与市场需求依旧强劲。

渠道（Channel）：在全球构建起强大的分销网络，涵盖自有零售店、授权经销商及电商平台，保障产品能迅速触达消费者。

促销（Promotion）：凭借精美的广告、新品发布会以及社交媒体活动，持续吸引消费者的关注，提升品牌影响力。

14.8 四象限法则

概念解释

四象限法则的核心思想在于"确认优先级"。从广义上来看，每个职场人都是多任务处理者，不同任务之间一定存在轻重缓急的优先级差异。我们更应该把有限的时间和精力投入优先级最高的事情中。四象限法则将"优先级"进一步拆分成两个元素：重要性和紧急程度。将重要性作为 Y 轴，紧急程度作为 X 轴，从而形成四个象限，见图 14-2。

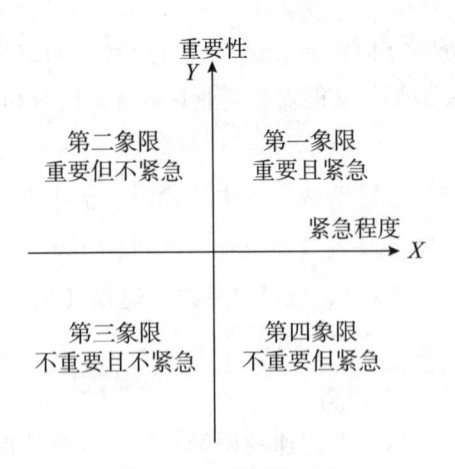

```
         重要性
          Y ↑
          │
第二象限    │    第一象限
重要但不紧急 │   重要且紧急
          │
          │         紧急程度
──────────┼──────────→ X
          │
第三象限    │    第四象限
不重要且不紧急│   不重要但紧急
          │
```

图 14-2　四象限法则

应用案例

第一象限：重要且紧急的事务。此类事务需要立刻处理，例如处理客户投诉、完成临近截止期限的任务以及化解财务危机等。它们往往需要我们即刻采取行动并做出决策，十分考验个人经验与判断力，也是工作和生活中主要的压力源。在现实生活里，这类事务大概占比 30%~60%，但我们分配给处理它们的时间最好不要超过可支配时间的 10%。

第二象限：重要但不紧急的事务。尽管这类事务暂无紧迫性，却是关乎长远规划以及预防问题产生的关键所在，例如建立人际关系、开展人员培训、制订防范措施、坚持锻炼身体、规划人生目标等。妥善处理它们有助于减少第一象限事务的出现频率，是时间管理的重点内容。在实际生活中，投入这部分的合理时间占比应在 60% 左右，比如每天安排一小时用于锻炼身体。但现实情况往往与之相悖，平时不注重锻炼，等到身体出现严重问题、生命亮起"红灯"时，才慌忙花费大量时间就医，去处理这变得紧急且重要的事。唯有做好重要但不紧急的事务，人生才能过得从容自在。

第三象限：不重要且不紧急的事务。这类事务既无紧迫性，也无关紧要，比如上网闲逛、闲聊、玩游戏、写无关紧要的邮件等。对待这类事务，最简单的做法就是不要去做。

第四象限：不重要但紧急的事务。这类事务虽有紧迫性，却对实现长期目标以及解决重要问题并无直接助力，例如接听电话、会见不请自来的客人等。我们花费在这一象限事务上的时间大约占 30%，此类事务可考虑交由他人代劳。

14.9 GROW 模型

概念解释

GROW 模型由英国学者约翰·惠特默于 1992 年提出，是一种极具价值的表达工具，如今已成为企业教练领域应用最为广泛的模型之一。它能够助力职场人士梳理清楚当下状况，排除诸多不必要的干扰因素，对员工成长有着积极的推动作用。

GROW 模型源于一个决策四阶段模型的英文缩写，即 Goal（目标）、Reality（现状）、Option（方案）、Will（意愿）这四个英文单词的首字母。其具体含义如下：

G（Goal）：主要指确认员工业绩目标，同时也涵盖日常工作、生活中单一事件的相关目标。

R（Reality）：意为现状核查，既要明晰当下的实际情况以及客观事实，还要探寻背后的动因。

O（Options）：代表着去探寻各种可行的解决方案。

W（Will）：涉及制订行动计划以及确定评审时间，具体包含要做什么（What）、何时去做（When）、由谁执行（Who）以及是否有执行的意愿（Will）等内容，即明确应当采取何种行动、何时开展、由谁负责以及执行的意愿是否存在。

应用案例：销售团队业绩提升

Goal Setting（目标设定）

某公司销售团队近来业绩欠佳，销售经理遂与团队成员运用 GROW 模型拟定改进计划。首要目标是在后续一个季度内，将整体销售额提升 30%。不仅如此，还依据过往业绩与市场潜力，细化到每位销售人员，为其设定具体的个人销售目标，例如，销售员 A 需新开拓 10 个重要客户，销售员 B 要完成至少 5 笔大额订单等，以此保障团队总体目标得以达成。

Reality Check（现状梳理）

销售经理组织团队成员深入剖析现状，发现了现存的诸多问题：市场竞争愈发激烈，致使部分老客户流失至竞争对手处；销售团队自身销售技巧尚需精进，且对新产品熟悉程度不足；客户跟进流程存在缺陷，造成部分潜在客户流失。此外，通过与成员交流得知，部分人员工作积极性因近期业绩问题有所下滑，这亦是需重点关注的影响因素。

Options（方案探寻）

针对上述状况，众人共同探讨出系列解决方案。例如，安排销售培训课程，邀请业内销售专家来为团队讲授最新销售技巧以及新产品详细特性；优化客户跟进流程，制订详尽的跟进时间表，明确各阶段的任务与责任人；开展市场调研，分析竞争对手优劣势，据此针对性地调整销售策略；设立激励机制，对达成个人目标的销售人员给予丰厚奖金与荣誉奖励，以此提高团队成员工作积极性。

Way Forward（行动计划与评审）

依据所探讨的方案，制订详细的行动计划。销售培训课程定于每周二、周四下午开展，安排专人记录培训内容并组织模拟销售场景演练；客户跟进流程优化工作需在一周内完成，由销售主管负责监督落实；将市场调研任务分配给市场部及部分销售团队成员，要求两周内完成并提交报告；激励机制即刻施行，由人力部门协同销售部门制订具体的奖励细则。同时，设定每周销售例会为评审时间，会上每位销售人员汇报本周工作进展与遇到的问题，众人共同商讨并及时调整行动计划，以确保稳步迈向季度销售目标。通过运用 GROW 模型，该销售团队于一个季度后成功实现销售额提升 30% 的目标。

14.10 二八法则

概念解释

"二八法则"，亦被称作"关键少数"原则或不重要多数原则。其核心要义在于，在宇宙纷繁复杂的万事万物之中，往往最重要的部分仅占少数，大约为 20%，而剩余的部分虽在数量上占据多数，约达 80%，但处于次要地位，故而得名"二八法则"。

"二八法则"启示我们，若能将有限的优势资源聚焦于那 20% 的"关键少数"之上，便有望收获最大化的成效与利益。这正如我们日常所讲的"好钢用在刀刃上",抑或强调要"抓住事务的主要矛盾和矛盾的主要方面"。

应用案例

身为一名销售,以下这些"二八法则"需牢记于心。

其一,在客户层面,20%的客户往往能为您贡献80%的业绩,此乃最为关键的"二八法则"。要善于精准识别出这20%的客户,用心关怀他们,尽力为其营造更优质的客户体验,助力他们实现更高价值。

其二,若未将80%的精力投放到这20%的关键客户身上,那便需深刻反思。仔细分析自身精力究竟被哪些无效或低效的客户、工作占据,进而果断割舍,避免精力分散。

其三,就产品而言,80%的利润通常由20%的产品所创造。切莫被金额大的产品或者"销售额越大,毛利额越高"这类观念误导,因为在毛利率偏低时,费用曲线并不会随销售额增大而稀释下降。真正值得追求的,是高毛利率以及基于高毛利率实现的销售额增长,那些低毛利产品只是辅助,要明晰自身销售的核心所在以及盈利依靠。

其四,在操作项目时,应将80%的精力聚焦于对项目具备影响力或拥有决策权的20%的相关人员身上。为此,需围绕项目决策链清晰绘制组织架构图,同时避免在基层以及不重要的人员方面耗费过多精力构建关系。

其五,作为合格的销售,工作中80%要依靠询问与倾听,仅20%依赖表达。具体来讲,只需按四步操作:提出优质问题—保持倾听,避免多言—认真聆听客户所述—适时予以回应,而后继续提问并倾听。

其六,对于合格的销售,80%靠的是人品,20%才是产品。倘若成交因素里80%依赖产品,那销售处境堪忧,收入必然不高,且极易被他人替代。要学会凭借人品与客户建立信任,如此才能将小众、差异化且价格偏高的产品成功售予客户,让自己在职场中无可替代。

第十五章 新理论与案例介绍

在近十年的销售及销售管理工作历程中,通过不断实践与深度思考,笔者归纳出一系列理论,它们组成了本书的末章,共含 8 大模块。团队管理 6A 理论,助力打造高效协作团队;冲突管理 4C 理论,化解矛盾于无形;沟通管理 6H 理论,搭建畅通交流桥梁;业绩复盘 5E 理论,指引持续提升路径;"双重人格"理论,洞察人性复杂;职业规划 5K 理论,锚定发展方向;情绪管理 4E 理论,掌控情绪节奏;客户转化 6M 理论,促进业务增长。这些理论皆源自实践,希望能为大家的工作带来切实助益。

15.1 团队管理 6A 理论

目标(Aim)

明确性:团队目标需清晰、具体且可衡量。如销售团队可设定"本季度通过线上线下结合的方式,将新产品销售额提升至 500 万元,新增 300 家客户",让成员清楚努力方向。

一致性:团队目标应与组织战略紧密契合。管理者要把组织大目标细化到团队工作中,例如企业拓展新兴市场时,销售团队需制订相应的市场开发与销售目标。

阶段性:将长期目标拆分为多个阶段性小目标。如销售团队推广新产品,按区域、客户类型分阶段设定目标,各阶段明确时间与业绩要求。

架构(Architecture)

合理设置岗位:按照销售目标与业务需求,科学地规划岗位,确定各个岗位的职责、权限和工作内容。例如,大型电子产品销售团队会设置市场拓展、销售内勤、销售代表等岗位,各负其责。

明确层级:构建简单层级结构,防止因层级繁杂而造成沟通受阻。运用扁平化管理模式，保证信息的高效传递和决策的快速执行。

适配规模：团队人数根据业务规模与复杂程度而定。小型特色产品的销售团队，8~15人或许就够了。大型综合产品销售团队，需按区域或者产品线分组，几十人乃至上百人协同工作才行。

能力（Ability）

严选人才：招聘时，确保人员能力与岗位匹配，考察专业技能、学习能力、沟通能力及抗压能力等。如招聘销售代表时，要关注其对市场趋势的学习能力及与客户沟通的能力。

持续培训：提供多元培训，包括内部课程、外部讲座和在线学习，提升成员专业技能与素养。定期组织学习新的销售技巧和营销工具，以适应市场变化。

优势互补：打造能力多元化团队，让不同技能特长的成员协同合作。如销售团队中，数据分析、沟通和技术型人才相互配合，发挥协同效应。

行动（Action）

严谨规划：围绕销售目标制订详细计划，明确任务顺序、时间及资源分配。例如，开展促销活动时，精确规划各环节的时间与资源投入。

高效执行：营造积极的执行氛围，成员按计划迅速行动，管理者监督协调。例如，执行新销售方案时，管理者及时解决销售进展中的问题。

及时反馈：建立反馈机制，成员反馈工作进展与问题，管理者据此调整计划或策略。例如，根据客户反馈，优化销售话术与拜访计划。

氛围（Atmosphere）

文化塑造：塑造积极凝聚的团队文化，明确价值观与使命，如倡导拼搏、协作、客户至上的文化，提升团队战斗力。

开放沟通：营造开放的沟通环境，鼓励成员表达想法。通过座谈会和意见箱等方式，促进信息流通与情感交流。

激发活力：组织团队活动，如户外拓展、技能竞赛和聚餐，缓解压力，增强团队活力与凝聚力。

评估（Assessment）

科学指标：构建涵盖工作成果、质量和态度的绩效评估体系。对销售成员，考核销售额、客户开发、满意度等多维度指标。

多元评估：运用自我、上级、同事、客户等多方面的评价，以保证评估的公正性。例如，销售项目完成之后，综合各方的评价得出结果。

合理运用：把评估结果运用到薪酬、晋升、培训与奖励方面。奖励绩效优秀者，辅导改进绩效不佳者，以推动团队发展。

6A 团队管理理论对高效销售团队的系统打造有所助益。在实际应用时，能够依据团队的特性灵活做出调整，以契合团队发展的需要。

应用案例

有一家互联网科技公司，其销售团队主要为企业客户提供云计算软件解决方案。近来，这个 50 人的团队存在诸多问题，例如目标完成率波动较大、协作不够顺畅、成员积极性较低、绩效评估存在争议等。公司打算引入 6A 团队管理理论来优化管理工作。

目标（Aim）

明确性：此前目标笼统，经梳理后，本季度目标明确为：通过线上线下营销，与至少 30 家新企业客户合作，实现销售额 1000 万元，客户满意度达 90% 以上。总目标被拆解到各小组，如金融行业小组需签约 10 家客户，完成 300 万元的销售额等，各产品套餐销售额占比也清晰界定。

一致性：公司战略是在云计算软件服务市场提升在中大型企业客户中的影响力。销售团队据此针对有数字化转型需求的中大型制造业和金融企业制订销售方案，确保与公司战略一致。

阶段性：季度目标细化为月度和周度目标。首月完成市场调研，各小组挖掘至少 50 家潜在客户；次月集中拜访与演示，争取 15 家潜在客户进入洽谈；第三个月全力促成签约与收款。每周设定客户跟进、拜访等指标，便于成员调整策略。

架构（Architecture）

合理设置岗位：优化岗位设置，设立市场拓展专员（收集情报）、销售代表（负责客户沟通与成交）、客户成交经理（跟进售后）。各岗位职责与权限明确，如销售代表在一定范围内可调整报价，但需报备。

明确层级：采用扁平化管理，分销售经理、组长、一线销售人员三层。信息传递与决策下达迅速，销售代表遇问题能快速反馈给上级，获得及时指导与资源支持。

适配规模：50 人团队按重点行业分为 5 组，每组 10 人左右。各小组专注于特定行业，有利于深入了解客户与团队协作。

能力（Ability）

严选人才：招聘时，除考查销售技能与行业知识，还注重数据分析、沟通应变及快速学习能力。通过多轮面试、案例分析与场景模拟筛选人才。

持续培训：提供多元培训。内部组织产品知识培训，邀请外部培训师开展销售技巧课程，鼓励员工利用在线平台学习。如销售代表参加线上商务谈判课程后，成交率提升。

优势互补：各小组内成员能力互补，有开拓型、客户关系维护型、技术型员工。如与大型制造企业合作时，员工各司其职、协同推进。

行动（Action）

严谨规划：每月初，各小组制订月度计划，明确员工客户拜访、销售活动及签约时间节点。如销售代表小王计划每周拜访 5 家新客户，第三周演示产品，月底争取 2 家合作意向。

高效执行：为了营造积极氛围，每天早会汇报昨日工作进展和今日工作计划。经理与组长跟进工作，及时调配资源，例如针对某区域客户反馈价格高的问题，协调市场部门推出促销活动。

及时反馈：就员工反馈的问题，团队迅速响应。例如销售代表反馈客户对产品安全有顾虑，团队组织会议商讨，共创了客户解决方案，从而促成了合作。

氛围（Atmosphere）

文化塑造：以"助力企业数字化转型"为使命，以"专业、协作、创新、共赢"为价值观，通过文化分享会、案例展示，强化成员归属感。

开放沟通：营造开放的环境，除日常交流，设匿名意见箱。例如根据成员建议，增加销售技巧培训频次。

激发活力：每季度组织户外拓展，每月举办聚餐。拓展活动增强协作，聚餐拉近成员距离，提升团队士气。

评估（Assessment）

科学指标：构建涵盖工作成果、质量和态度的评估体系。对销售代表，考核签约量、销售额、需求挖掘准确性等。

多元评估：综合自我、上级、同事、客户评价。季度末，成员自评，结合各方反馈得出结果。

合理运用：绩效优秀者获薪资、职位晋升，更多培训与资源；不佳者安排辅导改进。例如小李因绩效优秀晋升为组长，小张绩效不佳，接受针对性培训与帮扶。

应用 6A 理论后，该团队解决了现存问题，业绩显著提升，竞争力增强。且该理论可根据实际持续优化，以适应市场与业务变化。

15.2　冲突管理 4C 理论

冲突源（Conflict Source）

目标差异：销售团队内部，成员或部门间的目标常不一致。例如新客户拓展小组为增加客户量，倾向大规模促销，即便短期要牺牲利润；老客户维护小组则重视复购与客单价，靠优质服务和定制方案稳固关系。这种差异容易在资源分配、活动策划时引发冲突。

利益分配：销售业绩奖励、晋升、资源分配不公易生冲突。大型项目完成后，成员对奖金分配看法不一。有人认为自己攻克关键客户应得更多，有人觉得幕后工作贡献大却未获公平份额，晋升机会上也因认知差异觉得不公，进而引发矛盾。

沟通不畅：销售团队沟通不畅会导致误解与信息不对称。如销售与市场部门协作新品推广，销售成员对宣传方案卖点理解偏差，市场部门认为销售未按策略执行，双方互相指责，引发冲突。

角色模糊：团队岗位和成员职责不清，会出现推诿、重复工作。在跨区域联合销售项目中，两个小组对重点大客户跟进职责有争议，导致客户跟进漏洞，小组间产生冲突。

冲突协调（Conflict Coordination）

建立共同目标：引导团队聚焦共同大目标，明白各项工作对实现目标的重要性，减少目标差异冲突。如筹备销售旺季，通过跨部门会议制订总目标，明确各区域、小组职责，促进协作。

优化利益分配机制：制订公平透明的利益分配规则，考量贡献等因素分配奖金、资源。设立绩效评估小组，用客观指标衡量绩效，按结果分配，确保公正性，避免利益不均引发冲突。

强化沟通渠道：构建多样畅通的沟通渠道，方便成员交流。定期开展沟通交流会，设匿名意见箱，用即时通信工具构建项目群，及时解决问题，消除冲突隐患。

明晰角色职责：完善组织架构图和岗位说明书，明确各岗位、小组的职责权限。制作跨区域销售流程手册，规定各环节职责，减少职责不清导致的矛盾。

冲突化解（Conflict Resolution）

选择合适策略：根据冲突性质、程度和双方关系选择策略。回避适用于轻微且不影响工作的冲突；迁就用于非关键问题；强制用于紧急任务；妥协是双方各退一步；合作则是共同探讨最佳方案。

引入第三方调解：冲突双方僵持不下时，引入中立第三方，如上级领导、人力专家或外部顾问，帮助其梳理问题、分析利弊，达成和解。

促进情感修复：冲突解决后，通过团队活动、共同项目修复双方关系。如组织户外拓展，让产生冲突的小组在活动中重建信任，消除隔阂。

冲突预防（Conflict Prevention）

营造和谐文化：塑造积极包容的团队文化，倡导豁达、尊重、协作，降低冲突发生的可能。通过文化培训、分享案例、表彰成员，将和谐理念融入成员心中。

定期风险扫描：定期排查内部冲突风险。通过员工满意度调查、分析协作情况，发现目标、沟通、利益分配等风险点，提前预防。

加强团队建设：组织多样的团队活动，增强凝聚力、默契和认同感。举办拓展训练、聚餐、经验分享会，拉近成员间的距离，促进友好协商解决问题。

冲突管理 4C 理论可帮助销售团队系统把握冲突各环节，打造和谐高效的工作环境。各团队可依实际灵活运用、细化完善，服务于团队发展与销售目标。

应用案例

汽车销售公司：销售和售后部门存在冲突。

冲突源（Conflict Source）

目标差异：销售部门为提升销量与市场份额，常推低首付、送礼品等促销活动。售后部门则聚焦服务质量、降低投诉率、提高复购率。销售过度承诺易给售后带来压力，双方目标不同，决策时易起冲突。

利益分配：年终奖金与部门业绩挂钩。销售部门认为自己直接创造收入，应多占奖金份额；售后部门觉得其服务维护客户关系、贡献利润，也应获得合理比例。双方在奖金分配上各执一词，引发冲突。

沟通不畅：销售介绍车辆配置、保修政策等信息不准确，客户购车后发现与售后实际情况不符，售后将客户抱怨与投诉反馈给销售，销售却指责售后未及时更新信息，双方互相推诿，冲突升级。

角色模糊：面对车辆质量与销售服务的相关投诉，销售与售后职责不清。如客户购车后车辆故障且购车时未被告知，两部门易推诿，影响客户满意度与公司形象。

冲突协调（Conflict Coordination）

建立共同目标：公司高层组织会议，确立提升客户全生命周期价值的目标。本年度客户留存率提高20%，推荐率提高15%。明确销售负责拉新，售后负责留存，促进双方协作。

优化利益分配机制：公司重设绩效评估体系，纳入销售额、售后利润、客户满意度等指标。按评估结果分配奖金，确保公平，减少冲突。

强化沟通渠道：搭建跨部门沟通机制，每周开例会交流信息与问题。建立共享客户信息系统，鼓励员工一对一沟通，避免信息差，统一解决问题的口径。

明晰角色职责：制订客户问题处理手册，明确销售与售后在不同投诉中的职责。销售信息传达有误引发的投诉，由销售主导处理；车辆质量问题，售后负责技术处理，销售配合沟通。

冲突化解（Conflict Resolution）

选择合适策略：针对客户信息不一致，销售与售后合作梳理，制订统一的讲解模板。对于奖金分配争议，双方妥协，调整本年度权重，约定次年依新体系优化方案。

引入第三方调解：处理复杂投诉僵持不下时，客服经理作为第三方介入。

分析双方责任，引导协商解决方案，保障服务质量。

促进情感修复：公司组织汽车知识竞赛，邀两部门员工组队参赛。筹备与竞赛中，员工增进了解、增强凝聚力，改善部门关系，促进日常协作。

冲突预防（Conflict Prevention）

营造和谐文化：开展文化活动，强调部门协同。每季度评选"跨部门合作之星"，表彰分享成功经验，降低冲突可能。

定期风险扫描：每月专人收集客户反馈、分析沟通与投诉情况，排查信息、职责、利益分配等风险点，提前预防。

加强团队建设：组织户外拓展、主题团建等活动。户外拓展设协作项目，主题团建促进员工交流，提升团队和谐度，预防冲突。

通过冲突管理4C理论，该汽车销售公司有效化解了销售与售后部门的冲突，营造了和谐高效的工作环境。各企业可依据自身情况灵活运用、细化完善。

15.3 沟通管理6H理论

目标明晰（Highlight Goals）

明确核心目标：沟通要有清晰的核心目标，像产品定位般精准。例如，销售团队推广新品时，核心目标是向潜在客户阐述新品的独特优势、功能亮点和优惠政策，激发购买欲。一切沟通活动围绕此展开，避免内容杂乱。

目标分层细化：将沟通目标拆解为子目标，增强可操作性与可衡量性。例如，筹备年度销售策略沟通会时，大目标是让销售人员了解新一年的战略，细化后，中层明确部门任务，基层知晓个人工作如何助力战略落地，便于各层级检验效果。

目标关联契合：沟通目标应与公司战略和团队重点紧密相连。公司拓展新兴市场时，销售团队对外突出品牌优势、产品性价比和新客户优惠；对内激励成员挖掘新客户、拓展渠道，提升沟通实效。

受众洞察（Hunt Audience）

深度剖析需求：沟通前需洞察受众需求。销售团队内，不同岗位的关注点不同，市场拓展专员关注潜在市场和竞品，销售内勤侧重于订单管理。对外，不同客户群体的需求各异，要精准把握。

精准分类受众：按职位、地域等属性分类受众，定制沟通策略。例如，将合作伙伴分为供应商、经销商和战略联盟伙伴，对供应商谈原材料供应，对经销商谈铺货与返点。对内，对销售经理谈团队业绩，对一线人员讲客户跟进技巧。

关系把握动态：关注和沟通对象的关系变化，对老客户用随和的语气沟通，可以适当分享一些趣事；对新客户展现专业，可以重点向客户介绍公司实力和售后服务。

内容构建（Hammer Content）

准确严谨：沟通内容要准确，尤其是关键信息。商务谈判时，产品价格、售后条款等信息务必核实，避免错误或歧义，维护公司利益。

聚焦关键：构建内容时剔除冗余，围绕目标和受众需求。例如，在销售团队周例会上，重点汇报已签约客户、核心问题及后续计划，提升沟通效率。

增添价值：沟通内容要有吸引力和价值。领导与成员沟通时分享销售技巧，与客户沟通时提供个性化指南和优惠，提高客户参与度。

渠道适配（Hook Channels）

多元渠道考量：根据沟通目标、受众和内容，选择合适的沟通渠道。如传达重要决策时，选面对面或视频会议；日常通知用邮件或公告栏。

整合渠道优势：整合多种渠道，发挥协同效应。推广新品时，先通过社交媒体预热，再用视频会议介绍详情，最后用邮件向重点客户发送资料。

优化渠道选择：定期评估渠道效果，动态优化。若某即时通信工具效率低，可更换或增加辅助渠道。

互动实施（Handle Interaction）

积极倾听投入：沟通中要全身心倾听，给予回应。如在周例会上，经理认真倾听基层人员的建议，适时提问，营造良好氛围。

清晰表达输出：表达要清晰有条理。业务培训时，讲师按逻辑顺序讲解产品卖点、话术和销售流程，便于学员理解。

灵活应变把控：根据沟通现场的具体情况调整节奏、方式和内容。与客户沟通时，若对方有疑惑，及时转换话题或换种方式阐述。

效果评估（Harness Evaluation）

及时搜集反馈：构建反馈体系，以问卷、访谈等方式搜集意见。新品推介会之后，收集客户与内部人员的反馈。

全面分析洞察：根据反馈内容，评估沟通的优劣之处。分析问卷时，挖掘深层次问题，如内容是否符合需求。

持续改进提升：依据分析结果，持续对沟通的各个环节加以完善。若反馈内容不易理解，之后便采用更为直白的表述并辅以案例。

借助沟通管理6H理论，能够构建高效的沟通模式。在实践中，可根据场景灵活运用并细致完善，以达成沟通目标。

应用案例

某电子产品销售公司的销售团队在推广智能电子产品时，遭遇了沟通阻碍。为此，团队引入6H沟通管理理论，优化沟通流程。

目标明晰（Highlight Goals）

明确核心目标：推广新型智能手机时，核心目标是让潜在客户了解其在拍照、续航和性价比上的优势，激发购买欲。无论是内部协调还是对外宣传，都围绕这一目标。

目标分层细化：前期通过调研收集至少200个潜在客户的需求；中期在新品发布会后一周内，让80%的目标客户知晓新品优势；后期上市一个月内，销售团队与至少500名潜在客户深度沟通，促成100笔订单。

目标关联契合：公司旨在扩大年轻消费市场的份额，销售团队对外向年轻客户强调时尚设计、社交娱乐功能及优惠方案；对内激励销售人员优化话术、拓展渠道。

受众洞察（Hunt Audience）

深度剖析需求：销售代表期望获取新品参数与话术，销售内勤关注库存与售后。年轻上班族注重便携、续航和多任务处理；学生群体看重拍照、游戏性能与价格。

精准分类受众：按年龄和消费习惯，将客户分为年轻上班族、大学生、老年群体等。对年轻上班族讲工作生活的便捷性；对大学生谈娱乐功能；对老年人强调操作简易与健康监测。

关系动态把握：与老客户沟通时态度亲切，分享专属福利。对于新客户，先展现出专业性与产品保障，再介绍新品。

内容构建（Hammer Content）

准确严谨：宣传资料与话术里的参数、价格、售后条款等，皆经过仔细的核对。在与大型企业开展团购洽谈之际，准确地对产品和服务予以介绍，进而赢得合作。

聚焦关键：介绍新品时，着重呈现高清拍照、超长续航以及智能助手等核心优势，展示样张对比，避免堆砌技术内容，提高沟通效率。

增添价值：领导与成员分享拓展技巧与职业发展建议。面对客户时，提供使用技巧方面的培训，还有个性化定制服务，以此提高客户的好感度。

渠道适配（Hook Channels）

多元渠道考量：针对年轻上班族和大学生，利用抖音、小红书等社交媒体宣传；对老年群体，采用线下门店和社区演示。内部重要通知用视频会议，日常交流用即时通信工具。

整合渠道优势：新品推广时，先在社交媒体上预热，再用视频会议培训团队，最后在线下门店设置体验区，各渠道协同。

优化渠道选择：根据反馈，减少老年客户对响应低的线上投放，加大线下活动。针对即时通信信息混乱，启用项目管理软件沟通板块。

互动实施（Handle Interaction）

积极倾听投入：周例会上，经理认真倾听销售人员的客户反馈，记录关键信息，询问细节，共同探讨解决方案。

清晰表达输出：产品培训时，讲师按拍照、续航、性价比的顺序，用简洁语言讲解，避免堆砌术语，便于销售人员理解。

灵活应变把控：与客户沟通时，若对方对续航不感兴趣，立即转而介绍拍照特色，并结合案例展示。

效果评估（Harness Evaluation）

及时搜集反馈：通过线上问卷、门店意见箱搜集客户反馈，通过匿名问卷和访谈了解内部成员看法。

全面分析洞察：分析发现客户对隐私保护介绍不足，内部库存信息传递延迟，明确改进方向。

持续改进提升：后续宣传增加隐私保护介绍，建立库存共享系统。不断完善各环节，提升沟通质量与销售业绩。

运用 6H 理论后，该团队的沟通效果显著提升，客户满意度提高，销售业绩稳步增长。团队将持续优化该理论，服务销售工作。

15.4 5E 业绩复盘理论

目标评估（Evaluate Goals）

明确性核查：业绩目标应如产品定位般清晰。例如销售团队本季度设定销售额 500 万元、新增客户 200 家的目标，需确保表述精准可衡量，避免模糊不清，影响后续评估。

合理性判断：结合市场环境、团队资源与能力，分析目标合理性。市场需求下滑、团队人员流动大时，高增长目标不切实际；市场处于红利期且团队实力强劲，目标偏低则易错失良机。

达成情况分析：对比实际业绩与预设目标，用数据直观呈现完成程度。如实际销售额 400 万元，完成率 80%；新增客户 150 家，完成率 75%，为后续分析提供依据。

市场洞察（Explore Market）

外部环境分析：剖析影响业绩的外部因素。宏观层面，关注经济形势、政策法规变化，如税收政策对产品价格竞争力的影响；微观层面，留意竞争对手动态与客户需求变化，如对手的新营销策略、客户对品质服务的新要求等。

市场份额考量：借助行业报告分析企业市场份额变动，对比对手明确自身行业地位的升降，探究是自身优势吸引客户，还是对手冲击致使客户流失。

机会与威胁识别：根据上述洞察，梳理市场潜在机会与威胁。新兴细分市场需求旺盛是机会，原材料价格上涨、新竞争对手进入则是威胁，为策略制订提供方向。

执行剖析（Examine Execution）

策略实施情况：回顾销售团队实现目标的策略，如营销、定价、渠道拓展策略等，检查执行情况。例如计划线上线下结合推广，需查看线上广告投放、线下展会效果是否符合预期。

团队协作效率：评估团队各部门、岗位的协作情况。销售、市场、研发、售后等部门若沟通不畅，存在推诿、衔接问题，会影响业务推进与业绩。如销售反馈客户意见给研发是否及时，将影响产品改进。

资源利用效果：考量人力、物力、财力资源利用效率，避免浪费或不足。广告投入大但未精准定位客户，资源回报率低；业务旺季人力不足影响客户满意度，进而影响业绩，需优化资源配置。

结果反馈（Express）

业务成果总结：梳理实际业务成果，不仅包括销售额、利润等财务指标，还涵盖品牌知名度、客户满意度等非财务成果。如品牌在目标客户群体中的知名度从30%提升至40%，客户满意度达85%。

优势与不足提炼：基于成果分析，总结企业在本次业绩周期中的优势与不足。优势可能是产品功能受客户喜爱、销售团队拓展能力强；不足或许是售后服务响应慢、产品成本高缺乏价格竞争力。

经验教训归纳：总结业绩达成过程中的经验教训。成功的做法形成标准以供借鉴，如成功营销活动的经验；失败的教训要分析原因，避免再次出现，如产品质量问题引发投诉，总结质量把控漏洞及改进方向。

策略调整（Evolve Strategies）

基于分析制订计划：根据前面各环节的分析，制订针对性的策略调整计划。若市场对高品质产品需求大且产品质量有提升空间，就加大研发投入；若团队协作差影响业绩，就优化团队建设与沟通机制。

目标与资源再匹配：结合调整计划，重新匹配业绩目标与资源配置。拓展新市场、推出新产品线时，评估人力、资金等投入，合理调整目标，确保目标与资源适配。

持续跟踪与优化：策略调整后需持续跟踪，定期监测实施效果与业绩表现，根据反馈及时优化。如新营销方案实施后，每月分析流量、转化率等指标，效果不佳则再次调整，形成业绩提升的良性循环。

运用5E业绩复盘理论，可全面复盘过往业绩，汲取经验、总结教训，科学调整策略，助力销售团队及企业在市场竞争中持续发展。实际应用时，可根据情况灵活运用并细化完善。

应用案例

某互联网软件销售团队主要面向企业客户销售办公协同软件，通过线上线下结合的方式拓展业务。过去半年业绩目标完成情况有好有坏，为更好地规划后续工作，运用 5E 业绩复盘理论进行复盘。

目标评估（Evaluate Goals）

明确性核查：年初设定的目标清晰，计划软件销售额达 1500 万元，新开拓 200 家企业客户，并将老客户续约率提至 80%。这些目标具体且可衡量，为成员指明了方向。

合理性判断：考虑到市场需求增长、过往业绩上升及软件功能升级，原目标看似合理。然而，复盘时发现，其间新竞争对手低价抢占市场份额，部分企业客户削减预算，市场环境变复杂，目标合理性受到了影响。

达成情况分析：实际销售额 1200 万元，完成率 80%；新开拓客户 150 家，完成率 75%；老客户续约率 70%，完成率 87.5%。销售额和新客户开拓未达标，老客户续约率有待提升。这明确了后续分析的重点。

市场洞察（Explore Market）

外部环境分析：宏观上，数字化办公趋势与政策利好，但网络安全法规趋严，企业对软件的安全性和隐私保护的要求也相应提高。微观层面，新竞争对手低价吸引客户，客户对用户体验和功能定制化的期望提升，竞争压力增大。

市场份额考量：据行业报告与调研，该团队的产品市场份额从去年同期的 18% 降至 15%，主要原因是新竞争对手抢占中小客户，同时部分老客户因功能需求未得到满足而流失。

机会与威胁识别：企业远程办公需求增加，软件移动端功能的优化和云服务的拓展是机会。威胁在于新竞争对手的冲击、市场需求的快速变化及技术更新的速度加快，不跟进易被淘汰。

执行剖析（Examine Execution）

策略实施情况：原计划通过线上搜索引擎营销和产品演示会，以及线下拜访客户、参加展会来拓展业务。实际执行中，线上关键词不精准、演示会时间安排不当，线下销售人员对新功能的掌握不足，影响销售效果。

团队协作效率：销售与研发、售后之间的协作存在问题。销售反馈的功能定制需求，研发未及时处理；售后客服与销售沟通不及时，影响客户体验和销售业绩。

资源利用效果：线上广告投入多但预算分配不合理，部分渠道存在浪费资金的情况。人力方面，销售人员的精力分配不当，低意向客户耗时多，重点潜在客户跟进不足。

结果反馈（Express）

业务成果总结：虽未完全达成目标，但该团队的软件在大型企业中获得了认可，功能稳定性的好评率达到 90%，线上积累了潜在客户资源。

优势与不足提炼：优势是软件功能稳定，有标杆客户案例，品牌形象好。不足在于销售策略执行不精准，跨部门协作不畅，对市场变化的响应速度较慢。

经验教训归纳：成功的经验是标杆客户案例可提升产品可信度。失败的教训是要加强市场监测，及时调整策略，优化跨部门协作。

策略调整（Evolve Strategies）

基于分析制订计划：销售策略上，优化线上关键词，合理安排演示会，线下加强销售人员对新功能的掌握培训。建立客户需求跟踪系统，提高团队协作效率。

目标与资源再匹配：将下半年的销售额目标调整为 1800 万元，新开拓客户 250 家，并将老客户续约率提升至 85%。增加移动端功能研发资金，调配人员组成重点客户跟进小组。

持续跟踪与优化：每两周分析线上数据和客户跟进情况，每月评估业绩和满意度，根据反馈优化策略，形成良性循环。

通过 5E 业绩复盘理论，该团队全面剖析销售工作，调整策略，为后续发展奠定了基础，有望提升业绩，在市场中占据更有利的地位。

15.5 "双重人格"理论

"双重人格"理论用以描述管理者在不同情境下展现出的不同管理特质，即"场上'暴君'，场下朋友；工作魔鬼，生活好人"。

专业聚焦人格（Professional Focus Personality）

1. 目标导向独裁者（Goal-oriented Dictator）

在工作场景里，卓越管理者如同给产品找准明确市场定位的专家，是目标导向独裁者。他们依托组织战略，为销售团队定下清晰、可衡量且有时限的工作目标，下达不容置疑的指令，确保成员朝此统一方向奋进。比如，在项目攻坚期，管理者会严令各环节按时完成任务，即便困难重重，也鲜少轻易更改目标，因为他们深知，清晰恒定的目标是团队高效协作、取得成果的关键，绝不能模糊或动摇。

2. 标准严苛质检员（Strict Quality Inspector）

卓越管理者扮演着严苛质检员的角色，像把控产品质量一样，对销售团队的工作质量要求极高。从项目执行细节、销售文档规范，到日常绩效指标，他们都设定严格细致的标准，一丝不苟地检查、评估成员成果。例如，销售方案的准确性、客户信息记录的完整性等方面，若不符合要求，他们立即要求返工，确保团队交付的工作达到高质量，维护团队的专业形象。

3. 效率驱动鞭策者（Efficiency-driven Motivator）

工作中，这类管理者还是效率驱动鞭策者。如同把握销售时机一样，他们时刻关注效率，督促成员加速行动、避免拖延与内耗。他们合理分配资源、规划流程，紧凑安排时间与任务，让团队高效运转。例如在季度冲业绩时，管理者紧跟销售人员的客户跟进、订单成交情况，高频督促并激励团队，帮助团队达超销售目标，凭高效执行力在市场中胜出。

情感亲和人格（Emotional Affinity Personality）

1. 关系构建陪伴者（Relationship-building Companion）

离开工作场景，卓越管理者马上切换成关系构建陪伴者，重视与销售团队成员建立深厚的情感联系。他们主动关心成员的生活、爱好、家庭等情况，工作之余组织团建、聚餐等活动，积极参与其中，与大家打成一片，营造轻松愉快、有凝聚力的氛围，让成员觉得管理者既是领导也是生活中的朋友，愿意与管理者分享喜怒哀乐，增强对团队的信任与归属感。

2. 情绪疏导倾听者（Emotional Counseling Listener）

在生活层面，管理者化身情绪疏导倾听者，理解成员在工作和生活中的压力与困扰。成员遇到烦恼时，管理者会放下架子耐心倾听，给予理解、同情与安慰。比如成员因销售任务重而焦虑时，或生活遇到难题而情绪低落时，管理者会抽时间与成员单独交流，倾听成员的倾诉，分享经验或提供建议，帮助成员缓解情绪、调整心态，更好地投入工作和生活。

3. 成长助力支持者（Growth-supporting Supporter）

卓越管理者还是成员的成长助力支持者，关注成员的职业发展与成长需求。依据成员特点和志向，提供个性化的职业规划建议，推荐培训、晋升或跨部门锻炼机会，助力成员提升能力竞争力，实现个人价值最大化。如当发现年轻成员对销售数据分析有兴趣和潜力时，管理者会安排其参加专业培训，给予相关项目任务进行锻炼，同时在背后提供支持与指导，为其职业发展助力。

卓越管理者的这两种"人格"看似矛盾，实则相辅相成。工作中的严格要求保障团队专业高效产出、达成目标，维持高业务水准；生活中的亲和角色营造了积极的团队氛围，关心成员的身心健康，助力成员成长，增强了团队凝聚力。二者结合，让管理者既能带领团队在市场竞争中取胜，又能使成员在和谐的环境里进步，铸就卓越团队，实现组织与个人的双赢。

在实际管理中，管理者要依据具体情境灵活切换"人格"，把握平衡，以达到最佳管理效果，推动团队的持续发展。管理者可根据需求对各要素进行灵活运用和细化完善，使其更贴合实际管理场景。

应用案例：某大型企业的线下销售团队

专业聚焦人格（工作场景）

1. 目标导向独裁者（Goal-oriented Dictator）

该线下销售团队负责开拓企业客户，推广公司工业设备产品。管理者依据公司年度市场拓展计划，给团队定下了明确的目标：本年度新开发50家大型企业客户，销售额突破8000万元。执行中，将目标细化到各销售区域、各月的客户拜访量与意向客户签约数等。如要求华北地区销售小组第一季度至少拜访80家潜在客户，签约10家。面对激烈的竞争和部分客户采购计划的推迟等状况，管理者坚持目标导向，鼓励成员找替代方案、调整策略，如对推迟采购的客户提供试用机会或延长付款周期的优惠。最终，团队克服困难，基本完成了年度目标，助力公司拓展业务。

2. 标准严苛质检员（Strict Quality Inspector）

销售工作里，管理者对流程和业务规范的要求极严，涵盖销售合同拟定、条款审核、产品演示操作、客户疑问解答等，都有明确的标准。例如，销售合同条款必须经过法务审核，销售代表要向客户清晰解释各条款的含义；产品演示时，演示人员须熟练掌握产品功能，按标准流程操作，以展示最佳性能。曾有销售新人因演示失误致客户质疑产品性能，管理者让其重学流程，还组织全员培训，强调规范的重要性，此后，团队业务开展更加顺畅。

3. 效率驱动鞭策者（Efficiency-driven Motivator）

为了提升团队效率，管理者制订了详细的销售工作时间表与任务清单。要求成员每日更新客户跟进记录，及时回访意向客户，以防错失商机。每周开销售工作会议，分析项目进展，对进展慢的项目直接介入，与负责成员梳理问题、制订方案，设时间节点督促推进。在一次行业展会前夕，管理者高效组织团队准备展品、资料，合理安排展位接待任务。展会后一个月内成功签约多家意向客户，有效提升了销售效率与业绩。

情感亲和人格（Emotional Affinity Personality）

1. 关系构建陪伴者（Relationship-building Companion）

工作之余，管理者积极营造轻松愉快的团队氛围，增进成员感情。常组织篮球比赛、户外烧烤等活动，让大家放松身心、加深了解与信任。同时，关心成员生活，遇成员家中有红白喜事或生病住院等情况，主动慰问，使成员感受到团队的温暖关怀，凝聚力增强，工作更有干劲。

2. 情绪疏导倾听者（Emotional Counseling Listener）

线下销售工作常会遇到客户拒绝和复杂的人际关系，成员易产生负面情绪。其销售人员跟进重要客户半年，因竞争对手的低价策略而丢单，心情沮丧，怀疑自己的能力。管理者与其长时间交流，分析失败原因，指出是市场竞争中的正常现象，鼓励其吸取教训、调整心态。此后，该成员的表现更加出色。

3. 成长助力支持者（Growth-supporting Supporter）

管理者重视成员的长远发展，依据成员的职业规划和能力特点提供学习与晋升机会。对于想提升技能的成员，联系外部机构安排销售技巧、商务谈判等培训；对于有晋升意愿的成员，让其参与重要项目的管理工作，锻炼综合能力。如一位经验丰富的销售代表想往销售管理方向发展，管理者让其带领小团队开拓新市场，过程中给予指导支持，其管理能力提升后晋升为销售主管，也为团队培养了更多人才，团队的战斗力和竞争力得以进一步提升。

这些案例体现了"双重人格"管理模式在销售团队中的成功应用。管理者在工作中严格要求、注重专业性，在生活中则展现出亲和与关怀。这种模式实现了团队业绩与凝聚力的双丰收，为团队的持续发展筑牢了基础。

15.6 职业规划 5K 理论

自我认知（Know Yourself）

1. 兴趣探索

如同知晓产品的独特卖点一样，先深入探寻自身的兴趣所在。想想工作之余的热衷之事，哪些活动能让您心甘情愿投入大把时间与精力，是钟情于撰写销售文案，还是乐于琢磨复杂的销售策略，又或是喜好与人打交道、组织销售活动等。兴趣是维持职业热情与动力的关键，找到契合兴趣的职业方向，将更容易主动学习、积极成长。

2. 技能评估

全面考量自身现有技能，涵盖专业技能（像销售技巧、客户关系管理能力等）、通用技能（如沟通能力、团队协作能力、时间管理能力）以及软技能（如领导力、抗压能力、创新能力）。明确自己的擅长之处与薄弱之处，知晓自身的竞争力所在，以及未来需着重培养的技能方向。这就好比清楚产品的优劣势才能确定好的营销策略。

3. 价值观审视

审视个人价值观，清楚在工作中最看重什么，是工作生活平衡、职业成就感、薪资待遇，还是社会影响力等。价值观影响职业机会选择与工作满意度，比如看重社会贡献的人，可能倾向于选择与公益相关或能产生积极社会影响的销售岗位，即便薪资并非最优厚。明确价值观有助于筛选出契合内心期望的职业道路。

目标设定（Key Goals）

1. 长期远景规划

为职业生涯确立清晰的长期愿景，如同给产品找准长远市场定位。想象未来5年、10年乃至更久后想达到的职业高度,成为何种专业人士,例如立志成为销售领域的权威,带领顶尖销售团队,或在行业内颇具影响力、能推动销售行业发展等。长期愿景将为整个职业生涯指明大方向。

2. 短期目标分解

把长期愿景细化为一个个具体、可衡量、能实现且有时限的短期目标,增强操作性。若长期目标是成为资深销售经理,那短期目标可设为一年内考取相关的销售专业证书,丰富知识储备;两年内带领团队完成几个影响力大的销售项目,积累项目与团队管理经验等。通过实现短期目标逐步迈向长期愿景,如同产品借阶段性营销活动拓展市场份额。

3. 目标动态调整

职业生涯多变,要依据外部环境(如行业趋势、市场需求、新技术的涌现)及自身发展(如技能提升、兴趣转变)适时调整职业目标。比如原计划深耕传统销售渠道,可随着电商销售的迅速崛起,发现线上销售更具潜力,那就可以考虑往此方向拓展,确保目标始终贴合实际,助力自身发展。

市场洞察(Know the Market)

1. 行业趋势分析

如同关注产品所在行业的动态一样,密切留意自己所在或期望进入的销售行业的发展趋势,了解行业增速、技术变革、政策法规的影响等情况。例如,当下直播带货在销售行业风生水起,若身处其中,就得分析这些趋势带来的机遇与挑战,是需要掌握直播销售技巧,还是可能面临传统销售方式被替代的风险。提前应对,为职业规划找准方向。

2. 职业机会挖掘

深挖销售行业内的不同职业机会,不要局限于常见岗位,关注新兴的、有潜力的细分领域与岗位需求。在电商销售浪潮下,除传统销售员外,直播销售员、社群运营销售专员等岗位不断涌现,了解这些机会能拓宽职业道路,正如发现新的市场空白对产品营销意义重大一般。

3. 竞争态势把握

清晰掌握所在销售行业或目标职业的竞争态势,了解竞争对手的情况,对比学历背景、专业技能、工作经验等方面与自己的差异。通过分析,明确自身优势劣势,进而知晓职业发展中需凸显的优势及弥补的短板,例如,发现同行竞争者大多有丰富的大客户销售经验，而自己相对薄弱，就可以通过参与大项目锻炼等方式提升竞争力，从而脱颖而出。

知识技能提升（Knowledge and Skills Improvement）

1. 持续学习规划

职场变化不停，制订持续学习规划不可或缺，正如产品需升级换代以适应市场。依据职业目标与市场需求，确定要学的新知识、新技能，选好学习途径，如参加专业销售培训、利用线上学习平台、阅读销售专业书籍、参与行业研讨会等。保持学习热情与习惯，提升知识储备与专业能力，筑牢职业发展基础。

2. 实践经验积累

理论结合实践才能发挥更大的作用，所以要注重积累销售实践经验。主动参与实际销售项目、承担更多职责、争取轮岗机会等，通过实践锻炼，提高解决实际问题的能力、提升技能熟练度、培养职业素养。例如，想成为优秀的销售项目负责人，就多参与不同类型的项目，从协助到独立负责，在实践中总结经验，优化项目管理能力，如同产品依据市场反馈改进质量与性能。

3. 人脉资源拓展

人脉在职业发展中具有重要作用，要积极拓展人脉资源，类似打造产品营销网络。参加销售行业活动，加入专业社群，与同行、前辈、潜在雇主建立联系，通过交流分享、互相学习、合作等方式拓宽人际圈子。这样既能获取更多行业信息、职业机会，又能在遇到职业瓶颈时，从人脉中获得建议与帮助，助力自己突破难关，实现职业成长。

行动策略（Key Strategies）

1. 路径选择决策

综合自我认知、目标设定、市场洞察以及知识技能提升等各方面的分析，做出具体的职业发展路径选择决策。例如，是在本公司内部晋升实现目标，还是跳槽到不同企业积累多元经验；是专注销售某一领域的深度发展，还是先拓宽职业宽度再聚焦等。依据自身情况制订最适合的职业发展路径，确保行动朝职业目标迈进。

2. 风险应对预案

职业发展过程中会遇到各种风险，像经济危机导致行业不景气、公司裁员、个人健康问题等。需提前制订风险应对预案。例如准备一定资金应对失业期；提升多项技能，增强岗位适应性；购买健康保险等。通过提前规划，降低风险影响，保障职业生涯平稳推进，如同产品针对市场风险制订营销策略。

3. 定期复盘优化

定期复盘职业规划实施情况，回顾各阶段目标的达成情况、学习成长效果、问题及解决办法等。依据复盘结果，及时调整优化规划。比如发现某阶段技能提升进度慢，分析是学习方法还是时间安排问题，进而调整策略，让规划贴合发展实际，确保朝有利的职业发展方向前进。

借助职业规划 5K 理论，个人可以系统全面地思考制订职业规划，在职场中找准方向、稳步前行，实现职业理想，提升职业生涯的质量与满意度。可依据具体场景和需求，灵活运用并细化完善各要素，使其更贴合个人的职业发展需求。

应用案例

小张从销售专员到销售培训师的转型。

自我认知（Know Yourself）

1. 兴趣探索

小张做销售专员时就爱分享销售经验，帮新同事解决销售难题，每次见别人因自己讲的技巧有收获时，便很有成就感。他平常还热衷于收集销售案例、研究销售方法，由此意识到自己更想从事销售培训工作。

2. 技能评估

专业技能上，小张销售能力不错，熟知公司产品的特点与优势，客户沟通与成交技巧娴熟。在通用技能方面，表达能力还行，但课程设计和培训材料制作能力较弱。在软技能方面，耐心、亲和力好，不过在大型培训场合的控场能力不足，这些都是后续要提升的重点。

3. 价值观审视

小张看重工作的社会价值，希望助力更多销售从业者提升专业能力，推动行业发展，同时希望自己能不断学习新知识、新技能，在工作中持续进步。

目标设定（Key Goals）

1. 长期远景规划

小张计划 3 年内成为专业销售培训师，既能在本公司开展系统的培训课程，又能获得外部企业的邀请去分享交流，在销售培训领域有一定的影响力，帮更多销售团队提升业绩。

2. 短期目标分解

第1年：学习培训课程设计知识，考取企业培训师证书，向公司内部培训师请教，协助开展基础销售培训，积累经验。

第2年：在公司内部独立负责部分销售培训课程的设计与讲授，收集学员反馈优化内容与方式，使培训后的销售团队业绩平均提升15%以上，同时在行业小型交流活动中分享经验。

第3年：打造受认可的特色销售培训课程体系，在公司全面推广，提升销售团队的专业素养和业绩，争取外部企业的授课机会，提升行业知名度。

3. 目标动态调整

执行中，小张发现线上销售培训需求增大，企业希望员工能随时进行线上学习。于是，他增加了线上培训平台的使用、课程制作技巧等学习内容，将部分课程制作为线上版，以适应市场的变化。

市场洞察（Know the Market）

1. 行业趋势分析

小张留意到，随着销售行业竞争的加剧，企业越发重视销售团队培训，培训方式也朝多元化发展，线上培训、实战模拟培训很受欢迎。且培训师不仅需要懂销售，还需要擅长教学方法与课程设计。因此，他朝这些方向提升自己，以顺应行业趋势。

2. 职业机会挖掘

除企业内部的销售培训岗位，小张发现不少专业培训机构招兼职或全职销售培训师，行业协会也组织相关认证与交流活动，这些都是好机会。他积极参与这些活动，与培训机构建立联系，拓展职业发展空间。

3. 竞争态势把握

分析同行销售培训师后，小张明白，具有丰富的销售实战经验、能结合案例生动讲解且掌握多种培训方式的培训师更受欢迎。自己虽有销售经验，但培训方式不够丰富，因此，他便通过参加培训方法工作坊、学习教学案例等方式提升自己的竞争力。

知识技能提升（Knowledge and Skills Improvement）

1. 持续学习规划

小张报名线上培训课程设计与开发课程，学习根据学员和目标设计课程结构；购买成人学习理论、教育心理学书籍，了解培训原理；定期参加线下销售培训师研讨会，向优秀同行学习，更新自己的知识体系。

2. 实践经验积累

在公司内部，小张积极参与每一次的销售培训，从协助到独立负责，认真收集学员反馈，依据学习效果和建议调整内容与方式。同时，他主动联系其他企业提供免费试讲机会，通过实践锻炼，培训能力大幅提升。

3. 人脉资源拓展

小张踊跃参加销售行业的各类培训、研讨会及行业协会会议，结识了众多销售培训领域的专家、同行与潜在雇主。他还加入了几个专业社群，分享案例心得，也获取了宝贵的经验与建议，借此拓宽视野，收获了不少合作机会。

行动策略（Key Strategies）

1. 路径选择决策

小张打算先在公司内部积累销售培训经验，打造具有口碑的课程体系，树立品牌形象。业余时间，他与外部企业、机构合作，逐步提高在行业内的影响力，待时机成熟后再考虑全职进入更广阔的培训市场。在专业发展上，他专注于提升销售培训的专业度与实用性，不断优化课程内容与教学方法，深度发展能力。

2. 风险应对预案

考虑到培训行业受市场和经济环境的影响，业务可能会减少，小张准备了备用的培训主题与课程内容，以便依据市场变化调整授课方向。同时，他学习市场营销知识推广课程，保持学习销售前沿知识，增强职业抗风险能力。

3. 定期复盘优化

小张每月对职业规划执行情况进行复盘，查看学习任务是否完成、课程效果是否达标、学员反馈中有无须改进之处等。比如曾有学员表示案例分析环节难理解，复盘后发现是案例选取不典型、讲解不清，于是，他重新筛选案例并优化讲解方式，学员的学习效果明显改善，小张的职业规划也不断优化完善，稳步迈向目标。

经过几年的努力，小张成功转型为备受认可的销售培训师，在公司发挥了重要的培训作用，还常受邀到其他企业授课，在行业内有了知名度，实现了职业理想。这得益于他运用 5K 理论合理规划与严格执行职业规划。

上述案例体现了 5K 理论在职业规划上的有效应用。读者可参考思路与方法，依据自身情况制订适合自己的职业规划路径。

15.7 情绪管理 4E 理论

情绪觉察（Emotion Awareness）

1. 自我情绪识别

如同知晓产品特性那般，要清晰认识自己的情绪。准确辨别自己当下处于何种情绪状态，是开心、愤怒、悲伤还是焦虑等，且明白引发情绪的具体缘由。例如，在销售团队里，当被同事指出销售技巧不足时，得觉察到自己产生的是愤怒情绪，原因或许是觉得面子受损，或是觉得对方的意见不合理。

2. 情绪表现洞察

留意自身情绪在行为、表情、言语上的外在表现，因其会影响他人对自己的看法及人际互动。例如，愤怒时可能会提高音量、紧皱眉头、握紧拳头；悲伤时或许会变得沉默、神情黯淡。了解这些，能及时知晓情绪强度及对周边环境的影响。

3. 他人情绪感知

除了关注自身情绪，也要善于察觉他人的情绪变化。通过观察面部表情、肢体语言、说话语气等细节，判断对方的情绪状态。如碰到销售同事眉头紧锁、说话急切，可能他正处于焦虑或烦躁中。这种能力对有效沟通和处理团队关系很关键，就像把握消费者情绪倾向利于营销决策一样。

情绪表达（Emotion Expression）

1. 恰当方式选择

依据不同情境、对象和情绪性质，选择合适的方式表达情绪，正如按产品特点与目标受众选择营销渠道那样。比如销售业绩出色很开心时，可热情地跟团队伙伴分享；若对团队分配任务不满，面对上级领导，要用更委婉、理性的方式表达，先讲事实，再述感受，避免情绪化的宣泄给领导留下不良印象。

2. 真诚沟通原则

无论表达何种情绪，都要秉持真诚原则，让对方感受到真实的想法与感受，这样才能建立有效的情感连接。例如，向销售搭档倾诉拜访客户遇阻的烦恼时，如实说出困扰，而非遮遮掩掩或夸大其词，这样对方才能更好地理解并提供支持和建议。

3. 适度控制调节

表达情绪时要适度控制，防止过度情绪化使局面失控。就算表达愤怒等强烈情绪，也要话语有条理、音量适中，避免过分指责、攻击性过强，合理调节情绪，让对方了解自己的感受的同时，不破坏良好的人际关系，如同营销把握宣传力度避免受众反感一样。

情绪调节（Emotion Regulation）

1. 深呼吸放松法

当察觉到自己情绪激动或处于负面状态时，简单有效的深呼吸放松法就可以派上用场。慢慢地吸气，让腹部鼓满，再缓缓呼气，重复几次，可助身体和大脑放松，缓解紧张、焦虑、愤怒等情绪，就像产品遇市场压力时进行自我调整一样，让自己恢复平静，便于思考和应对问题。

2. 积极思维转换

尝试从不同角度看待引发情绪的事，培养积极思维来调节情绪。例如，销售方案没通过而被批时，别只是自责和沮丧，而是要思考能从中吸取什么教训，下次怎么改进，将负面事件变为成长机会，改变认知角度改善情绪，如同改变营销策略应对市场挑战一样。

3. 情绪转移宣泄

在合适的情况下，可通过转移注意力或适当宣泄来调节情绪。比如销售压力大、心情烦闷时，去做运动、听音乐、画画，把注意力从烦心事上移开；或找信任的人倾诉宣泄，减轻心理负担，让情绪得到缓解，恰似营销根据市场反馈调整推广方向，给情绪找出口。

情绪环境（Emotion Environment）

1. 营造和谐氛围

主动营造积极、和谐、包容的情绪环境，不管是在销售团队、与客户相处还是社交场合，这和营造良好品牌营销环境同等重要。在团队里，管理者可通过鼓励积极沟通、认可成员成绩、组织轻松活动等，营造和谐的工作氛围，让大家在好的情绪环境中工作，减少负面情绪的产生与传播。

2. 避免情绪污染

留意别让自己的情绪对他人造成不良影响，避免成为情绪污染源。尤其是在情绪低落或烦躁时，尽量控制情绪外露，或暂时远离人群，调整好后再与他人相处。比如在销售办公室，因业绩压力焦虑时，别把负面情绪传给同事，先自我调节，维护良好的办公情绪氛围。

3. 引导群体情绪

在群体环境中，若能积极引导，带动群体情绪朝健康积极的方向发展，会产生良好的效应。比如销售团队里，组长可组织有趣的活动、传播正能量的故事，激发成员的热情和积极性，让团队充满活力和积极的氛围。这就像品牌引导消费者情绪以增加产品吸引力与认同感一样，使大家受益于良好的情绪环境。

借助情绪管理的 4E 理论，人们能更系统地觉察、表达、调节自身及所处环境的情绪。这有利于建立良好的人际关系、保持身心健康，在生活和工作中更从容地应对各类情况，实现情绪的有效管理与积极利用。可依具体场景和需求，灵活运用并细化完善各要素，使其更贴合实际情境。

应用案例

情绪觉察（Emotion Awareness）

1. 自我情绪识别

日常记录与反思：每天花片刻时间回顾当天的事及情绪感受并记录，如："客户拒绝了我的推销方案，我挺沮丧，感觉努力白费了。"定期分析记录，找情绪产生的规律，这样遇到类似的情况时就能快速识别情绪状态。

设置情绪"警报器"：定些易察觉情绪变化的信号，如心跳加快、呼吸急促、咬牙关等身体反应，或心理信号（反复出现负面想法）。比如在销售团队会中心跳加快，就可能是因为汇报业绩缺乏自信而焦虑了。

2. 情绪表现洞察

借助镜子观察：偶尔在有情绪时（可模拟场景）照镜子，看愤怒时是否眉头紧皱等，高兴时表情是否自然。知晓外在表现后，与销售同事聊天，若发现笑容勉强，就能察觉到内心情绪受别的因素影响了。

询问他人反馈：找信任的家人、同事等，让他们留意自己在不同情绪下的表现，诚恳询问反馈，如"上次和客户谈崩回来时，我是什么样子？"根据反馈把握情绪对外的影响。

3. 他人情绪感知

主动观察练习：日常在销售团队交流、与客户沟通等场景中，刻意观察他人的面部表情、肢体语言、语气语速等。如果发现同事汇报工作时声音变小、眼神闪躲，可能是紧张不自信，应适时鼓励支持，多练习以提高对他人情绪的敏感度。

换位思考理解：察觉到他人的情绪表现后，站在对方的角度思考原因。比如客户对产品方案疑问多且语气急，换位想想，可能客户面临上级的压力，急需一个好方案，这样能更好地应对客户的情绪。

情绪表达（Emotion Expression）

1. 恰当方式选择

区分场合对象：在销售团队内部，和熟悉的同事分享签单的喜悦可随意活泼；但在客户答谢会上表达感激时，要用正式得体的言辞，如准备简短真诚的感谢致辞。

根据情绪性质调整：对积极情绪，如开心，可大方表达，以增强团队凝聚力或拉近与客户的距离；对负面情绪，如对同事的工作失误不满，要私下平和地沟通，可以说"上次销售方案有点小问题，一起看看如何改进，下次效果会更好"，避免公开指责引发矛盾。

2. 真诚沟通原则

袒露真实想法：向领导反馈工作困难或和同事倾诉压力，如实说出所想，别拐弯抹角。比如感觉销售任务过重，就坦诚地说："领导，这个任务量超出我的能力范围了，有点吃力，您能否给些指点或调整一下？"这样便于领导帮忙。

避免虚假伪装：别为了迎合他人或怕得罪人假装情绪，不然自己难受别人也能察觉。例如，对销售策略有意见时就诚恳地提出探讨，这样利于营造好氛围。

3. 适度控制调节

情绪激动时暂停片刻：感觉情绪激动快失控时，先深吸一口气，心里默数几秒，平静下来后再开口。如和同事因客户分配产生分歧而生气时，停顿几秒，再平和地说："别急，冷静下，咱们一起看看如何分配更合理。"

自我提醒表达边界：平时明确表达情绪边界，生气也不能用侮辱性语言或进行人身攻击等。在销售工作中和客户有矛盾，就事论事表达不满和诉求，例如："产品的这个问题给双方都造成了不便，我们一起看看该如何解决。"

情绪调节（Emotion Regulation）

1. 深呼吸放松法

养成日常放松习惯：每天选几个固定时间，如晨起、午休、睡前，花几分钟做深呼吸练习，让身体适应放松状态，遇负面情绪时能快速进入放松状态。销售拜访前紧张时，就在门外深呼吸缓解后再进去。

结合场景灵活运用：不仅情绪激动时可用深呼吸放松，在日常工作和生活中感到压力大、疲惫时也能使用。忙完一天的销售工作后，坐下，闭眼深呼吸，释放疲惫与烦恼，以好状态面对后续生活。

2. 积极思维转换

及时捕捉负面想法：察觉到自己有"又搞砸了""不如别人"等负面想法时，马上转换思维角度。例如，销售业绩没达预期时，别想"我真差劲，白干了"，而要想"虽没达标，但积累了新客户资源，下次努力会更好"。

刻意练习正向思考：平时做小练习培养积极思维，每天记三件当天觉得不错、有收获的小事，如"给客户介绍产品时，客户认可我的专业度，这说明我有进步空间"，久而久之，遇到问题时就能积极思考。

3. 情绪转移宣泄

培养兴趣爱好：找喜欢的活动，如打篮球、弹钢琴等，情绪不好时就投入其中转移注意力。销售遇难缠客户心情烦躁，下班后打打篮球出出汗，烦恼就被抛在脑后了。

合理选择倾诉对象：确定几个信任、能理解支持自己的倾诉对象。心里有委屈、烦恼就找他们倾诉，宣泄情绪的同时还能获得看法建议，帮助调节情绪。

情绪环境（Emotion Environment）

1. 营造和谐氛围

团队内部积极互动：在销售团队中主动发起互动活动，例如每周分享销售成功案例一起学习，或每月组织团队聚餐增进感情，营造轻松愉快团结的氛围，提高工作积极性和效率。

家庭生活注重关爱：在家多关心家人感受，常表达爱与感激，一起进行看电影、户外运动等活动，营造温馨和谐的氛围，回家能得到放松缓解工作压力，利于保持好情绪面对次日的工作。

2. 避免情绪污染

察觉坏情绪及时隔离：当情绪不好时，如在外面受气或工作遇挫后，回到办公室或家时，先冷静几分钟，别把坏情绪带给他人。可以独自去角落待一会儿，调整好后再融入集体，避免影响集体氛围。

自我调节减少外显：平时培养情绪调节能力，控制情绪外显程度，内心不愉快也尽量别太明显，可用微笑、幽默的语言等让周围人感受到积极的氛围。

3. 引导群体情绪

发挥榜样作用：在销售团队等群体中，自己先保持积极乐观，用积极的态度面对生活和工作，言传身教影响他人。自己热情面对销售任务，不怕困难，能感染同事，带动团队干劲十足。

组织有益活动：主动组织能激发群体积极情绪的活动，如团队拓展训练、公益活动等，增强团队凝聚力，让大家感受正能量，提升群体情绪氛围。可以组织销售团队参加公益义卖活动，增进感情，让团队充满积极向上的氛围。

运用情绪管理 4E 理论于生活的各个方面，能更好地掌控情绪，营造良好的人际关系与生活工作环境，从容健康地面对各种情况，实现情绪与生活的良性互动，可依自身情况灵活、调整运用。

15.8 客户转化 6M 理论

市场洞察（Market Insight）

1. 需求分析

像摸清产品对应的市场需求那般，深度剖析意向客户需求。借助市场调研、客户反馈、数据分析等，精准把握其在功能、情感、体验等方面的需求，以及痛点与期望解决的问题。比如销售团队推出智能手表时，调研发现，意向客户既盼精准的健康监测功能，又看重时尚外观，还在意续航时间，据此找准客户转化切入点。

2. 竞争态势

清楚竞争对手的情况，涵盖产品特点、价格策略、营销手段及品牌形象等。对比自身优劣势，明确差异化之处吸引意向客户。如销售同类销售软件时，对手靠低价，我方的优势是功能全、售后优，在客户转化时就突出这两点，让客户看到产品的独特价值。

3. 趋势把握

紧盯行业趋势，如新技术、消费观念变化、政策法规影响等，因其会影响客户的购买决策。若企业产品有环保属性，随着消费者环保意识的增强，在客户转化时突出产品的环保属性，能更好地贴合客户需求，增加转化的可能性。

目标锁定（Marking Targets）

1. 画像勾勒

依据市场洞察结果，细致勾勒意向客户画像，明确其人口学、行为及心理特征。如高端护肤品的意向客户多是 25—45 岁的都市女性，她们注重品质、消费能力高，爱从社交媒体和专柜了解信息，看重天然成分与口碑，据此，锁定目标群体。

2. 分层管理

按不同维度对意向客户进行分层，如按购买意向分为高、中、低三层，或依客户价值分为重点、普通层级。对不同层级的客户制订差异化的转化策略。对高意向、重点客户进行重点跟进，对低意向客户进行培育引导，从而高效利用资源，提升整体转化效果。

信息传递（Message Delivery）

1. 内容策划

精心策划传给意向客户的信息，围绕客户需求、痛点及产品核心价值展开，要准确、清晰、有吸引力，解答疑问、激发兴趣。比如销售节能电器时，宣传内容应讲清节能原理、省电费情况、权威认证，并配以用户好评案例，增强客户的购买意愿。

2. 渠道适配

依据意向客户信息获取习惯与行为特征选择适配渠道，如年轻客户爱从抖音、小红书获得信息，那么就多在这些平台推广；企业客户则适合用电子邮件、线下拜访等方式进行沟通、营销。多渠道搭配，确保有效触达客户。

3. 个性化定制

做到信息传递个性化，依据客户的购买历史、偏好等，定制契合的内容与沟通方式。例如按客户浏览过的产品推荐功能升级的新品，附赠专属优惠，增加客户的好感与购买冲动。

信任营造（Mentoring Trust）

1. 专业展现

意向客户转化的关键在于建立信任，先向客户展现专业性，从企业形象到员工素养都要体现专业性。如销售团队介绍产品时，能准确讲清技术原理、性能参数、适用场景，让客户感觉企业可靠、值得信赖。

2. 口碑佐证

借已有客户的口碑和信誉增强意向客户的信任感。收集、整理好评、成功案例、权威认可等，多渠道展示。如在官网设置客户评价区，宣传资料中列举知名企业用后的成效案例，让客户从他人的认可中获得信心。

3. 互动深化

通过真诚的互动与意向客户构建深度信任关系，及时回复咨询反馈，耐心解答疑问，主动关心需求变化。例如，当客户咨询售后保障时，客服应加速回复并跟进，让客户觉得受重视，从而巩固信任关系。

激励推动（Motivation Promotion）

1. 优惠策略

用合理的优惠策略促进意向客户购买，例如折扣、赠品、满减、限时特价等。设计时考虑成本、竞争、客户预期等因素，确保优惠有吸引力且不损害利润。如电商大促满减并赠小礼品，刺激下单，提高转化率。

2. 增值服务

提供有吸引力的增值服务推动转化，如免费培训、延长售后、专属会员权益等，让客户感受到购买后的额外价值。比如购买办公软件时，除基本功能外，提供免费升级和在线培训，帮助客户提高效率，使其更愿意选择该产品。

3. 稀缺营造

利用人们对稀缺资源更重视的心理，营造产品或服务的稀缺感，促使客户尽快行动。例如，推出限量版纪念商品，告知客户数量有限，先到先得等，让客户有紧迫感，促使其下单，提高转化速度。

跟进转化（Monitoring Transformation）

1. 流程规范

建立规范的跟进转化流程，明确各阶段的任务、负责人员、时间节点与跟进方法。如销售团队制订客户跟进时间表，规定初次接触后的回访时间、跟进策略等，确保跟进有序高效。

2. 数据监测

用数据分析工具持续监测意向客户的数据，如互动频率、浏览行为等，分析变化趋势，发现问题与机会。若客户频繁看产品页却不下单，分析后可给予价格优惠或讲性价比，促使其转化。

3. 策略优化

依数据监测和实际效果，定期优化转化策略，总结有效和需改进之处，完善各环节，形成提升闭环。如短信营销转化率低，分析后优化文案和发送时间，提高转化效果，提升整体效率。

借助 6M 客户转化理论，企业能多方面开展意向客户转化工作，提高转化率，提升销售业绩与竞争力，可依具体场景和需求灵活运用并细化完善。

应用案例：某化妆品销售团队

市场洞察（Market Insight）

需求分析：经分析，意向客户对化妆品看重成分天然、护肤功效好，且希望产品使用感舒适、包装精美。此外，客户还在意产品是否适合不同肤质，担心过敏问题。

竞争态势：竞品在广告宣传上投入大，但该团队销售的化妆品有独家研发的天然成分，且与专业美妆机构合作研发，产品安全性更高，这可以成为转化时突出的优势。

趋势把握：察觉到当下流行的"纯植物护肤"概念，团队产品正好契合这一趋势，便在宣传中重点强调天然植物成分，吸引意向客户。

目标锁定（Marking Targets）

画像勾勒：目标意向客户主要是 18—40 岁的女性，关注肌肤健康，热衷于通过美妆博主的推荐、线下专柜了解化妆品，注重品牌形象和口碑，且消费频次较高。

分层管理：按客户购买频率和消费金额分层，高频高消费客户为核心客户，安排专属美容顾问跟进；中频中消费客户为重点培育客户，定期邀请参加新品试用活动；低频低消费客户为潜力客户，通过优惠信息引导消费。

信息传递（Message Delivery）

内容策划：宣传内容围绕产品的天然成分、护肤功效、适用肤质等核心卖点展开，搭配使用前后的对比图及美妆博主的推荐视频，清晰展现产品优势，引发客户兴趣。

渠道适配：针对目标客户爱刷小红书、抖音的习惯，在这些平台请美妆博主合作推广；对常逛专柜的客户，由专柜销售人员进行一对一的产品介绍与推荐。

个性化定制：若客户咨询抗皱产品，就推荐针对性强的抗皱系列新品，并给予专属会员折扣，提升客户好感与购买意愿。

信任营造（Mentoring Trust）

专业展现：销售团队成员具备专业美妆知识，能准确分析客户肤质，推荐合适的产品，且专柜陈列、宣传资料都很专业，让客户认可团队的专业性。

口碑佐证：收集大量客户使用后肌肤改善的真实反馈，在专柜、官网展示，并邀请知名美妆达人分享使用体验，借助口碑提升客户信任感。

互动深化：客户留言咨询时，及时回复解答，定期回访使用效果，根据反馈推荐配套产品，让客户感受到贴心的服务，进一步深化信任关系。

激励推动（Motivation Promotion）

优惠策略：开展"买二送一"活动，购买套装赠送试用小样，同时设置会员积分换购礼品，刺激客户购买更多产品。

增值服务：购买产品可享受免费的肌肤检测服务，还有专属美容顾问定期提供护肤建议。通过这些增值服务，让客户觉得物超所值，促进转化。

稀缺营造：推出限量款节日礼盒，包装精美且数量有限，宣传时强调先到先得，营造紧迫感，促使客户尽快下单。

跟进转化（Monitoring Transformation）

流程规范：规定初次接触客户后 2 天内进行电话回访，后续根据客户购买意向每 5—7 天跟进一次，记录沟通要点，保证跟进不遗漏、有成效。

数据监测：利用会员系统分析客户购买记录、浏览产品页面时长等。例如，发现客户对某新品关注久却未买，分析可能是对功效存疑，便安排试用，推动转化。

策略优化：发现短信营销转化率低后，优化短信内容，增加个性化元素和优惠信息，并调整发送时间，提高短信营销效果，提升整体转化效率。

运用 6M 客户转化理论后，该化妆品销售团队成功提高了意向客户转化率，在市场中的竞争力更强，销售业绩稳步上升。上述案例充分展示了 6M 理论在实际销售中的有效应用，为其他企业提供了可借鉴的思路和方法。

15.9 PSE 营销理论

笔者提出，在现代营销领域，产品价值（Product Value）、场景价值（Scene Value）与情绪价值（Emotional Value）是打动消费者、赢得市场的关键要素，简称 PSE 营销理论。产品价值是根基，展现产品自身特性优势；场景价值专注于产品与消费者生活场景的融合；情绪价值则着重于构建品牌与消费者间的情感桥梁。

产品价值（Product Value）：产品价值是基础，涵盖产品本身的特性与优势。包括通过产品介绍、竞品对比、科技力展示等方式，凸显配方、舒适度、成分、功能性、源产地、设计、安全、颜值等方面的实力，打造产品核心竞争力。

场景价值（Scene Value）：场景价值侧重于在产品推广与触达消费者的过程中，将产品与用户场景紧密关联。如开展品类教育，让消费者在特定场景中感知产品的必要性与实用性，提升产品与消费者生活场景的适配度，增加产品曝光与应用机会。

情绪价值（Emotional Value）：情绪价值致力于在品牌与消费者之间建立情感纽带。借助企业文化、品牌故事、环保理念、产品赋能等内容，赋予品牌独特内涵，营造仪式感、满足感、沉浸感、参与感、惊喜感，强化品牌认同、信任度与精神归属，提升品牌认知与美誉度、权威性。

实际营销案例：某智能运动手环的营销之道

在竞争激烈的智能穿戴市场，某智能运动手环凭借对产品价值、场景价值和情绪价值的深度挖掘与运用，成功吸引消费者目光并提升品牌忠诚度。以下是该手环围绕三种价值开展的营销举措。

凸显产品价值

功能展现：在产品宣传中，着重突出手环搭载先进传感器，具备精准的心率和睡眠监测功能，能够实时、准确地反馈身体数据。与市场上其他竞品对比，其在运动模式识别方面优势显著，涵盖跑步、游泳、瑜伽等十余种运动模式，充分满足不同运动爱好者的多样化需求。

设计与品质并重：强调手环拥有时尚的外观设计，提供多种颜色与表带材质选择，轻松适配不同穿搭风格。此外，着重宣传其防水防尘、续航能力强等特性，并且依托源产地优质供应链，确保产品品质可靠。

挖掘场景价值

开展品类教育：通过线上线下双渠道，开展"智能运动手环，焕新健康生活品质"系列活动。线上发布科普文章与视频，详细讲解运动手环在日常运动和健康管理中的重要作用，例如指导消费者如何依据手环监测数据合理调整运动计划；线下举办体验活动，精心设置运动场景模拟区，让消费者能够亲身体验手环在跑步、健身等场景中的功能应用。

强化场景关联：积极与健身房、运动俱乐部展开合作，将手环融入会员健身服务体系。比如，健身房会员使用手环记录运动数据后，可实时同步至健身房系统，教练依据这些数据为会员提供个性化训练建议；在运动俱乐部组织的户外活动中，参与者佩戴手环记录行程与运动状态，有效增加了产品的使用场景与用户黏性。

传递情绪价值

讲述品牌故事：分享品牌创立的初衷，即致力于让更多人享受科技带来的健康生活，同时讲述创始人对运动的热爱，以及在研发这款手环过程中所秉持的坚持与创新精神，以此引发消费者的情感共鸣。

营造仪式感与参与感：推出限量版手环，选择在特定节日或纪念日发售，赋予消费者购买行为独特的仪式感；举办线上运动挑战活动，鼓励消费者佩戴手环积极参与，依据运动数据进行排名，并给予相应奖励与荣誉称号，进一步增强消费者的参与感与品牌认同感。

附录：一些实用工具表

客户调查表

分类	维度	信息
公司介绍	公司名称	
	公司地址	
	联系人	
	邮箱	
	官网	
公司类型	私人企业	
	家族企业	
	跨国集团	
	上市公司	
自媒体矩阵	微信公众号	
	抖音	
	快手	
	小红书	
公司实力	成立时间	
	人员规模	
	营业金额	
	主要市场	
产品线	主要产品	
	价格定位	
	销售渠道	
决策人	角色职位	
	角色特点	
	角色社交信息	
客户痛点	决策流程	
	解决方案	
	跟进过程	

周复盘表

模块	周目标回顾	亮点与不足		问题与解决方案		下周计划
	本周计划的完成情况	亮点	不足	问题	解决方案	下周重点工作

访客接待 SOP

阶段	序号	具体事项	SOP 标准操作流程	完成时间	负责人	备注
接待前	1	会议室预订				
	2	来访人员信息收集				
	3	来访人员信息汇总				
	4	酒店预订				
	5	茶歇准备				
	6	会议影像记录				
	⋮	……				
接待中	1	接站				
	2	办理入住				
	3	会议引领				
	4	用餐安排				
	5	送行				
接待后	1	费用结算				
	2	稿件撰写				
	3	会议督办事项				
	⋮	……				

录音分析表

录音日期	姓名	通话号码	通时	开场白	激发兴趣	挖掘需求	产品介绍	异议处理	应变能力	分析及改进

绩效改进计划（PIP）改进表

员工基本信息				
员工姓名：		部门及岗位：		入职日期：
员工绩效改进期间考核指标数据				
①首次预存金额		②客户开发		③消费金额
④续费金额		⑤变现产品售卖金额		⑥产品知识、销售技巧掌握能力
⑦通过产品、销售技巧考试		⑧其他指标（如有请写明）		

具体说明：

1. 当季度降级人员进入 PIP 程序。
2. 降级后的第一个月，由员工的直接上级对员工的过往工作进行分析评价，针对工作中的不足处提出改进办法，并与员工共同制订改进目标。
3. 降级后的第一个月，进入 PIP 环节的员工需参加公司组织的产品知识、销售技巧培训。
4. 降级后的每个月，内部将进行 PIP 评价。若员工表现达不到具体要求，视为不符合职位要求。

员工改进目标					
	工作改进目标	现状	改进计划（请明确改进要达到的结果）	权重	目标达成
业绩评价（总权重不得低于90%）					

续　表

管理评价	
当期 PIP 最终得分	

说明：

1. 当期 PIP 最终得分超过 80 分记为当期绩效改进达标。
2. PIP 期间如有如下任一现象记为当期 PIP 不达标：
   · 累计迟到 2 次；
   · 出现 1 次旷工；
   · 不服从上级的工作分配；
   · 公司规定的违纪行为。

依据当期 PIP 得分，您当期 PIP 考核	□通过　　□未通过

员工签字：　　　直接上级签字：

日期：　　　　　日期：

行动计划表

目标	优先策略	驱动源	衡量指标	行动计划					追踪办法	所需资源
				开始时间	结束时间	客户名单/活动执行地	活动内容	责任人		
	1									
	2									
	3									
	4									
	5									

销售目标与完成计划表

时间段	销售人员	目标销售额	实际销售额	完成率	目标客户数	实际成交客户数	备注

销售漏斗管理表

客户名称	阶段	预计成交金额	预计成交时间	负责人	当前进度	风险提示

团队周报/月报模板

周期	团队目标	实际完成	差距分析	关键问题	改进计划

待办事项列表（TDL）模板

本周最重要的工作目标	达成路径与打法策略		
1.×××			
2.×××			
3.×××			
基于周目标分解的今日任务			
日任务	优先级（高中低）	完成进展	结果复盘
1.×××			
2.×××			
3.×××			
今日任务完成情况			
今日思考和总结复盘			
亟待解决的问题			
基于周目标分解的明日任务			
明日任务	优先级（高中低）		
1.×××			
2.×××			
3.×××			

晋升述职表

工作总结				
总结人		拟晋升职位		
当前岗位		总结时间段（以当前岗位为主，其他见简历）	
重点工作和关键绩效指标			
业绩达成（重点工作、关键绩效指标完成情况）			
工作能力（影响绩效达成的个人能力）			
管理能力（管理风格、管理手段、管理效果、管理幅度、强弱项等方面）			
拟晋升岗位工作计划			
针对拟晋升岗位，个人的主要优势和不足（各三条）	优势：		不足：